초판 발행 2013년 7월 20일

원저 Japan's Colonization of Korea : Discourse and Power.

지은이 Alexis Dudden 번역 홍지수 펴낸곳 (주)늘품플러스 펴낸이 전미정 기획·교정 손시한
디자인·편집 남지현 출판등록 2008년 1월 18일 제2-4350호 주소 서울 중구 필동 1가 39-1 국제빌딩 607호
전화 070-7090-1177 팩스 02-2275-5327 이메일 go5326@naver.com 홈페이지 www.npplus.co.kr

ISBN 978-89-93324-52-5 03300 정가 14,000원
ⓒ Alexis Dudden, 2013

이 책은 저작권법에 따라 보호받는 저작물이므로 무단 전재와 무단 복제를 금지하며,
이 책 내용의 전부 또는 일부를 이용하려면 반드시 저작권자와 (주)늘품플러스의 동의를 받아야 합니다.

 늘품은 항상 발전한다는 순수한 우리말입니다.

일본의 한국식민지화

담론과 권력

Prologue

일본 메이지 시대1868-1912에 일어난 가장 큰 변혁은 국제법을 일본어로 해석해서 그 조항들을 실천했다는 점이다. 이렇게 함으로써 일본의 통치자들은 미국, 유럽 열강들과 대화하는 새로운 방식을 터득했고 아시아에서 힘의 질서를 재편할 수 있었다. 게다가 일본제국이 탄생하는 순간부터 일본에 제국설립의 합법성을 부여해 주었다.

현대 일본을 연구하는 역사학자들은 20세기로 접어들던 시기에 일본에서 일어난 급격한 사회적, 정치적, 경제적 변화들을 오랜 세월 동안 연구해왔지만 일본의 지도자들이 일본을 새롭게 정의하면서 부상했던 일본 내에서의 담론에는 그다지 관심을 기울이지 않았다. 일본 내부에서 제기된 이러한 담론들에 대한 연구를 게을리 하면 일본 제국 성립에 기여한 중요한 요소를 놓치게 된다. 일본이라는 섬나라는 수세기 동안 의도적으로 고립정책을 고수해 왔고, 메이지 정부는 새로운 담론을 통해 국제사회가 일본을 이해하고 인정하도록 만들었다. 그 당시에는 이런 방식으로 국제사회에서 인정받지 못하면 서구열강들의 식민지 대상이 될 우려가 있었다. 당시의 어법으로 말하자면, 국제사회에서 부상하던 식민지 열강들은 특정한 형태의 국제관계-특히 상업적 관계-를 회피하는 나라들을 '후진적'이라거나 '야만적'이라고 간주했다.

국제사회에서 새로운 힘의 역학관계에 직면한 일본의 정책수립자들은 일본의 급격한 산업화, 군사대국화, 영토 확장을 설명할 언어를 창조했다. 이들이 직면한 과제는 일본의 전통적 관행과 일본의 새로운 야망 두 가지 모두와 모순되지 않는 동시에 국제 사회가 이해할 수 있는 새로운 어휘를 만들어 내는 일이었다. 세계 속에서 일본을 새롭게 자리매김하는 데 필요한 어휘를 만든 이들은 자신들을 하나의 집단으로 규정하지는 않았지만, 공통적인 목표를 향해 노력했다. 그러한 노력의 결과로 탄생한 담론을 통해 생소한 외래 어휘들을 최대한 소화해서 일본의 새로운 정책들을 합법적인 방법으로 제시했다. 이러한 과정을 통해 정책수립자들은 당시 세계적으로 횡행하던 제국주의 관행들을 정당한 행위로 인식하도록 만들었다. 그리하여 일본 제국을 타 제국들과 구분하기보다는 세계를 휩쓴 제국주의의 역사 물결에 일본도 동참한다는 의지를 분명히 했다.

외교역사와 제국주의를 논하는 다른 책들에서 종종 보편적이라고 여겨지는 어법이 어떻게 형성되고 전파되는지를 이 책은 추적한다. 많은 학자들이 그동안 일본의 담론적 변화를 간과하고 일본의 이러한 변화를 단순히 '모방에 능한 일본인'을 보여 주는 또 다른 예로 치부해왔다. 협정문 작성과 외교활동이 메이지 시대에 새롭게 등장한 관행은 아니었지만, 이러한 활동을 국제법이라는 언어로 풀어내기 위해서는 새로운 테크닉이 필요했다. 국제법을 일본어로 해석한 학자들과 국력팽창주의자들이 일본을 제국주의 열강으로 탄생시켰다고 할 수는 없겠지만, 이러한 국제 어법을 이들이 능수능란하게 활용함으로써 일본 자국 내에서 또 해외에서 일본의 제국주의 야심을 정당화하는 데 기여했다고 볼 수 있다.

메이지 정권은 홋카이도1869, 오키나와1871, 대만1895, 그리고 사할린 남부1905를 일본제국에 편입함으로써 후에 있을 제국주의적 팽창의 기틀을 마련했다. 일본은 1910년에 가서야 한국을 공식적으로 병합했지만, 19세기 내내 일본은 한국에서 누릴 전략적인 특권, 채광 및 철도 건설권, 식민지화를 둘러싸고 미국, 유럽의 열강들과 치열한 각축전을 벌였다. 일본에게는 경쟁에 다른 나라들을 끌어들이는 게 중요했기 때문에, 메이지 정부 관리들은 일본의 다른 제국주의적 전략보다 한국에 대한 일본의 정책을 이해시키는 일이 훨씬 중요하다고 여겼다. 따라서 날로 확장하는 일본의 제국 내에 한국을 편입시키는 일은 일본을 당당히 근대 제국주의 열강으로 인식시키는 데 중요한 역할을 했다. 일본이 한국을 개방하도록 한 1876년에서—일본은 1853년 미국이 일본을 개방한 방식을 그대로 모방했다—한국을 병합한 1910년까지의 기간 동안 일본의 법학자, 정치인, 국제법 해석자들은 한국에 대한 일본의 정책을 국제법에 부합한다고 규정했다. 1910년 국제 사회가 일본의 이러한 행동에 아무런 이의도 제기하지 않고 신속하게 공식적으로 인정했다는 점을 보면 일본인들의 이러한 노력이 향후 일본의 제국주의적 팽창에 중요한 역할을 했음을 입증해 준다.

이 책에서 나는 일본이 한국을 병합하면서 제시한 담론적인 측면들을 분석하려 하며, 특히 당시 국제법적 측면들에 주의를 기울이겠다. 제국주의 팽창을 둘러싼 국제정치에서 메이지 정부의 국가팽창주의자들이 깨달은 점은, 일본이 팽창주의 국가로서 합법성을 인정받으려면 자국의 정책을 국제법에 따라 규정할 필요가 있다는 점이었다. 식민 통치에서는 무엇보다도 그 행위에 합법성을 부여하는 일이 중요했다. 따라서 1910년 한국을 병합하기 전부터 일본 지도자들은 한국에 대한 일본의 정책을 합법화하기 위한 법적 기초 마련에 착수했다. 일본이 한국 병합을 합법적인 행위로 국제 사회에 인식시키기 위해 행한 노력을 살펴보면 20세기 들어서면서 일본이 제국주의 열강으로 변모하는 과정에서 아주 중요하지만 간과되어 왔던 요소가 드러난다.

대체로 역사는 피지배자의 침묵을 발판으로 지배자들이 기술하는 이야기이다. 그럼에도 불구하고 이러한 지배자들의 이야기를 통해 일본이 국제 체제 속에서 어떻게 행동했는지를 살펴보면 그동안 간과되어 온, 이른바 국제적 체제에 대한 여러 가지 면모들이 드러난다. 그리고 세계에 대한 보다 균형 잡힌 이야기를 새롭게 쓰려면 지배자들의 이야기를 따라가는 수밖에 없다.

일본과 한국의 지도자들은 이러한 주제를 충분히 인식하고 있고 "일본의 한국 병합은 합법이었는가?"라는 질문은 그들에게 놀랄만한 것도 아니다. 아니, 오히려 지긋지긋할 정도로 많이 들어온 질문이다. 이른바 서구식 화법의 전통에 익숙한 사람은 질문이 두 나라에서 일상적으로 반향을 불러일으키고 때때로 외교적 정치적 사건으로 폭발한다는 사실을 알면 흠칫할 지도 모른다. 그러한 사람은 이 문제를 지역적인 문제, 혹은 그보다 더 바람직하지 못하게 '아시아'의 문제로 치부하려는 유혹을 느끼게 될지도 모른다. 하지만 이 문제는 전 세계적인 제국주의 역사와 얽혀있고 이와 관련된 문제들이 이 시대 국제관계 속에 여전히 존재할지 모른다는 의문을 제기하도록 해준다.

1945년 일본제국이 무너진 이후 1910년 한일병합에 대해 일본과 한국이 각각 취하고 있는 입장은 그 시기와 차원을 막론하고 두 나라가 스스로 자국을 규정하는 데 있어서 핵심적인 요소가 되어왔다. 정도의 차이는 있지만 대체적으로 일본의 공식 입장은 병합이 합법적이었다는 것이다. 마치 '정당 노선'을 따르듯이, 일본은 그저 당시에 제국주의 열강들이 통상적으로 하는 대로 했다는 입장이다. 이 논리 자체는 틀리지 않지만, 일본제국이 망한지 거의 60년이 지난 오늘날까지 이런 식의 주장을 하면 20세기에 통용됐던 시각을 그대로 유지하는 일밖에 되지 않으며 일본을 단순히 그 시대의 희생자로 제시하는 행동밖에 되지 않는다. 이와는 반대로 거의 예외 없이 1910년 한일병합은 불법이라는 게 한국의 공식적인 입장이다. 이러한 입장을 복잡하게 만드는 점은 남한과 북한—공식적으로는 여전히 전쟁 중인 두 정부—이 남북을 갈라놓는 내전을 촉발한 문제에 대해 한 목소리를 낸다는 사실이다. 현재 진행되는 남북통일협상에서 가장 만족스러운 합의를 이끌어 낸 이슈 가운데 하나는 일본의 한반도 식민지화가 불법이었다고 분명하게 규정함으로써 한국인이 일본의 통치를 통해 받은 혜택이라는 껄끄러운 문제를 부차적인 문제로 만든 점이다.

따라서 유감스럽게도 한일병합의 합법성 여부에 대한 논쟁은 뫼비우스의 띠처럼 끊임없이 이어진다. 하지만 얼핏 끊임없이 이어질 듯 한 이 문제를 새롭게 살펴볼 필요가 있다. 이 논쟁이 식민지화와 노예제도가 역사 속으로 사라진 오늘날 세계적으로 수없이 제기되는 주장들의 핵심에 놓여있기 때문이다. 간단히 말하면, 질문을 바꾸어서, 당시에 무엇이 합법적이었는지를 살펴봄으로써 무엇이 합법적인 관행으로 여겨졌는지를 이해할 필요가 있다.

한일병합과 일본제국 내에서의 한국의 위상을 분석한 획기적인 연구들이 몇 가지 있지만 여전히 이 분야는 일본의 제국주의를 서구의 규범[1]과 비교분석하는 논리에 묶여있다. 일본제국주의를 제국주의 일반이론에 통합시키지 못한 점은 이 분야와 일반적인 국제학 연구가 보여 주는 치명적인 결함이다.[2] 제국주의와 일본을

---

[1] 힐러리 콘로이, 『일본의 한국 장악, 1868-1910. 국제관계에서 현실주의와 이상주의 연구』(The Japanese Seizure of Korea, 1868-1910: A Study of Realism and Idealism in International Relations), 필라델피아, 펜실베이니아 대학교 출판부, 1960. 피터 두스, 『주판과 칼. 일본의 한국 침략, 1895-1910』(The Abacus and the Sword; The Japanese Penetration of Korea, 1895-1910), 버클리와 로스엔젤레스, 캘리포니아 대학교 출판부, 1995. 야마베 겐타로, 『日韓併合小史』(한일병합소사), 1966 재출간, 도쿄. 이와나미 신쇼, 1995. 모리야마 시게노리, 『日韓併合』(한일병합), 도쿄, 요시가와 고쿠분칸, 1992. '서구의 규범'에 대한 아주 중요한 예외적인 사례가 저평가되어있는 E.H. 노먼의 글에 나와 있다. 「겐요샤(玄洋社): 일본 제국주의의 기원에 관한 연구」(The Genyosha: A Study in the Origins of Japanese Imperialism), 『퍼시픽 어페어스』 17, no. 3, 1994, 261-284쪽.

[2] 마이클 하트와 안토니오 네그리의 제국에 관한 새로운 연구는 주권과 제국주의 논쟁과 관련한 유럽 역사에 내재되어있는 위계질서를 지적하지만, 그들의 연구 또한 비서구 국가가 제국주의 성립에 적극적으로 참여하게 된 역사적 근원을 보여 주지는 못한다. 하트와 네그리, 『제국』(Empire), 더럼, 노스캐롤라이나, 듀크 대학교 출판부, 2000. 패트릭 울프의 에세이도 참고할 것. 그는 이 에세이의 두 번째 각주에서 '지면의 제약으로 인해 일본의 제국주의는 논하지 않겠다'라고 마지못해 인정하고 있다. 패트릭 울프, 「역사와 제국주의, 마르크스에서 탈식민주의까지, 이론의 세기」(History and Imperialism: A Century of Theory, from Marx to Postcolonialism), 『아메리칸 히스토리컬 리뷰』 102, no. 2 1997, 388-420쪽.

연구하는 전문가들은 공히 일본제국을 간과하거나 일본 제국주의 역사를 유럽식 이론적 모델에 끼워 맞출 수 있다고 추측하는 오류를 범한다. 이렇게 되면 역사가 정상적으로 진행됐다고 여기는 국가들이 겪은 경험보다 일본이 겪은 경험이 강도가 덜 하다는 인식을 지속시켜준다. 하지만 국제법 어휘들이 어떻게 근대 일본의 권력에 대한 담론을 파고들었는지를 분석하면 이러한 문제를 피할 수 있다. 국제법을 일본식으로 해석한 사상가들과 해석자들은 이 어휘들이 본래 유럽에서 온 것들이지만, 이러한 어휘들을 일본식으로 재해석하면 일본을 '문명 세계'의 일원으로 규정지을 수 있다는 사실을 알고 있었다.

이 책은 권력과 어법이 어떻게 융합되는지를 보여줌으로써 권력 다툼에서는 군사력만이 진정으로 힘을 발휘한다는 주장을 반박하려고 한다. 놀라울 정도로 짧은 기간에 메이지 정부는 법적 개념을 규정하는 특권을 중국의 손아귀에서 낚아채 아시아 지역의 힘의 중재자 지위를 일본에 부여했다. 국제사회의 식민주의 질서는 일본의 한국 병합을 합법화해주었고 당시 국제사회에 팽배했던 인종차별적 인식을 정당화할 근거를 마련했다. 우선 이 책의 제 1장에서는 일본을 한국의 합법적인 통치자로 인정한 당시 세계 분위기를 설명하겠다. 제 2장에서는 국제법의 담론으로서의 중요성을 규정하고 그 어휘들이 어떻게 일본화 되었는지에 대한 역사를 간단히 기술하겠다. 제 3장에서는 메이지 일본의 지도자들이 이 담론을 이용해 어떻게 일본의 행위를 합법화하는 전례로 만들었는지, 특히 한국과의 관계를 규정하는 데 어떻게 이용했는지를 분석함으로써 이러한 논의들을 통합하여 제시하겠다. 제 4장에서는 메이지 정부가 이러한 국가 규정을 반박하는 국내외 비판론자들을 어떻게 처벌했는지 살펴보겠다. 또 제 5장에서는 합법적인 국가로서의 일본에 대한 인식과 일본정부가 일본과 한국 내에서 법률을 재편한 행위와의 관계를 분석하겠다. 특히 그러한 인식이 치외법권과 어떻게 연관되어있는지에 초점을 맞추겠다.

결론 부분에서는 당시 일본에서 행해진 식민정책 연구의 위상을 살펴봄으로써 일본 제국주의 설계의 합법성에 대한 분석을 마무리하겠다. 이렇게 함으로써 일본의 제국주의가 당시 보편적으로 인식된 관행에 따른 것이었다는 생각이 어떻게 상식으로 받아들여졌는지 제시하겠다. 국제사회는 1910년 일본의 한국 병합을 용인했지만, 후에 일본지도자들이 중국북부로 일본제국의 영토를 확장하는 행위도 마찬가지로 합법적이라고 주장하자, 그 때까지만 해도 일본의 우방이던 나라들은 일본의 제국주위와 군사팽창주의를 비난하기 시작했다. 결국 일본을 비난하던 나라들과 일본의 관계는 변질되어 일본의 제국주의 팽창을 저지하기 위한 전쟁으로 이어질 수밖에 없었다. 이 책은 이러한 긴장상태를 논점으로 논의를 갈무리한다.

시대를 막론하고 식민지 정복 행위는 불법이라고 단정해야한다는 주장이 솔깃하기는 하지만 그런다고 해서 식민주의 억압에 대한 기억이 잦아들거나 지금도 끊임없이 계속되는 무수한 형태의 지배/피지배 관계의 존재가 사라지지는 않는다. 그러기 위해서는 권력이 어떻게 작동하는지에 대한 보다 깊이 있는 이해가 필요하다. 이 책에서는 제국주의 옹호론자들이 20세기 초반과 그 이후 국제 사회에서 일어난 제국주의 행위의 의미를 가늠하려는 시도를 통해 어떻게 제국주의를 정당화하는지 살펴보겠다.

목차

Prologue

제1장 불법적 한국 17
세계무대에 선 일본 31

제2장 국제사회에서 통용된 어휘 63

제3장 권력의 어휘 103
외교기법 125
법률용어로 본 대한제국 135

제4장 반대의 목소리 167
허위許蔿 그리고 의병 172
장인환과 전명운 183
고토쿠 슈스이 199
다루이 도키치 그리고 다이토 205

제5장 사명. 사법권을 손에 넣어라 223
근대 일본법의 아버지 234
무법천지 대한제국 그리고 합법적인 대한제국 243
심판대에 오른 합법성 260

맺음말 287
지력 있는 제국 288
한국의 처지를 파악하기 292
일자리를 창출한 식민지 303
조국을 위한 통역 임무 308
맺는 말 316

제1장

불법적 한국

1907년 여름, 국제 사회는 대한제국을 불법이라고 선언했다. 그 전해 가을, 대한제국의 고종황제는 헤이그에서 열리는 만국평화회의에 특사 세 명을 파견했다. 그들의 임무는 1905년 일본의 대한제국 병합이 부당함을 알리는 것이었다. 육로를 통해 유럽에 도착한 이 세 특사의 얘기는 잘 알려져 있다. 이상설, 이준, 이위종은 1907년 6월 말 회의 진행 두 번째 주에 헤이그에 도착했다. 그들은 병합의 부당함을 국제사회에 알리고 일본의 만행을 규탄하도록 도움을 청하는 내용을 담은 황제의 서신을 소지하고 있었다.[1] 특사로 파견된 청년 세 명은

......
[1] 1993년 서울대학교의 김기석 교수는 연구에 필요한 자료를 찾기 위해 컬럼비아 대학교가 소장하고 있는 희귀서와 원고를 보다가 대한제국 고종황제가 1906년에 쓴 서신을 발굴했다. 이 서신에서 고종은 일본이 자신의 나라를 '약탈'하고 있다며 유럽 9개 나라와 미국에 항의하는 내용이 담겨있다. 1907년 고종이 파견한 특사들도 이와 비슷한 서신을 가지고 헤이그로 떠났다. 김기석, 「주권을 수호하기 위한 광무 황제의 외교 정책」, 이태진 『일본의 대한제국 점령』, 서울, 까치, 1995. 이 글의 일본어 번역이 실린 책은 운노 후쿠주, 『한일조약과 한일병합. 조선 식민지 지배의 합법성을 묻는다』(日韓協約と韓国併合:朝鮮植民地支配の合法性を問う), 도쿄, 아카시 서점, 1995. 고종황제의 미국인 자문관이었던 호머 헐버트는 일본의 보호국 지정에 대해 국제 사회에 항의하라고 조언했다. 헐버트, 『한국

당시 대한제국과 오랫동안 외교관계를 맺어온 나라들에서 파견된 외교관들에게 호소했지만, 러시아 대표를 제외하고는 아무도 깊은 관심을 보이지 않았다. 물론 러시아 대표가 대한제국을 지지한 이유는 따로 있었다. 2년 전 일본과의 전쟁에서 패배해 충격을 받은 러시아 정부는 일본에 대항하는 시도라면 어떤 것도 지지하려고 안달이 나 있었다.

헤이그에 도착한 대한제국 특사들은 심지어 러시아까지도 용인한 신념체계에 부딪쳤다. 국제법 조항에 따르면-헤이그 평화회의의 내용과 참가국 자격을 규정한 바로 그 조항-한국은 회의참가 자격이 없었다. 1905년에 체결된 포츠머스조약에서 일본과 러시아는 전쟁을 종식하는데 합의했고 일본은 '대한제국에서의 일본의 이권 보호'를 보장받았다. 이 협상 타결을 이끌어 낸 공로로 시오도어 루스벨트Theodore Roosevelt 미국 대통령은 노벨 평화상을 받았다.[2] 얼마 지나지 않아 제 2차 한일협약이 체결되면서 대한제국은 일본의 보호국으로 지정되었고 일본이 대한제국의 외교권을 박탈하는 행위를 국제적으로 합법화하는 선례가 되었다.[3] 따라서 대한제국은 자주적인 외교권을 행사할 수 없게 되었

......

의 소멸』(The Passing of Korea)』, 뉴욕, 더블데이 페이지, 1906. 헐버트, 『한국의 역사』(History of Korea), 서울, 감리교 출판사, 1905.

[2] 일본 외무성, 『일본외교문서』(日本外交文書), 도쿄, 일본국제연맹협회, 1933-. 뉴욕시에 있는 자연사박물관 홀에는 이 순간을 기리는 거대한 벽화가 걸려있다.

[3] 초창기에 체결된 식민지 조약들을 살펴보려면, 야마다 아키라 『외교자료 근대 일본의 팽창과 침략』(外交資料近代日本の膨張と侵略), 도쿄, 신일본출판사, 1997을 참고할 것. 일본어, 한국어 영어를 포함해 나란히 실린 번역문을 보려면, 운노 후쿠주, 『한일조약과 한

다. 대신 대한제국의 모든 외교 문제들은 일본이 관장하게 되었다. 국제법에 따르면, 대한제국은 일본 없이는 국제사회에 존재하지 않는 나라가 되었다.

헤이그에서 대한제국 특사들의 호소는 세계 평화를 논의하기 위해 모인 43개국 대표들에게 완전히 묵살 당했다. 대한제국 특사들이 그들의 입장을 알리려는 시도는 대표들이 합법화하려는 세계질서에 방해가 될 뿐이었다. 인류학자 미셸-롤프 트루요에 따르면, 역사적 순간들이 시대를 지배하는 이념을 거스른다는 것은 '생각조차 할 수 없다 unthinkable.' 이런 상황에서는 '시대를 지배하는 세계관이 사실을 이긴다'라고 트루요는 말한다.[4]

대한제국 특사들은 그들의 조국을 억압하는 데 이용된 바로 그 법적 조항들의 수정을 요구했기 때문에 국제사회로 하여금 대한제국을 독립국가로 인정하도록 설득할 수 없었다. 그 결과 그들의 호소를 받아들인다는 것은 회의주최자들에게는 '생각조차 할 수 없는' 일이었다. 대한제국의 독립을 인정하게 되면 대한제국이 일본의 종속국임을 결정하고 국제평화의 의미를 규정한 세계관이 와해된다는 것을 의미했다.

한 때 노예제도가 합법이었던 것과 같이 20세기 초, 식민지화는 국제법상 합법적인 행위였다. 노예무역의 정치와 법은 제국주

「일병합」(日韓協約と韓国併合) 참고.

[4] 미셸 롤프 트루이요, 『과거를 침묵시키다. 권력과 역사의 생산』(Silencing the Past: Power and the Production of History), 보스턴, 비컨 프레스, 1995, 93-95쪽.

의의 정치와 법과 유사하며 어쩌면 제국주의의 정치와 법이 노예무역의 정치와 법으로부터 파생됐는지도 모른다.[5] 19세기 중반, 유럽과 미국의 수많은 법 이론가들은 노예제도를 불미스러운 행태라고 보았다. 그럼에도 불구하고 그들은 그런 관행이 노예들을 위해 존재한다고 생각했고 세계에서 부상하던 제국주의 열강들은 그 시대를 지배한 국제법에 따라 노예무역을 시행했다. 정치경제와 사회이론 분야에는 이러한 주장들을 뒷받침하는 문헌들이 많이 있다. 그로부터 수십 년 후 제국주의자들은 이러한 주장들을 뒷받침하는 쪽으로 국제법 조항들을 만들었다. 따라서 이들이 병합, 보호국지정, 영향력 행사 등이 도덕적이라는 자신들의 신념을 뒷받침하기 위해 이러한 문헌들에 의존했다는 사실은 놀라울 것이 없다. 노예제도를 용인했던 시대적 분위기와 마찬가지로 제국주의가 팽배한 시대에는 정치권력을 쥔 자가 무엇이 합법인지를 결정하고 이러한 법을 통해 자신의 권력과 이득을 유지했다.

'계몽적 착취enlightened exploitation'라는 담론이 이 시대의 분위기를 지배했고 국제관계에 관한 언론 보도뿐만 아니라 법의 조항과 외교협정까지 파고 들었다.[6] 이 책에서는 이 담론이 다양한 형

---

[5] 노예제도에 관한 세계 역사를 살펴보려면, 피터 리넨바우와 마이클 레디커, 『머리 여러 개 달린 히드라. 선원들, 노예들, 평민들, 그리고 혁명기 대서양의 숨은 역사』(The Many-Headed Hydra: Sailors, Slaves, Commoners, and the Hidden History of the Revolutionary Atlantic), 보스턴, 비컨 프레스 2000를 참고할 것. 레이먼드 A. 원부시, 『미국은 보상을 해야 할까? 피해 보상에 관한 격렬한 논쟁』(Should America Pay Slavery and the Raging Debate on Reparations), 뉴욕, 아미스타드 북스, 2003도 참고.

[6] '계몽적 착취'란 필리핀에서 미국이 이루고자 하는 목적이 무엇인지를 밝힌 윌리엄 맥킨리 대통령의 선언문의 정신을 살리고자 한 표현이다. '미국의 사명은 자의적인 통

태로 제시되지만 일단 '보호국protectorate'이라는 개념을 통해 '계몽적 착취'가 어느 정도나 파급되어 있었는지 알아볼 수 있다. 1885년 베를린 회의에서 체결된 외교의정서에서는 벨기에의 식민지 콩고에서의 항해권을 규정하면서 '보호국' 개념을 부분적으로 외국 정권의 지배를 받는 특정 영토라고 명시하고 있다.[7] 이 못지않게 중요한 점은, 당시 유럽과 미국의 정치적 환경은 각 나라의 국민들을 인종차별적 시각을 바탕으로 서열화했다는 점이다. 이른바 문명국가들은, 이른바 야만적인 국가들을 합법적으로 정복하고 통치할 수 있다고 주장했다. 그리고 이러한 주장을 정당화하기 위해서 당시 새롭게 제기되던, 진화이론에서 파생된 정치이론과 사회이론들을 인용했다. 특정 국가가 문명국이라 하려면 미개한 국민을 변화시킬 수 있는 능력을 갖추어야 했다.[8] 계몽적 착취 이론의 논리는 스스로 문명화할 능력이 없는 국민들이 거주

......
치를 정의가 구현되고 권리가 보장되는 통치로 대체하는, 자비로운 동화정책을 펴는 것이다.' 1898년 12월 21일 맥킨리가 전쟁부 장관 R. A. 앨저에게 보낸 편지. 『스페인과의 전쟁, 그리고 이 전쟁으로부터 전개된 상황과 관련된 서신모음』(Correspondence Relating to the War with Spain and Conditions Growing Out of the Same), 1902. 재출판, 워싱턴 D. C. 밀리터리 히스토리 센터, 미 육군, 1993, 2:875. 조지 트럼불 래드, 「한국병합: '자비로운 동화'에 수록된 에세이」(The Annexation of Korea: An Essay in 'Benevolent Assimilation'), 『예일 리뷰』 1, 1911-1912도 참조할 것.

[7] 19세기 유럽에서는 보호국 개념이 법조계와 언론계에서 시사문제와 관련해 자주 등장했지만, 이 용어가 합법적으로 쓰인 선례가 된 것은 베를린 회의 선언문이다.

[8] 역사학자 테사 모리스 스즈키는 메이지 시대 이전에 세계를 공간적으로(문명화 된 지역/야만적인 지역) 구분하던 개념이 어떻게 19세기 후반에 문명 시대적으로 구분하는 시각으로 변했는지를 설득력 있게 분석하고 있다. 「일본 정체성의 경계」(The Frontiers of Japanese Identity), 스타인 퇴네슨 그리고 한스 안틀뢰프, 『아시아에서 국가의 형태』(Asian Forms of the Nation), 서레이, 영국, 커즌 프레스, 1996, 41-66쪽. 모리스 스즈키, 『시간, 공간, 국가』(Time, Space, Nation), 아몽크, 뉴욕, M. E. 샤프, 1997도 참조할 것.

하는 지역을 보호해야 한다는 것이었다. 보호를 하는 국가는 보호를 받는 국가의 물자와 인력을 활용할 권리가 있다고 이해되었다. 궁극적으로 식민지역을 지배할 능력이 있는 국가만이 '주권 국가sovereign'이자 '독립적인 국가independent'로 규정될 수 있었다. 다른 나라를 지배하려는 국가들은 이러한 사상적 질서를 근거로 자신들의 행위를 합법화했다. 한 국가를 보호국으로 지정하는 행위는 단순히 그 나라를 접수하는 행위를 에둘러 묘사하는 게 아니라 특정한 나라의 국민들은 자치권을 누릴 자격이 없음을 명시하는 법적인 선례를 만드는 행위였다.[9]

일본은 1910년에 가서야 대한제국을 병합했지만, 헤이그 사건을 빌미로 일본 식민통치 세력은 1907년 말경 대한제국의 주권을 말살하는 데 성공했다. 1907년 여름 헤이그 판결-구체적으로 말하면 국제사회가 한국인들의 호소를 묵살한 사건-을 바탕으로 일본 관리들은 거의 50년 동안 자신들이 선대 때부터 야금야금 잠식해 온 나라, 대한제국에 대한 통치권을 확장할 수 있었다.

1876년 일본은 조선 정부와 강화도조약을 체결함으로써 강제로 문호를 개방했다. 이 조약을 통해 일본 상인과 외교관들은 대한제국 내에 지정된 합법적인 역외정착지로 이주했다. 또 다른 국제적 관행을 좇아 일본은 이 정착지를 보호하기 위해 군대

......

[9] 1996년 10월 초, (사라예보 주재 미국 대사관에 근무하는 하급 외교관이) 기밀 사항으로 보내려던 전문을 '잘못 전송'하는 바람에 워싱턴에 있는 여러 관리들이 읽게 되었다. 이 외교관은 클린턴 정부가 군대를 조기 철수하려는 계획을 비난하면서, 보스니아는 5년 이상 보스니아에 주둔하는 미군이 이끄는 서방 진영의 '보호국'이 되어야 한다고 주장했다. 「뉴욕 타임스」, 1996년 10월 10일.

를 주둔시켰다. 바로 이 주둔군이 후에 일본과 조선/대한제국의 국익을 보호한다는 명분하에 일어난 청일전쟁1894-1895과 러일전쟁1904-1905에 참전했다. 일본이 러일전쟁에서 이겼을 때 일본은 대한제국의 해방을 전쟁의 명분으로 내세웠다. 따라서 대한제국에 시혜를 베푼 일본은 국제사회로부터 대한제국을 넘겨받아 보호국으로 지정했다.

1907년 헤이그에 파견된 대한제국 특사들이 자신들의 조국이 전리품으로 취급당하는 데 항의한 행위는 일본 관리들이 그들이 답습하고자 하는 나라들 앞에서 망신을 당하는 결과를 가져왔다. 일본 관리들은 대한제국이 밀사를 파견했다는 사실을 알고는 고종황제의 퇴위를 요구했다. 일본 관리들은 이완용과 송병준처럼 자신들이 조종하기 쉬운 대한제국 관리들—한국 역사책에서는 이들을 '역사상 최악의 매국노'라고 부른다—을 시켜 고종황제에게 아들 순종에게 왕위를 넘겨주도록 종용했다.[10] 조선/대한제국1392-1897/1897-1910의 마지막 황제인 순종은 일본이 1930년대에 만주에서 옹립한 중국의 '마지막 황제' 푸이 보다 더 무력한 '괴뢰 정권'이었다.[11] 1907년 대한제국의 마지막 황제는 자신의 아

---

[10] 베스트셀러가 된 다음 사진집을 참고할 것. 이기훈, 『사진으로 보는 독립운동』, 서울, 서문당, 1992.

[11] '괴뢰 정권' 개념을 복합적으로 살펴보려면 다음 책을 참고할 것. 한석정, 『만주국 건국의 재해석』, 부산, 부산 동아대학교, 1998. 한석정, 「괴뢰 정권. 1932부터 1936년까지 만주국이 초래한 국가 효과」(Puppet Sovereignty: The State Effect of Manchukuo from 1932 to 1936) 박사학위논문, 시카고 대학교, 1995. 당시 의상과 역사를 알려면 베르나르도 베르톨루치 감독이 제작한 1987년 영화 '마지막 황제'를 참고할 것.

버지를 대신해 헤이그에 간 특사들을 비난했다.

대한제국 특사파견에 대한 일본의 강력한 항의로 국제적 관심은 당시 수도인 한성1308-1394 한양/1395년 한성으로 개칭/1910년 경성으로 개칭/1946년 서울시로 승격-옮긴이에 집중되었다. 1907년 여름 일본 지도자들이 언론을 통해 언급한 내용을 보면 일본이 자국의 정책을 세계가 지켜보고 있다는 사실을 의식하고 있었음을 알 수 있다. 7월 25일, 일본 외무상 하야시 곤스케는 AP통신 기자에게 다음과 같이 말했다. 일본이 대한제국 지도자를 교체하거나, 대한제국 사법권을 가지려고 하는 이유는 헤이그 사건 때문이 아니라면서 하야시 외무상은 이렇게 강조했다. '1905년 보호국 협정 체결 당시에는1907년 7월 신규협정의 조항들을 예상하지 못했기 때문이고 새로운 조항들을 통해 일본의 프로젝트가 완성된다. 대한제국의 헤이그 특사파견은 본질적으로 중요하지 않다.'[12] 간단히 말해서, 하야시는 일본이 대한제국의 주권을 침탈하고 사법권을 빼앗은 행위는 식민주의 정치에서 통상적으로 이루어진 절차라고 설명하고 있다. 하야시가 이렇게 구구절절 해명할 필요조차 없었을지 모른다. 이보다 앞서 영국의 「더 타임스」 신문은 이미 일본의 행위를 다음과 같이 용인했으니 말이다. '영국 또한 오랜 세월

---

[12] 「뉴욕타임스」, 1907년 7월 26일자에서 인용됨. 외무성, 『일본외교문서』(日本外交文書) vol. 40, 492-493쪽. 새로 체결된 협정의 제 2항은 다음과 같이 명시했다. '한국 정부는 통감의 사전 동의 없이 어떤 법이나 칙령도 제정하지 않는다.' 제 3항은 한국정부의 '통상적인 국가 운영'에서 사법권을 제거하고 이를 이토의 관할로 만들었다. 김종명, 『한일외교자료집성』(日韓外交資料集成), 도쿄, 가난도, 1964, vol. 6b, 626-636쪽도 참고할 것. 운노, 『한일조약과 한일병합』(日韓協約と韓国併合), 390-391쪽도 참고할 것.

제1장 불법적 한국

동안 야만적인 혹은 반半 야만적인 국가를 상대해 온 경험이 있기 때문에 대한제국에서의 일본의 입장을 십분 이해한다.'¹³

일본 메이지 정부는 이 여세를 몰아 대한제국에 대한 착취의 수위를 높여갔고 이를 당연히 일어날 일련의 사건들로 치부했다. 일본과 대한제국 간에 체결된 1907년 협정은 파장이 만만치 않았음에도 불구하고 국제 사회에서는 이 협정의 합법성 여부에 이의를 제기하는 어떠한 공식적인 움직임도 없었다.¹⁴ 전 세계가 고종의 퇴위를 지켜보고 이에 대해 언급을 하는 가운데 일본 통감 1906–1910 통감부/ 1910–1945 총독부–옮긴이 이토 히로부미는 총리대신 이완용과 함께 대한제국의 사법권을 일본에 이양한다는 협정에 서명했다. 일본을 대한제국의 합법적인 보호자로 인정하는 분위기 속에서 대한제국에 대한 일본의 통치권 강화 행위에 대해 국제사회는 찬사일색이었다. '새 협약에 따라 이토 통감이 취할 첫 번째 조치는 현재 대한제국의 무능한 사법부를 유능한 사법부로 대체해서 대한제국에서 국민의 생명과 재산을 보호하는 일이다.'¹⁵

---

¹³ 「더 타임스」(런던), 1907년 7월 20일. 한국 국민과 그들의 통치자를 '야만'이라고 규정한 국제적 시각이 어떻게 20세기 내내 지속되었는지에 대해 간략하게 논의된 내용을 보려면, 브루스 커밍스, 「노근리 다리에서 생긴 사건. 내전의 역사와 기억에 대한 연구」 (Occurrence at Nogun-ri Bridge: An Inquiry into the History and Memory of a Civil War), 『크리티컬 에이션 스타디스』 33, no. 4, 2001년 12월, 520–521쪽을 참고.

¹⁴ 김일성 대학교의 김고신 교수는 고종황제가 서명하지 않았으므로 이 협정은 무효라고 하면서, 당시 합법적인 통치자는 고종이라고 주장한다. 일본어 번역본을 보려면, 김고신, 「모든 구 '조약'은 불법, 무효인 허위문서」(すべての旧『条約』は不法˝無効な虚偽文書), 운노, 『한일조약과 한일병합』(日韓協約と韓国併合), 23–36쪽을 참고할 것.

¹⁵ 「더 타임스」(런던), 1907년 7월 29일.

1907년 한일협약을 체결하기 이전까지 일본 정부는 한일 간 고위급 외교협상의 내용을 공개하지 않았었다. 이와는 반대로 이토와 이완용이 새 협약서에 서명하자마자 일본 관리들은 일본과 해외 언론에 협정서 사본을 배포했다.[16] 1905년 국제 사회의 극히 일각에서 일본이 대한제국을 보호국으로 지정하는 협정을 지목하고 이 협정을 지지했으며, 이로써 대한제국은 국제사회에서 존재가 사라지게 되었다.[17] 1907년에는 더 많은 나라들이 일본의 행동을 주목했고 대한제국의 존재를 제거하는 행위를 칭송했다. 대한제국 왕은 여전히 왕위를 유지했고 일본은 대한제국이 일본의 공식적인 식민지가 아니라고 항변했지만, 대한제국을 통치하는 일본 행정관리들은 한때 대한제국의 기능을 담당했던 모든 공공기관을 장악했다.

　일본을 대한제국의 합법적인 정부로 규정한 국제사회 분위기는 어떤 한 인간이 다른 인간을 소유하고 사고팔 수 있다는 노예제도를 뒷받침한 정치경제이론과 유사한 방법으로 특정 국가들의 존재를 말살하는 행위를 양산했다. 그리고 계몽적 착취의 담론은 이러한 행위에 당위성을 부여했다. 문학비평가 니시카와 나가오에 따르면 메이지 시대 정치인들은 '국제법 조항들은 오직

......

[16] 「아사히 신문」, 1907년 7월 26일. 「뉴욕타임스」, 1907년 7월 26일. 1905년 보호국 협정은 체결되고 나서 일주일 동안 비밀에 부쳐졌고, 재정 자문관과 관련해 체결된 1904년 협정은 1907년 협정이 체결될 때까지 공개되지 않았다.

[17] 프랑스 법률학자 프란시스 레이는 예외였다. 그는 1906년에 발표된 글에서 일본의 행동에 대한 절차적 정당성에 의문을 제기했다. 이 글은 다음 장에서 논의하겠다.

유럽식의 문명국가들만을 주권국가로 인정한다. 오직 이러한 국가들—국제법의 주체—만이 저개발국이나 개발도상국의 내정에 간섭하거나 그 나라를 정복할 권리를 갖는다'[18]고 보았다.

메이지 시대의 일본 제국주의자들은 이러한 국제사회 힘의 공식에 일본이 주체적으로 참여하도록 하기 위해 애썼다. 그 당시 국제법은 식민지의 영토와 국민에 대한 통치권을 현대적인 형태의 노예제도로 정당화했다. 일본이 대한제국을 통치하는 데 있어서도 이러한 법이 존중되고 실행되었다. 마침내 일본 관료들이 세계무대에 등장할 때가 오자 그들은 신념이 나약한 대한제국의 정치인들 이완용이나 송병준을 조종해서 고종을 퇴위시키는, 역사적으로 지탄받을 일을 대신하도록 할 수 있다는 사실을 알았다. 일본 관리들은 다른 여느 식민지역의 제국주의 열강과 마찬가지로 식민 지배를 받는 나라의 관리들에게 골치 아픈 일을 대신 하도록 시켰다. 일본 관리들의 이러한 행태는 특정지역의 영토와 국민을 노예화하는 행위가 도덕적으로 정당하다고 주장하던 영국을 비롯한 다른 제국주의 열강들의 우월감을 재확인시켜 주었다. 이들의 논리에 따르면 어떤 국가들은 스스로를 통치하기에 적합하지 않으며 강압적인 방법을 동원해 이러한 조건을 조성하는 일도 서슴지 않아야 했다.

가장 중요한 점은 일본의 이러한 대한제국 주권 침탈 행위가

---

[18] 니시카와 나가오, 『지구시대의 민족=문화이론: 탈 '국민문화'를 위해서』(地球時代の民族=文化理論: 脱「国民文化」のために), 도쿄, 신요샤, 1995, 85쪽.

그 시대를 풍미하던 '상상 가능한thinkable' 이론들과 맞아떨어졌다는 것이다. 당시 한 시사평론가가 한 말은 묘하게도 오늘날에도 시사하는 바가 있다. '세계에서 억압받는 국민들헤이그 회의에서 부당함을 호소했던 사람들은 알바니아인, 아르메니아인, 보스니아인, 한국인, 그루지아인, 헤르체고비나인들이었다…그리고 보어인, 이집트인, 아일랜드인들도 개별적으로 호소를 했다.'[19] 20세기 초에 '억압받은 국민들'과 21세기 초에 억압받고 있는 국민들 사이에는 두드러지게 비슷한 점이 있다는 사실로 미루어볼 때 1907년 국가의 주권을 박탈당하고 다른 나라에 법적으로 종속당한 집단들을 살펴볼 필요가 있다. 한마디로 이 과정이 이 책의 초점이다.

어떤 국가는 합법적인 주체로 규정하고 어떤 국가는 그러한 주체의 통치대상으로 규정하는 이러한 역사적 담론은 제국의 형성과 밀접하게 연관되었다. 담론이라는 것이 으레 그러하듯이 이러한 담론도 반복적으로 재확인되어왔다. 더군다나 이 담론은 제국주의 정치행위를 합법적인 관행으로 규정했고 그럼으로써 제국주의 정책들을 합법적으로 만들었다. 제국주의 시대에는 국제관계를 규정하는 나라들—그리고 그러한 나라들만이—이 국제관계의 합법적인 주체였다. 그 밖의 모든 나라들은 합법적인 존재를 인정받지 못했다.

제 1장에서는 일본이 이러한 권력의 담론에 참여하게 된 환경

---

[19] 윌리엄 헐, 『두 차례 헤이그 회의와 그 회의가 국제법에 공헌한 점』(The Two Hague Conferences and Their Contributions to International Law), 보스턴, 진 & Co., 1908, 27쪽.

을 살펴봄으로써 불발에 그친, 대한제국 특사들이 헤이그에서 행한 항의에 대해 국제사회가 어떤 반응을 보였는지 살펴보겠다. 이 역사적 사건이 분명히 보여 주듯이 한 국가의 존재와 그 국민들의 존재를 법적으로 제거해 버리는 행위가 상당히 공공연하게 정당화될 수 있었다. 1950년대에 역사학자 힐러리 콘로이Hilary Conroy를 시작으로 미국, 일본, 한국 학자들은 현재 '헤이그 대한제국 특사 사건'으로 알려진 이 사건이 공식적 비공식적 경로를 통해 어떻게 전개됐는지 연구해 왔다.[20] 콘로이를 비롯한 여러 학자들이 인용한 자료들을 나도 인용하고 있지만 이 자료들에 대한 나의 해석은 대한제국 특사들이 국제 사회에 진입하려는 시도를 했을 당시에는 이미 계몽적 착취라는 개념이 보편적으로 수용된 이후라는 점을 강조한다는 점에서 그들의 해석과 다르다. 계몽적 착취라는 이 국제적 담론으로 인해 대한제국 특사들은 자국을 합법적인 주체로 인정받는 데 실패했고, 합법성을 인정받으려는 그들의 시도는 대한제국은 불법이라는 판결을 한층 공고히 하는 효과만 가져오고 말았다. 이 사건을 이런 시각으로 보면 국제 사회가 대한제국을 불법이라고 규정한 행위가 어떻게 합법적인 행위가 되는지를 설명해 주며 특정 시대와 장소에서 권력은 어

---

[20] 힐러리 콘로이, 『일본의 한국 장악, 1868-1910. 국제관계에서 현실주의와 이상주의 연구』(The Japanese Seizure of Korea, 1868-1910: A Study of Realism and Idealism in International Relations), 필라델피아, 펜실베이니아 대학교 출판부, 1960. 피터 두스, 『주판과 칼. 일본의 한국 침략』(The Abacus and the Sword; The Japanese Penetration of Korea, 1895-1910), 버클리와 로스 엔젤레스, 캘리포니아 대학교 출판부, 1995. 기네후치 노부오, 『해외 신문으로 보는 한일병합』(海外の新聞にみる日韓併合), 도쿄, 사이류샤, 1995, 213-220쪽도 참고할 것.

떤 의미를 가지며 어떻게 작동하는지에 대해 보다 깊이 이해할 수 있다.

세계무대에 선 일본

1898년 8월 러시아 황제 니콜라이 2세는 '열강들'당시 세계 식민 지배국들은 스스로를 이렇게 일컬었다에게 대규모 무기감축 회담을 열자고 촉구했다. 회의를 주관하는 당사자들은 헤이그를 회의 개최지로 결정했고 자칭 세계 최초의 만국평화회의가 다음 해 5월 18일에 개막했다.[21] 러시아 정부는 상트페테르부르크에 외교대표단이 상주하는 나라들만이 회의참석 자격이 있다고 판단했고 따라서 처음부터 국제법에 의거해 주권이 있는 독립국가로 분류되는 나라들로 참가자격을 제한했다. 수년 후 이 회의에 대한 평가에서 윌리엄 헐William Hull은 처음부터 러시아 황제가 자의적으로 예외를 인정했다고 다음과 같이 지적했다. '그러나 이러한 일반적인 규정은 지켜지지 않았고 러시아에 대표단을 파견한 나라들 가운데 어떤 나라들예를 들어, 룩셈부르크, 몬테니그로, 사이암 등은 초청하고 어떤 나라들예를 들어, 남아프리카공화국은 초청하지 않았다. 러시아 정부는 이러한 초청 대상을 자의적으로 결정한 이유에 대해 아무런 공식적인 입장도 내놓

......

[21] 네덜란드 외무부, 『헤이그 평화회의 1899』(Conference de la Paix de la Haye 1899), 암스테르담, 출판사 불명, 1899. F. W. 홀스, 『헤이그 평화회의』(The Peace Conference at Hague), 뉴욕, 출판사 불명, 1900.

지 않았다.'²²

이러한 자의적인 초청 절차가 가져온 파장은 컸다. 회의 조직 초창기부터, 오늘날 국제연합의 전신인 이 회의 조직자들은 사실상 특정 정권의 합법성과 불법성 여부를 결정하는 선택을 한 것이다. 국제사회를 운용하는 정책을 결정하는 데 있어서 그 영향력은 헤이그 회의를 따라올 기구가 없었고 이 회의가 내린 결정의 합법성 여부를 반박할만한 대체적인 조직도 존재하지 않았다. '열강'이 아닌 특정 국가가 헤이그 회의 당국의 결정에 의문을 제기하면 회의 당국은 그 정권을 불법 정권이거나, 오늘날의 표현을 빌리자면, '불량국가' 혹은 '불법 국가'로 낙인찍었다.

1899년 회의에 참석한 각국의 대표단들은 자신들이 문명국가라며 자축했고, 진부한 말로 가득한 평화선언을 공표했고, 차기 회의를 개최하기로 의견을 모았지만, 보어 전쟁과 러일전쟁이 2차 회의의 순탄한 진행에 쐐기를 박아 넣었고 회의 참가국들은 제2차 회의를 1907년 6월로 연기할 수밖에 없었다. 2차 회의에 참석한 나라의 목록에는 새로운 나라들이 올랐고 새로운 제약 규정들이 만들어졌다. 유럽에서 20개국, 미 대륙에서 19개국이 참가했다. 아시아에서는 페르시아, 사이암, 중국, 일본이 참가했다. 아프리카 대륙에는 합법적인 주권국가가 존재하지 않았으므로 참석한 나라는 당연히 하나도 없었다. 회의 주최 측이 이집트 대표

---

²² 윌리엄 헐, 『두 차례 헤이그 회의와 그 회의가 국제법에 공헌한 점』(The Two Hague Conferences and Their Contributions to International Law), 보스턴, 진 & Co., 1908, 10쪽.

단의 참석을 거절한 사실로 미루어 보아 아프리카에 주권국가가 존재한다고 인정하지 않았음을 알 수 있다.

1899년에 참가국 대표단들은 수도 외곽에 위치한 작은 왕궁에 모여 회의를 열었지만, 1907년 회의 주최 측은 더 많은 참석자들을 수용하고 회의에 대해 훨씬 높아진 기대치에 부응하려면 규모가 훨씬 큰 회의장소가 필요하다고 판단했다. 회의 의장 알렉산더 넬리도프가 주장한 바와 같이 '문명세계의 우방국들 모두 한마음으로 관심을 갖고 회의를 지켜보는' 가운데 회의는 13세기에 지어진 근엄한 분위기를 풍기는 사냥용 별장, 격조 있는 리다잘Ridderzaal, Hall of Knights, 기사의 전당에서 개막되었다.[23] 작위가 없는 귀족인 네덜란드 외무장관 반 테츠는 기자에게 다음과 같이 말했다. "기사의 전당은 2차 회의 개최지로 손색이 없다고 본다." 그리고 영국 「더 타임스」 신문은 사설에서 2차 회의를 고대 아테네 법정에 비유해 '현대판 아레오파구스Areopagus'라 일컬었다.[24] 반 테츠 장관은 또한 "거의 세계 모든 나라의 대표단들이 모여 머리를 맞대고 평화에 대해 논의를 하게 된 이 건물은 네덜란드 역사의 한계를 뛰어넘어 새롭게 세계의 역사적인 명소로 자리매김하게 될 것이다"라고 말했다.[25] 회의 주최자들은 자신들의 행동에 권위를 부여하면 자신들의 노력을 정당화할 수 있다고 믿었고, 회의

---

[23] 「더 타임스」(런던), 1907년 6월 17일.

[24] 「더 타임스」(런던), 1907년 6월 17일, 1907년 6월 29일.

[25] 「더 타임스」(런던), 1907년 6월 17일.

가 개막하는 날 「더 타임스」는 기사에서 회의 장소를 다음과 같이 묘사했다.

회의 장소인 리다잘의 역사는 13세기로 거슬러 올라가 성 로마제국령 홀란드의 왕 빌렘 2세가 건축했다. 천장이 높고 긴 이 건물은, 정문 출입구 양쪽을 두 개의 둥근 탑이 호위하고 있는 교회를 연상케 한다. 내부는 단순하고 천장이 높아 장엄한 분위기를 풍긴다. 지붕을 지탱하는 대형 서까래는 다듬지 않은 목재로 되어있고 회벽에 걸린 유일한 장식물은 지붕구조물의 석조지지대 위에 새겨진 네덜란드 연방을 구성하는 각 나라의 문장들뿐이다. 전당 바닥에는 녹색 융단을 덮은 책상과 의자들이 즐비하다.[26]

이 건물을 교회에 비유함으로써 이 회의에 고차원적인 도덕적 근거를 부여했다. 푹신한 의자들로 성스러운 공간을 구분하고 각국 대표단의 서열을 매겼다. 1차 회의 때와 마찬가지로 참가국들은 프랑스어 국명을 따라 알파벳 순서로 등록됐다. 헐[Hull]에 따르면, "알파벳 순서조차도 강대국 대표들을 서열 상위에 오게 하는 결과를 가져왔다… 독일, 미국, 영국 대표단들이 맨 앞줄 좌석을 차지했다—알파벳 순서로 했는데도 말이다."[27] 7월 즈음 광

......

[26] 위의 글.
[27] 프랑스어로는 알르마뉴(Allemagne), 아메리끄(Amérique), 앙글르떼르(Angleterre)

산업계 거물 앤드류 카네기는 이 회의에 대한 보도를 신문에서 읽고 친구들에게서 전해들은 후 매우 흡족해하며 네덜란드 정부에 125만 달러를 기부하고 미래에 열릴 회의를 개최할 회의 전용 건물을 새로 짓도록 했다.[28]

일본 대표단은 연미복을 갖춰 입고 실크햇을 쓰고 날마다 기사의 전당에 나타나 국제법 논의의 주체로 회의에 참석했다. 반면, 대한제국 특사들은 회의에 걸맞은 복장을 했음에도 불구하고 회의장에 들어갈 수 없었고, 그들의 항의 내용은 공식적인 회의록에도 기록되지 않았다.[29] 대한제국의 존재가 어떻게 말살됐는지 이해하려면 그 때 그 순간을 잘 살펴봐야 한다. 헤이그 회의에서 '대한제국의 합법성 여부'라는 제목의 사건에 대해 판결을 내리는 판사는 아무도 없었다. 그보다 앞서 2년 전 국가를 서로 교환한 악명 높은 사건들에 대한 판결을 내리는 판사도 없긴 했지만 말이다. 가쓰라-태프트 밀약 1905년 7월으로 미국과 일본은 필리핀과 대한제국을 맞바꾸었다. 그리고 제 2차 영국-일본 연합 1905

이다. 윌리엄 헐, 『두 차례 헤이그 회의와 그 회의가 국제법에 공헌한 점』(The Two Hague Conferences and Their Contributions to International Law), 보스턴, 진 & Co., 1908, 15쪽. 헐은 '에따쥐니'(Etats-Unis) 대신 '아메리끄'라는 명칭이 선택된 점에 대해서, 헤이그 1차 회의 조직위원회 측에서 스페인(에스파뉴(Éspagne))과 미국 간의 전쟁을 고려해 알파벳 순서상으로 예우를 갖춘 것이 아닌지 추측하고 있다.

[28] 「뉴욕타임스」, 1907년 7월 17일.

[29] 프레더릭 아서 맥킨지, 『자유를 쟁취하기 위한 한국의 투쟁』(Korea's Fight for Freedom), 뉴욕, 플레밍 H. 레블, 1920, 제 7장. 나가타 아키후미, 『테오도어 루즈벨트와 한국』(セオドア・ルーズベルトと韓国―韓国保護国化と米国), 도쿄, 미라이샤(未來社), 1992, 190-194쪽도 참고할 것.

년 8월에서 일본과 영국은 인도와 버마를 교환했다.[30] 대한제국의 운명을 결정한 대표단들은 공식적으로 자국 정부를 대표할 뿐이었지만, 그들이 대한제국의 존재를 지워버리기로 한 결정은 국가 차원의 권위를 넘어서 국제법의 힘을 행사한 행동이었다. 대한제국 특사들이 1907년 여름 그 결정의 부당함을 호소하려 했을 때 국가를 초월한 권위를 지닌 이 얼굴 없는 판사는 더 이상 대한제국의 존재를 인정하지 않았다. 국제법을 대표하는 대표단—헤이그의 '기사들'—은 대한제국의 호소를 묵살했고 자신들의 결정을 합법적인 판결로 만들었다.

회의장 앞줄에 앉은 강대국 대표단들과 국적이 같은 기자들은 대한제국 특사 사건을 흥미본위의 기사로 다루었고 대한제국이 회생불가능하다는 자기나라 대표단의 결정에 대체로 동의했다. 그들이 배포한 기사는 전 세계 독자들의 뇌리에 이 사건에 대한 헤이그 대표단의 결정이 합법적이라는 주장을 더 공고하게 심어주었다. 대한제국 특사 사건에 대한 기사 덕분에 회의 자체에 대한 홍보가 끊임없이 이루어지면서, 참가국들은 그토록 바라던 '역사적 명성'을 확실히 끌어냈다.[31] 대한제국 특사들의 회의장

......

[30] 외무성, 『일본외교문서』(日本外交文書), vol. 38, no. 1, 450-452쪽. 외무성, 『일본외교문서』(日本外交文書), vol. 38, no. 1, 59-61쪽.

[31] 헤이그 회의의 언론보도는 위르겐 하버마스가 한 말로 가장 잘 이해될 수 있을 것이다. 하버마스는 공개적으로 유포된 견해가 어떤 기능을 하는지 설명하면서 다음과 같이 주장했다. '전시용으로 꾸며지거나 조작된 언론 정보의 소용돌이 속에서 조직화되지 않은 사적인 개개인으로 구성된 대중이 습득하게 되는 것은 수렴된 여론이 아니라 공개적으로 보도된 의견들이다.' 위르겐 하버마스, 『공적 영역의 구조적 전환. 부르주아 사회 부류에 대한 탐구』(The Structural Transformation of the Public Sphere: An Inquiry into a

진입 시도 사건과 일본의 반응에 대한 기사를 보면 계몽적 착취라는 담론이 얼마나 보편화됐는지 알 수 있다.

식민지화가 활발하게 이루어지면서 동시에 소위 문명 세계라는 지역들에서 판매되는 신문 기사들의 논조가 모두 비슷해졌다. 데이비드 스퍼David Spurr는 이를 이렇게 설명했다. "식민지화에 대한 일련의 담론들은 똑같은 주장을 담론 내부적으로 반복하고 있을 뿐, 사안에 대한 총체적인 이해는 결여되어 있다."[32] '내적 반복'이라는 지적은 어떻게 전 세계적으로 신문들이 회의 이전까지는 거의 관심도 기울이지 않던 문제, 즉 일본의 대한제국 통치의 정당성을 설파했는지를 설명하는 데 유용하다. 유럽과 미국 전역에서 사회적 진화론 논조가 기사 곳곳에 침투했고 이러한 신문 기사들은 계몽적 착취 옹호자들의 인종차별적 주장들을 뒷받침했다. 문명국이 후진국을 통치하는 행위는 합법적이라는 주장 말이다. 유일하게 러시아 신문들만이 대한제국 밀사들에 대한 일본 정부의 대응을 비난했다. 앞서 언급한 바와 같이 러일전쟁에

......

Category of Bourgeois Society), 케임브리지, 매사추세츠, MIT 출판부, 1992, 247-248쪽. 기자들은 얼핏 국제적인 기구로 보이는 조직이 어떻게 정책을 수립해서 세계평화를 수호하는지에 대한 정보를 널리 유포해서 헤이그 회의에 참석한 대표단들과 신문 독자들 사이에 '의사 소통'이 이루어지게 하고 이를 통해 회의의 합법성을 강화했다.

[32] 데이비드 스퍼, 『제국의 수사학. 언론, 여행기, 제국주의 행정에 나타난 식민주의 담론』(The Rhetoric of Empire: Colonial Discourse in Journalism, Travel Writing, and Imperial Administration), 더럼, 노스캐롤라이나, 듀크 대학교 출판부, 1993, 1-2쪽. 스퍼는 로버트 영이 제기한 '식민주의 담론이 모든 지역에서 시기를 불문하고 동일하게 작동했다고 가정할 수 있는가?'라는 의문을 무효화했다. 로버트 영, 『식민지 쟁탈의 욕망. 이론, 문화, 인종의 혼종성』(Colonial Desire: Hybridity in Theory, Culture, and Race), 런던, 루틀리지, 1995, 164-165쪽. 훨씬 융통성 있는 입장을 보이는 스퍼와는 달리 영은 '모든 것을 포괄하는 총체적인 이론적 매트릭스'를 찾고 싶어 했다.

제1장 불법적 한국　**37**

서 대한제국의 통치를 두고 다투었던 러시아의 입장에서는 감정의 앙금이 아직 남아있었으니 놀랄 일도 아니다.[33]

런던, 뉴욕, 파리, 프랑크푸르트, 상하이에서 발간되는 신문들은 계몽적 착취를 주장하는 이들의 시각으로 대한제국의 지도자, 대한제국 국민들에 대한 기사를 썼고 이들을 일본인들과 비교했다. 인류의 진보를 추구하는 이 시대에 고종황제는 '동양의 나약한 군주'였다.[34] 대한제국은 '동양의 국가들 가운데 가장 시대에 뒤떨어진 나라이자 변하기 어렵고 비이성적인 보수주의'를 상징하는 말처럼 여겨졌다.[35] 영국에서는 대한제국 황제를 '후진적 군주'로 여겼고 '어리석고 얼빠졌다'[36]고 여겼다. 파리에서는 고종을 '가극에서 튀어나온 군주 같아서…일을 주도하는 능력도, 활력도, 의지[37]도 없다'고 여겼다. 일본이 고종을 퇴위시키는 데 성공하자 「뉴욕타임스」신문은 다음과 같이 거들먹거렸다. '이제 그동안 참으로 안타깝고 처량했던 고종의 처지가 한결 나아졌다.'[38] 프랑크푸르트 발 기사에서는 고종의 뒤를 이은 새 황제를 '인도 고무처럼 맘대로 다룰 수 있을 만큼 온순한 성품'이

- - - - -

[33] 러시아 사례 몇 가지가 기네푸치, 『해외 신문으로 보는 한일병합』(海外の新聞にみる日韓併合)에 수록됐다.

[34] 「더 타임스」(런던), 1907년 7월 20일.

[35] 「더 타임스」(런던), 1907년 7월 29일.

[36] 「더 타임스」(런던), 1907년 7월 19일.

[37] 「르 땅」(파리), 1907년 7월 21일.

[38] 「뉴욕타임스」, 1907년 7월.

라고 묘사했다.[39] 한 프랑스인은 이런 주장을 다음과 같이 인정했다. "순종은 개처럼 자기 부친을 졸졸 따라다니곤 했고, 활력이나 일을 주도하는 능력도 전혀 보여 주지 못했다."[40] 서구 열강 국가의 기자들은 인종차별적인 편견으로 '동양의 군주'의 특징을 규정하면서 대한제국 국민들도 그들의 군주와 같은 특징을 보이는 것으로 묘사했다. 프랑스 신문 「르 땅Le Temps」은 사설에서 '대한제국 국민들은 수동적이라 활력도 없고 용의주도하게 활동을 할 능력도 없다'라고 했다.[41] 대한제국 국민들이 처한 어려움에 다소 동정적인 기사조차도 국제 사회의 시각으로 본, 대한제국 국민들의 치명적인 결함을 지적했다. '확실히, 대한제국 국민들, 적어도 그 나라의 지배계급은 문명정부를 다스려 나갈 능력이 없다는 사실을 보여 주는 증거가 상당히 많다.'[42] 「뉴욕 트리뷴」지가 사용한 표현은 가장 노골적이다. '적자생존의 법칙은 식물이나 동물뿐만 아니라 국가들에도 적용된다. 대한제국은 분명히 생존에 적합하지 않다.'[43]

헤이그 회의 참석 대표단들이 대한제국 특사에게 발언권을

-----

[39] 「프랑크푸르트 가제트」를 「르 땅」(파리)이 인용, 1907년 7월 22일.

[40] 「뉴욕타임스」, 1907년 7월 28일자에 보도됨.

[41] 「르 땅」(파리), 1907년 7월 29일. 이보다 일주일 전 한 사설은 '동양인들은 소심할 뿐만 아니라 소심함이 사실상 질병으로 나타나는데 이는 오래 전부터 유전되어 온 질병이다'라고 주장했다. 「르 땅」(파리), 1907년 7월 21일.

[42] 「뉴욕타임스」, 1907년 7월 28일.

[43] 「뉴욕 트리뷴」, 1907년 7월 26일. 콘로이의 『일본의 한국 장악』(Japanese Seizure of Korea), 350쪽에도 인용되었다.

주지 않기로 한 결정은 대한제국이 일본의 통치를 받아야 한다는 충분한 증거라고 기자들은 생각했다. 기자들은 이러한 결정이 당연한 결정임을 재확인했다. 적자생존의 논리에 따르면 일본이 한국을 통치하는 것은 '오랜 세월 동안 나태함에서 벗어나지 못한 국민을 놀랍도록 명민하고 열성적인 국민이 지배하는 것과 다를 바 없다.'[44] 식민지배자와 피지배자에 대한 가설들은 한국인과 일본인을 비교할 때도 적용되어, 서구 신문들은 일본을 식민지 지배국인 유럽 국가들과 동등하게 취급했다. 「르 땅」지는 다음과 같이 극찬했다. 한국의 과거에 비추어볼 때 '대한제국을 여행하거나 그 나라에 대해 잘 아는 사람들은 일본이 통치를 시작한 이후로 많은 성과를 이루어 냈다는 점에 놀라움을 금치 못한다.'[45] 독일의 한 신문은 '일본이 협정을 통해 얻은 권리를 행사하는 결연한 의지에 경의를 표한다'라고 보도했다.[46] 「뉴욕타임스」 기사는 다소 냉소적이나 논조는 비슷했다. '메테르니히는 이탈리아를 한낱 지리적 명칭으로 전락시켰다며 의기양양했다. 이토도 대한제국에 대해 메테르니히처럼 행동해도 될 듯하다.'[47] 상하이의 영자신문도 비슷한 논조의 기사를 되풀이했다. '대한제국과 같은 나라들이 지도에서 지워지는 게 세계 전체의 이익에 부

......
[44] 「더 타임스」(런던), 1907년 7월 20일.
[45] 「르 땅」(파리), 1907년 7월 29일.
[46] 「꼴론뉴 가제트」(파리)가 「더 타임스」(런던), 1907년 7월 22일자를 인용함.
[47] 「뉴욕타임스」, 1907년 7월 25일.

합하며, 우리는 일본이 대한제국의 존재를 지워 버린 결정을 비난하지 않는다.'[48] 아마도 영국은 일본과 다양한 협정을 수립해 온 관계이기 때문에 이에 힘입어 「더 타임스」는 일본의 행동에 대한 극도의 경의를 표했고, '식민 열강으로서의 일본의 평판이 걸려있다'라고 보도했다.[49] 일본이 대한제국에 대한 통치를 강화해 나가는 데 대해 전 세계 여론이 지지를 표명한 사실로 미루어 볼 때 1907년 즈음 이미 메이지 정부는 대한제국에 대한 일본의 정책에 대해 지지를 확보했고 '대한제국을 지도에서 지우는' 절차를 합법적으로 지속해 나가게 되었다.

일본의 주요 신문들도 대체로 헤이그 사건에 대한 국제 언론과 정부 선언문들의 논조를 따랐다.[50] 일부 사설에서는 일본의 행동을 법적인 문제로 자세히 기술했고, 나카무라 신이치는 대한제국에 대한 일본의 정책이 국제적인 보호국 지정 체제에 부합하는 결정임을 현학적으로 설명했다.[51] 일본 국내 신문들은 대부분 고종의 강제퇴위와 같은 사건들을 크게 다루지 않으려고 애썼지만 한 신문만이 정부노선을 따르지 않고 강제퇴위 사건을 조롱하는 논조의 기사를 섰다. 1907년 7월 18일과 8월 3일 사이의 기간 동안 게재한 만평에서 「요로즈초호」 신문은 '식민지 열강으로

-----

[48] 「사우스 차이나 데일리 저널」(상하이), 1907년 8월 6일.

[49] 「더 타임스」(런던), 1907년 7월 29일.

[50] 「아사히 신문」(도쿄), 「마이니치 신문」(도쿄), 1907년 7~8월.

[51] 「아사히 신문」(도쿄), 1907년 7월 25일.

서의 평판'⁵²을 유지하려고 안간힘을 쓰는 일본정부의 노력을 빈정댔다. 이 신문의 편집자인 구로이와 루이코는 일관성 있는 정치적 시각보다는 반(反)엘리트주의 성향으로 잘 알려져 있었고, 이 신문의 만평들은 그의 이러한 성향을 잘 보여 주었다. 만평들은 국제정치질서에서 강대국들이 스스로 이타적임을 주장하는 행태와 이러한 세계 질서의 주체로 자리매김하려는 일본의 야망을 희화화했다.⁵³ 이 신문의 만평들은 여차하면 일본의 회원자격을 박탈할지도 모르는 바로 그 집단의 우월성을 정당화하고 그 집단의 회원이 되려고 안간힘을 쓰는 일본의 위선적 행태를 꼬집었다.⁵⁴

이러한 일련의 만평가운데 첫 번째 만평그림 1은 노파처럼 기모노를 걸친 이토 히로부미 일본통감이 남루한 옷차림을 한 한국인 남자를 뒤쫓는 모습을 그렸다. 어린아이처럼 작은 몸집에 신발도 신지 않은 한국인 남자는 고종이나 헤이그 특사 가운데 한 명을 나타낸다.⁵⁵ 일본의 '조지 워싱턴'이라 일컬어지는 이토 히로

· · · · ·

⁵²   「요로즈초호」(일본 일간지·萬朝報), 도쿄, 1907년 7월 18일, 1907년 7월 20일, 1907년 7월 22일, 1907년 7월 24-28일, 1907년 8월 1-3일.

⁵³   구로이와 루이코(1862-1920)는 1892년 「요로즈초호」를 창간했다. 고토쿠 슈스이, 우치무라 간손, 사카이 도시히코와 같은 무정부주의자, 사회주의자, 반국가주의자 지식인들이 모두 이 신문에 기고를 하다가 1903년 신문이 반(反) 러시아 성향으로 돌아서자 사임했다. 야마모토 다케토시, 「요로즈초호의 파산과 쇠퇴」(萬朝報の破綻と衰退), 도쿄, 일본 도서센터, 1984를 참고할 것.

⁵⁴   1907년 7월 28일자 만평은 메두사처럼 머리에 뱀이 달린 악한 얼굴을 한 백인 일곱 명이 서로 물어뜯는 모습을 실었다. 이 남자들은 모두 손을 뻗어 피둥피둥한 흰 비둘기의 등을 쓰다듬고 있다.

⁵⁵   「요로즈초호」, 1907년 7월 18일. 연임은 아니지만 1885년부터 1901년까지 네 차례 총리대신으로 재직한 후 이토는 1905년부터 통감으로 일본의 한국 식민통치를 총괄하다가 1909년 안중근에게 암살당했다.

부미1841-1909는 메이지 정부를 수립한 주요 인물 가운데 한 사람으로 당대의 가장 힘 있는 정치인이었다. 그런데도 만평에서는 그의 위선을 조롱했다. 기모노를 입고 뒤를 쫓는 이토로부터 달아나는 왜소한 한국인 남자 앞에는 양복을 입은 장신의 남성들유럽과 미국인들 네 명이 서서 웃고 있다. 그리고 이런 표제가 붙어있다. '이 할미는 네가 그런 초라한 꼴로 돌아다니게 내버려 둘 만큼 어리석지 않구나!' 또 다른 만평을 보면, 이토와 하야시 곤스케 일본 외무상이 자동차 운전대를 잡고 '간'과 '민'대한제국 국민이라는 이름이 붙은 개들을 깔아뭉갠다. 또 다른 만평에서는 고종 전 황제를 새 황제인 자기 아들에게 연결된 줄을 조종하는 꼭두각시 놀리는 사람으로 묘사하고 있다.

맨 마지막 만평에서는 기모노 정장을 하고 서양식 모자를 쓴 젊고 훤칠한 일본 청년 옆에서 한복을 입고 미소를 띤 예쁘장한 한국여성아마도 그의 아내인 듯 하다이 이 남자에게 다소곳이 인사를 하는 모습을 그리고 있다. 두 사람의 아기성별은 알 수 없다는 남자의 팔에 안겨 있는데 아기의 등에는 일본이 대한제국의 사법권을 탈취한 1907년 협정을 뜻하는 신 교야쿠새 협정 라는 문구가 씌어있다. 그 옆에는 장신의 러시아 해군장교가 서서 이 광경을 지켜보며 얼굴에 땀을 흘리며 손을 떨고 서있다. 이 만평에는 이런 표제가 실려 있다. '이런 일이 생기면 어쩔 도리가 없어.' 식민 지배자는 전형적인 남성적 지배 성향을 드러내고 피지배자는 여성적이고 순종적인 성향으로 묘사된다. 젊은 부부와 이들 사이에 태어난 아기는 안절부절못하는 러시아 인과 극명한 대조를 이루어 시대가 바뀌

<그림 1> 1907년 7월 18일자 「요로즈초호」에 실린 만평 (본문 18쪽)

고 힘의 역학과 중심세력이 변했다는 점을 강조하고 있다.

　이러한 일련의 만평들은 사태를 단순히 신랄하게 풍자하는 게 아니라, 이러한 만평들과 만평의 작자들은—헤이그에 파견된 대한제국 밀사들과 마찬가지로—일본인들 대부분은 '상상조차 할 수 없는' 이야기를 들려주려고 애쓰고 있다는 점을 이해하는 게 중요하다. 반면 고바야시 기요치카의 판화 '평양에서 중국진영을 공격하는 아군'은 그 시대에 '상상할 수 있는' 이야기를 표현하고 있다. 「요로즈초호」 만평가들이 일본의 새로운 국제관계 저변에 깔린 가정들을 비판할 때 즈음 일본인들은 일본이 이미 막강한 제국이 되었거나 되기 직전이며 그러한 지위를 받을 자격이 있다는 확고한 믿음을 이미 갖고 있었다. 일본군이 1894년 평양에서 중국인들에게 포격을 가하는 장면을 묘사한 고바야시 기요치카의 작품처럼 대중의 인기를 끈 목판 인쇄물들은 세기말과 초 무렵 일본 신문에 널리 실렸다. 이러한 인쇄물들은 개별적으로

팔리기도 했는데 때로는 10만 장 넘게 팔리는 경우도 있었다.⁵⁶

이러한 그림들은 크게 인기를 끌면서 국제 사회에서 승승장구하는 일본의 모습을 일본인들의 뇌리에 깊이 심어주었고, 러일전쟁 승리 후 일본에서 대대적으로 일어난 시위에 부지불식간에 기름을 부었다. 히비야 폭동은 일본이 러시아와 체결한 평화협정의 내용이 공개되면서 도쿄에서 발생한 일련의 폭동들을 뭉뚱그려 지칭하는 것으로서, 승전의 대가로 겨우 대한제국의 보호국 지정을 얻는 것만으로는 부족하다고 여긴 수만 명이 거리로 나와 승전국 일본이 더 많은 전리품을 획득해야 한다고 주장한 사건이다. 많은 일본인들은 전쟁에서 승리하기 위해서 국내물자와 인명에 있어서 엄청나게 값비싼 희생을 치렀다고 생각했다 목판 인쇄물은 이러한 믿음을 더욱 더 공고히 했다.⁵⁷ 보잘 것 없는 전리품에 항의하는 시위

......

⁵⁶ 일본이 중국, 러시아와 전쟁하는 모습을 담은, 진 S. 와 프레더릭 A. 샤프의 일본 전쟁판화 컬렉션을 루이즈 E. 버진이 잘 정리한 책을 참고할 것. 루이즈 E. 버진, 『근대 여명기의 일본. 메이지 시대의 목판화, 1868-1912』(Japan at the Dawn of the Modern Age:Woodblock Prints from the Meiji Era, 1868-1912), 보스턴, MFA 출판, 2001, 66-28쪽. 고바야시 기요치카(1847-1915)는 당대에 가장 인기 있는 전쟁 판화 작가였고 만평으로도 널리 알려져 있었다. 메이지 시대 초기에 그는 1860년대와 70년대 매우 인기 있었던 '더 저팬 펀치(The Japan Punch)'라는 연속물을 만든, 「런던뉴스」 특파원 찰스 위그먼과 함께 공부했다. 시모다(미국인 페리가 1854년 쇼군과 조약을 체결한 곳)에 있는 료센지 박물관이 위그먼과 고바야시의 작품들을 많이 소장하고 있다. 시미즈 이사오, 『일본 근대 만화의 탄생』(日本近代漫画の誕生), 도쿄, 야마카와 출판, 2001, 33-37쪽도 참고할 것. 이 책은 만평가 고바야시의 작품을 잘 묘사하고 있다. 사진이 등장하면서 만평에 어떤 영향을 미쳤는지 보려면 다음 책을 참고할 것. 고노 게이스케, 「사진 속의 전쟁, 메이지 30대 '태양'의 표지그림에 대해서」(写真の中の戦争'明治三十代「太陽」の口絵を巡って), 나리타 류이치, 『근대 문화사, 근대의 성립』(近代の文化史'近代の成立 1870-1910年代), 도쿄, 이와나미 서점, 2001, 233-264쪽.

⁵⁷ 히비야 폭동에 대해서는 다음 책을 참고할 것. 앤드류 고든, 『전쟁 전 일본에서 노동과 제국적 민주주의』(Labor and Imperial Democracy in Prewar Japan), 버클리와 로스엔젤레스, 캘리포니아 대학교 출판부, 1992.

는 일본 주요 도시 전체로 확산됐다. 도쿄에서만 적어도 시위자 열일곱 명이 숨지고 2,000명 이상이 경찰에 체포됐다. 이 책에서 짚고 넘어가야 할 중요한 점은 히비야 시위자들이 분노한 이유는 일본이 국제 사회에 주체로서 참여하려 하거나 대한제국을 통치하려했기 때문이 아니라는 점이다. 그들이 분노한 이유는 일본 국내의 쌀 가격이 폭등하고 있는데 일본 정부는 국제적 지위에 걸맞게 더 많은 몫을 챙기지 않았고 이는 일본인들에게는 '상상조차 할 수 없는' 결과였기 때문이다.[58] 따라서 일본인들은 1907년 일본의 대한제국 통치를 강화한 새 협약은 만시지탄晩時之歎이 있긴 하나 당연한 수순이라고 여겼다.

    1907년 헤이그 사건이 일어난 직후, 일본 정부는 대한제국에 대한 일본의 정책을 규정하는 주도권이 일본에 있음을 식민 열강의 시각으로 세계에 공식적으로 천명했다. 대한제국을 식민통치하는 일본 정부는 대한제국에 대한 정책을 설명하는 영문 보고서를 발간하기로 결정했다. 일본은 외국인들이 대한제국에 대한 일본의 정책에 대해 질문할 것을 예상해 질문에 대한 설명문까지 미리 인쇄하는 등 만반의 준비를 끝냈다. 이러한 보고서에 힘입어 일본은 대한제국 통치와 관련해 제기될 문제들에 대한 논의의 주도권을 쥐고 언론의 취재로 야기되는 불확실성을 다소 통제할 수 있었다. 그 한 예로, 헤이그 특사 사건 직후 자칭 '대일본제국

---

[58] 유명한 철학자 니시다 기타로는 일본이 변변치 못한 전리품을 얻었다는 소식을 듣고 느낀 치욕감에 대해 일기에 이렇게 적었다. '장춘 철도라니! 참을 수가 없도다.' 니시다, 『순신 일기』, 도쿄, 고분도, 1948.

의 통감' 이토는 1907년 대한제국의 개혁과 발전에 대한 연례보고서를 처음 발간했다. 보고서 발간은 처음부터 큰 성과를 거두었고 1945년 일본제국이 패망할 때까지 해마다 발간되었다.[59]

많은 학자들은 이러한 연례보고서들을 통계수치를 얻기 위해 읽긴 했지만 이 보고서들은 선전적인 성격이 강한 문건이기 때문에 역사적 가치가 높다고 보지는 않았다. 하지만 이 보고서의 바로 그 선전적인 특성을 통해 대한제국에 대한 일본의 공식적인 설명이 다른 나라들의 공식적 비공식적 식민지화 담론과 어떻게 아귀가 맞아 들어가는지 이해할 수 있다. 예를 들면, 일본은 영국이 인도에서, 프랑스가 알제리에서 써먹은 형식을 인용해 자국의 정책을 설명했고, 보고서 작성자들은 다른 식민 열강들이 사용한 어법을 차용해 대한제국에 대한 일본의 식민지 정책을 설명함으로써 의미의 동질성을 확보했다.

연례보고서는 일본의 식민지 정책을 전적으로 문명화 정책이라고 묘사했다. 1907년 보고서 작성에 참여한 사람들 가운데 히시다 세이지라는 젊은 관료가 있었다. 그는 1905년 컬럼비아 대학에서 정치학 박사학위를 받은 직후 외무성 관리가 됐는데, 그의 논문 지도교수이자 저명한 국제법 학자인 존 바셋 무어John Bassett

· · · · ·

[59]   통감부, 『한국에서의 개혁과 발전에 관한 1907 연례보고서』(Annual Report for 1907 on Reforms and Progress in Korea), 서울, 출판 불명, 1908. 안드레 슈미드는 후에 개정 편찬된 보고서에 대해 설득력 있는 주장을 하고 있다. 안드레 슈미드, 『제국들 사이에 놓인 한국, 1895-1919』(Korea between Empires, 1895-1919), 뉴욕, 컬럼비아 대학교 출판부, 2002, 161-162쪽.

제1장 불법적 한국   **47**

Moore는 세이지의 논문을 출판하도록 추천하기도 했다.⁶⁰ 히시다는 이와 같이 저명한 이론가에게서 열강의 힘의 정치학 어법을 배웠고, 히시다를 비롯해 보고서를 작성한 일본 관료들은 대한제국과 일본의 관계를 생각이 비슷한-적어도 교육수준이 비슷한-독자들의 수준에 맞춰 자세하게 풀어냈다. 일본 정부는 이 보고서 증정본을 헤이그 회의에 참석한 국가들의 대학도서관과 정부에 배포했다.⁶¹ 이 보고서에 따르면 일본 정부의 정책목표는 오로지 대한제국의 국민들을 계몽하는 것이었다. 예를 들어 1907년 보고서 1908년 초에 배포를 보면, 대한 제국이 국제 사회에서 제 발로 설 수 있도록 만들기 위해 일본이 얼마나 혼신의 힘을 다했는지 설명하고 있다. '대한제국의 독립이 실현될 수 있도록 일본은 여러 가지 방법을 총동원해 대한제국이 문명세계의 일원이 되도록 자상하게 충고하고 이끌었다. 하지만 서로 다른 당파들은 시기와 다툼으로 서로에 대한 음모만 일삼는 결과를 가져왔다.'⁶²

이 보고서는—몇 달 전 헤이그에서 대한제국 특사들이 행한 '상상조차 할 수 없는' 행동을 익히 알고 있는 독자들을 대상으

⁶⁰ 히시다 세이지, 『열강으로서의 일본의 국제적 위상』(The International Position of Japan as a Great Power), 뉴욕, 컬럼비아 대학교 출판부, 1905.

⁶¹ 컬럼비아, 하버드, 시카고, 옥스퍼드와 같은 미국과 영국의 주요 대학들은 1908년부터 보고서를 받기 시작했다. 이와 비슷한 관행이 현재에도 계속되는 예는 일본 방위성이 발간하는 영문판 연례 국방백서, 『일본의 방위』(Defense of Japan)이다. 일본 방위성, 『일본의 방위. 21세기에 보다 활발하고 전문적인 자위대 활동을 위해』(Defense of Japan. Toward a More Vigorous and Professional SDF in the Twenty-First Century), 도쿄, 어번 커넥션스/방위성, 2001.

⁶² 통감부, 『1907년 연례 보고서』, 2~3쪽.

로—대한제국 국민들은 스스로를 통치하기에 적합하지 않으며 따라서 국제적 협의의 주체가 될 수 없다는 점을 분명히 밝혔다. '1905년 이후 일본은 대한제국이 자치능력이 없다는 사실을 깨달았고, 대한제국의 독립을 유지하는 정책을 펼치려면 일련의 변화가 필요하다는 결론에 도달했다… 그동안 대한제국 국민들에게 자치능력을 입증할 충분한 기회를 주었고 이들이 자치를 실행할 준비가 전혀 되어있지 않다는 결론을 내린 일본은 대한제국의 내정에 개입할 책임을 지게 되었다.'[63] 이 논조에서는 일본의 자기과시적인 면이 쉽게 감지되지만, 그보다 중요하게 이해해야 할 점은 일본의 행동을 계몽적 착취로 규정함으로써 일본은 대한제국과의 관계를 보다 광범위한 국제 사회 관행의 하나로 편입시켰다는 사실이다.

일본 정부는 자국 내에서는 한국에 대한 통치 강화를 훨씬 더 노골적으로 과시하기 시작했다. 1907년 겨울부터 1910년 여름—헤이그 사건과 한일 병합 사이의 기간—에 이르는 기간 동안 메이지 정부는 대한제국의 어린 황태자 '이은李垠'이 보호자를 대동하고 일본 전국을 여행하는 장면을 대대적으로 홍보했다.[64] 황태자의 일본 방문을 기획하고 이를 일본 언론이 대대적으로 보도

---

[63] 위의 책, 3쪽.

[64] 황태자의 방문을 간결하게 묘사한 내용을 보려면, 오노지마 사치코, 「한국병합에 관한 한가지 공적, 한국의 황태자 이은(李垠)의 일본유학」(韓国併合ニ関スルーつ公債「韓国皇太子李垠の日本留学), 호쿠다이 시가쿠, no. 28, 1988, 41-50쪽. 겐도 시로스케, 「이옥규히시」, 서울, 조선일보사, 1926도 참고할 것.

했다는 사실은 일본이 얼마나 자신감을 갖고 대한제국 말살에 대한 국내외 지지를 용의주도하게 이끌어 냈는지를 분명히 보여준다.

1907년 초여름, 일본정부가 고종을 강제로 퇴위시키고 그의 아들을 황제로 옹립한지 며칠 되지도 않았을 때, 이토 통감은 새로 즉위한 황제의 열 살짜리 동생 이은을 일본으로 데려와 '계몽'[65] 교육을 시키겠다고 발표했다. 이토는 이은의 모친과 여러 왕실관리들의 강력한 항의와 반대에도 불구하고 계획을 진행했다. 1907년 12월 5일, 이토를 포함한 수행단과 황태자, 대한제국 왕실에서 임명한 두 명의 스승, 시종, 그리고 경호원들은 인천에서 배를 타고 시모노세키를 향해 출항했다. 대한제국 황태자가 일본으로 출발하기 몇 달 전, 일본의 황태자 미래의 일본 황제 다이쇼가 한국을 방문했었기 때문에 일본 국민들은 이러한 방문에 대해 익히 알고 있었다. 하지만 일본 황태자의 한국 방문과는 달리 대한제국의 황태자나 그의 수행단은 일본에 자발적으로 온 게 아니었고, 일본인들은 대부분 이 사실을 알지 못했다.

이은을 일본으로 데려온 일본 정부의 행위는 명백한 납치였다. 보다 흥미로운 점은 일본은 이러한 납치행위를 숨기려 애쓰지도 않았고 오히려 전리품처럼 과시했다. 대한제국의 황태자에

......
[65] 김종명, 『한일외교자료집성』(日韓外交資料集成), 10 vols. 도쿄, 가난도, 1962-1967, vol. 6, no. 2, 646-647. 오노지마, 「한국병합에 관한 한 가지 공적, 한국의 황태자 이은 (李垠)의 일본유학」(韓国併合ニ関スル一つ公債 韓国皇太子李垠の日本留学), 42쪽에도 인용되었다.

게 일본의 '계몽' 교육을 받게 함으로써 메이지 정권은 한일관계에 대한 국내외 논평을 이끌어 내려고 했다. 대한제국을 떠난 지 2주 만에 황태자와 수행단은 도쿄 신바시 역에서 도착해 대대적인 환영을 받았다.[66] 환영인파의 맨 앞줄에 선 일본 황태자를 필두로 일본 황실 관리들, 내각 관료들, 학생들, 수많은 행인들이 어린 소년의 도착을 환영했다.

이 사건은 매우 중요한 의미를 지닌다. 모든 지식의 원천이 중국 황실이라고 여겨졌고 수세기동안 중국이 지배했던 동아시아에서 처음으로 일본은 아시아 대륙 출신 황태자에게 '계몽' 교육을 시키는 특권을 누리게 됐다. 식민지화 정치가 판치던 시대에 정치적 목적을 위해 외국의 왕자를 볼모로 삼는 관행이 보편화된 것은 아니지만, 계몽적 착취라는 담론에 따른 관행에서 보면, 외국의 왕족을 식민지배자의 수도에서 교육시키면 식민 지배국이 피식민지보다 고차원의 문명을 누리고 있다는 인식을 확실하게 심어줄 수 있었다.[67]

일본 정부는 이러한 이점을 노렸다. 위로는 일본 황제부부에서 지방정부 관리들에 이르기까지 일본 지도자들은 대한제국 황태자의 방문을 순수한 목적의 방문인 듯 그럴듯하게 포장해서 이 사건을 지켜보는 사람들과 일본 국민들에게 한일관계를 형상

---

[66] 「아사히 신문」, 1907년 12월 16일.

[67] 더 잘 알려진 사례는 노로돔 시하누크 캄보디아 왕의 경우인데, 그는 학창시절을 파리에서 보내며 '문명'을 습득했다.

화한 것이다. 일본 황실 어법의 문장이라곤 몇 마디밖에 하지 못하지만 왕실의 법도를 몸에 익힌 어린 소년보다 다루기 쉬운 사람이 어디 있겠는가?

1870년대 당시에 일본의 새 황제의 정치적 존재를 백성에게 알리기 위해 메이지 정치인들이 고안해 낸 방법을 따라 1908년부터 1910년 사이에 일본 정부는 이은이 일본 각지를 방문하는 화려한 행사를 계획했다. 이전에도 그랬듯이, 홋카이도, 아오모리, 아키타, 센다이, 모리오카, 후쿠시마, 간사이, 산인 해안지역 방문에 필요한 비용은 일본 납세자들의 주머니에서 나왔다. 이은과 그의 수행원이 매우 마음에 들어 한 지역은 두세 차례나 방문하게 해주기도 했다. 역사학자 다카시 후지타니는 메이지 황제가 1870년대 일본 각지를 방문함으로써 '일본 황제는 교토 하늘의 구름 위에 기거하는 신적 존재에서 정치에 적극적으로 참여하는 가시적인 존재로 변신했다'라고 말했다.[68] 1908년, 일본정부는 대한제국 황태자를 그처럼 지상으로 끌어내릴 필요는 없었지만, 이전과 마찬가지로 일본 정치 영역, 즉 대한제국은 일본의 일부임을 점점 더 강하게 주장하는 정치에 대한제국 황태자를 편입시켜야 했다. 이은이 방문하는 곳마다 지방 관리들은 일본 국기와 대한제국 국기로 정교한 환영 아치를 세웠고, 마을 주민들에게 '반자이_{만세}' 무용을 추게 하고 군대 사열로 경의를 표시했다. 대한제국의 황

---

[68] 다카시 후지타니, 『눈부신 군주제』(Splendid Monarchy), 버클리, 캘리포니아 대학교 출판부, 1996, 44쪽.

태자를 소개하는 과정에서 1870년대 일본 황제를 선보인 방법과 같은 방법을 썼지만, 지역유지들과 신문은 여기에 새로운 요소를 첨가했다. 그들은 대한제국 황태자가 일본에 온 이유는 급속하게 '계몽'되는 일본 국민들이 받은 교육을 황태자도 받으러 왔다는 점을 강조했다.[69] 러일전쟁에서 승리한 이후 일본을 여전히 휩쓸고 있던 애국심의 물결을 타고 메이지 정부는 일본이 대한제국을 통치한다는 사실을 자랑스럽게 과시했다.

네무로에서 마쓰에, 나고야에 이르기까지 황태자를 환영하려고 모인 일본인들은 헤이그 특사 사건이 일어났는지, 순종 혹은 고종이 누구인지, 이 어린 소년 이은이 무슨 연관이 있는지 몰랐을지도 모른다. 설사 알았다고 해도 별로 관심이 없었을지도 모른다. 일본인들이 황태자의 방문을 환영하면서, 황태자의 존재는 지방과 중앙정부 관리들이 홍보해 온 사실을 명백하게 규정해주었다. 즉, 계몽이라는 위계질서에서 일본은 대한제국 황태자의 모국보다 더 높은 곳에 위치해 있다는 사실이었다. 일본정부가 이은의 일본방문을 꾸민 이유는 그로부터 2년 후 대한제국을 공식적으로 식민지화하기 위한 은밀한 정지작업을 하려는 게 아니었다. 그럴 필요가 없었다. 황태자의 방문에 대한 대대적인 홍보에 대해 나온 반응들을 보면 한일병합이 마침내 이루어졌을 때 병합이 당연한 귀결이라는 인식을 더욱 공고히 해주었을 뿐이다.

[69] 오노지마, 「한일병합에 관한 한 가지 공적, 한국 황태자 이은의 일본 유학」(韓国併合ニ関スル一つ公債 韓国皇太子 李垠の日本留学), 45쪽

제1장 불법적 한국　53

일본의 지도자들과 언론인들이 강조한 바와 같이 일본의 국제적 위상이 매우 높아져서 그 후엔 외국의 왕족이 일본에 와서 계몽 교육을 받게 됐다는 것이다.

20세기 초 몇 년 동안, 식민 열강들이 자신들의 행동을 정당화하기 위해 사용한 어법으로 보면, 대한제국이 종속적인 정권이라는 점은 점점 분명해졌다. 당시 세계를 휩쓸던 수많은 전쟁들과 마찬가지로 식민지 쟁탈 전쟁이라고 할 수 있는 전쟁에서 일본은 러시아를 무찌르고 대한제국을 얻었다. 1906년 미국은 일본이 대한제국을 전리품으로 획득한 사실을 인정하고, 정부의 외교문서에서 '대한제국'을 삭제한 뒤 '일본'의 일부로 분류했다. 당시 하와이, 뉴질랜드, 베트남 등 세계를 휩쓸던 국가말살 정책과 잘 맞아떨어지는 정치관계의 변화였다. 1907년 7월 헤이그에서 냉대를 받고 묵살당한 대한제국 특사들은 미국으로 향했다. 당시 독립의 의미를 상징한다고 여겨졌던 미국 수도에서 일본에 대한 공식적인 항의를 할 생각이었다. 대한제국 특사들이 런던을 출발했다는 소식을 들은 엘리후 루트Elihu Root 미국 국무장관은 대한제국 특사들이 워싱턴 D.C.나 루스벨트 대통령의 여름 휴양지인 오이스터 베이에서 공식적인 영접을 받지 못하도록 못을 박았다. 루트는 미국이 '대한제국의 외교권이 일본에 있다는 사실을 공식적으로 인정한다'라고 발표했다.[70]

일본의 대한제국 병합을 둘러싼 식민주의적 담론을 분석하면

......
70   「뉴욕타임스」, 1907년 7월 26일.

일본이 그레이트 게임the Great Game, 중앙아시아의 패권을 둘러싼 대영제국과 러시아 제국의 대결-옮긴이의 정치에 관여한 방법을 새로운 접근방식으로 살펴볼 수 있다. 다음 몇 장에서는 국제관계의 지적 역사를 집중조명해서, 국가 상호작용을 설명하는 강력한 어법이 언제 어떻게 전 세계적 정치담론을 휩쓸게 됐는지 살펴보겠다. 이러한 어법 분석이 지나치게 세밀하다거나 인간이 겪은 고통에 대해 냉담하다고 생각될 지도 모르지만, 이러한 논의를 하는 것은 학문적 탐구 이상의 의미가 있다. 일본학에서 이 시대에 대한 연구는 일본제국을 누락한 제국주의 이론을 바탕으로 이루어져 왔다.[71] 수많은 분석연구는 1902년에 발표된 J. A. 홉슨의 유명한 저서 『제국주의』Imperialism를 제국주의 문헌의 시초로 보고, 이보다 한 해 앞서 식민주의 정치를 통렬히 비난한 일본 무정부주의자 고토쿠 슈스이의 저서 『제국주의: 20세기의 야만』은 인정한 적이 없다.[72] 일본학 학자들과 비교연구학자들은 공히 일본을 서구 식민주의 연구에 끼워 맞춰 일본을 유럽, 미국 등과 비교분석해서 일본은 '후발주자'라느니, 일본은 '유사' 혹은 '상이'하다고 말한다.

......

[71] 민주주의 정치의 탄생에서 식민주의가 한 역할에 대해 통찰력 있는 의문을 제기하는 앨리스 L. 콩클린조차 오직 미국과 유럽의 역사학자들만이 식민주의와 '선진 민주주의'의 관계에 관심을 보인다고 가정하고 있다. 이러한 의문을 제기하는 게 현대 일본학 연구에 크게 도움이 된다. 콩클린, 「식민주의와 인권, 모순된 용어인가? 프랑스가 통치한 서아프리카 사례, 1895-1914」(Colonialism and Human Rights, A Contradiction in Terms? The Case of France in West Africa, 1895-1914), 『아메리칸 히스토리컬 리뷰』 103, no. 2, 1998, 419-442쪽.

[72] 고토쿠 슈스이, 「제국주의. 20세기의 기괴함」(帝国主義 '20世紀の怪物), 메이지 분켄, 『고토쿠 슈스이 전집』(幸徳秋水全集), 도쿄, 메이지 분켄샤, 1968, vol.3, 107-196쪽.

이보다 훨씬 더 심각한 문제가 존재한다. 국제관계의 역사이론들은 서구열강과 이들이 침탈한 식민지를 기준으로 역사적 과거와 현재를 규정한다. 이러한 공식에서 일본을 누락시킴으로써 식민지화는 문명화가 목적이라는 주장을 지속시킨다. 애초에 문명국이라고 묘사한 나라들만이 제국주의의 정상적인 역사를 구현한다.[73]

이와 관련된 또 다른 문제들은 일본을 기존의 제국주의 연구에 끼워 맞추려고 할 때 발생한다. 19세기 후반 일본의 국력은 마르크스 이후 많은 역사학자들이 제국주의 정복의 지표로 삼았던 기준에 따라 '열강'으로 분류되는 나라들이 가진 국력의 근처에도 가지 못했다.[74] 이 문제를 더욱 복잡하게 만드는 사실은, 일본 제국주의 형성을 연구하는 역사학자들은 레닌이 주장한 제국주의 개념에 동의하느냐 여부에 따라 서로 다른 정치진영으

......

[73] 파르타 차터지도 민족주의 역사에 대해 유사한 주장을 했다. 차터지, 『민족주의 사상과 식민지 세계. 파생적 담론』(Nationalist Thought and Colonial World: A Derivative Discourse), 미니애폴리스, 미네소타 대학교 출판부, 1993, 1-30쪽. 비서구국가들은 상상 속에 존재하는 역사의 대기실에 감금되었다고 한 디페시 차크라바티의 설득력 있는 주장을 참고할 것. 차크라바티, 『주변부로 밀려나는 유럽. 탈식민주의의 사상과 역사적 차이』(Provincializing Europe: Postcolonial Thought and Historical Difference), 프린스턴, 뉴저지, 프린스턴 대학교 출판부, 2000, 8쪽. 프란츠 패논도 비슷한 주장을 하고 있다. 프란츠 패논, 『검은 피부, 흰 가면』(Black Skin, White Masks), 1952, 재출판, 뉴욕, 그로브 프레스, 1991, 147쪽, 231쪽.

[74] 한 예로, 로널드 로빈슨과 존 갤러거, 「자유무역의 제국주의 1815-1914」(The Imperialism of Free Trade 1815-1914), 『이코노믹 히스토리 리뷰』 6, 1953을 볼 것. 루이스 H. 간, 「서구 제국주의와 일본의 제국주의. 일차적 비교」(Western and Japanese Colonialism: Some Preliminary Comparisons), 라몬 H. 마이어스와 마크 R 피티, 『일본 식민 제국, 1895-1945』(The Japanese Colonial Empire, 1895-1945), 프린스턴, 뉴저지, 프린스턴 대학교 출판부, 1984, 497-525쪽.

로 극명하게 나뉜다는 점이다. 일본이 보여준 통계치는 자본주의의 가장 높은 단계가 제국주의라고 주장한 레닌의 이론에 부합하지 않기 때문에, 한 학파의 학자들은 공식적인 경제 통계치를 조작해서 자신들의 비판을 보다 넓은 마르크스주의 틀 안에서 증폭시키려 했다.[75] 반대로, 마르크스나 레닌의 주장을 열렬히 비난하는 역사학자들은 공식적인 통계치를 인용해 반대편 학자들의 주장을 오류라고 주장하면서 일본의 제국주의 정책은 그 출발이 '경제적인' 것이 아니라 '정치적인' 것이었다고 주장한다.[76] 21세기에 접어든 지금에 와서 보면, 전자의 역사학자 집단의 논리는 진부하고 설득력이 없다고 느껴지는 한편 후자 집단의 논리는 변명에 가깝다. 일본은 그저 다른 나라들이 하는 대로 했을 뿐이라는 주장이다.

일본의 제국주의적 정책들이 정치적인 것은 분명하지만 제국주의 정치는 경제적 정책과 무관하지 않다. 이를 부정하면 20세기 일본을 시대의 희생물로 여기는 우를 범하게 된다. 재정적 자문관인 시부사와 에이치가 주도한 메이지 산업화 정책을 '경제적' 정책이라고 하고 이를 일본 제국의 팽창과 연관시키지 않는다면, 혹은 일본을 국제사회에서 인정받는 주권국으로 만들기 위

---

[75] 한 예로, 야마베 겐타로, 『한일병합소사』(日韓併合小史), 도쿄, 이와나미 신서, 1995를 참고할 것. 요시오카 요시노리, 『일본의 침략과 팽창』(日本の侵略と膨脹), 도쿄, 신일본출판사, 1995도 참고.

[76] 다음 책에 실린 글도 참고할 것. 시바하라 다쿠지, 이카이 다카이, 이케다 마사히로, 『대외관: 일본근대사상대계』(対外觀:日本近代思想大系), vol.12, 도쿄, 도쿄대학 출판회, 1987. 두스, 『주판과 칼』(The Abacus and the Sword).

한 이토의 개혁 정책을 '정치적'인 행위로 보고 여기에는 경제적인 측면도 있다는 점을 인정하지 않는다면, 이러한 행위들이 상호 연관되어 있다는 사실을 간과하게 된다. 게다가 제국주의 역사에는 정치적인 측면과 경제적인 측면이 공존한다는 사실을 인정하지 않고 한쪽 면만 보면 일본이 20세기에 저지른 행동들에 책임이 있다는 점을 일본의 현 정부가 회피할 구실을 만들어 준다. 일본 제국주의 역사 속에는 한국, 중국, 그 밖의 도처에서 강제로 이주당해 공장과 군 막사에서 노동자로, 성노예로 착취당한 수백만 명의 사람들이 존재한다는 사실이 포함되어야 한다. 그런데도 일본 정부는 일본제국은 정치적으로 필요했고 경제적인 고려는 없었으며, 따라서 희생자들에게 경제적으로 보상할 필요가 없다는 공식적인 입장을 유지하고 있다.

공교롭게도, 국제적 어법의 역사적 특성이 일본제국을 분석하는 유용한 도구라는 점을 간과하는 학자들은 이러한 어법이 초월적인 가치를 지녔다는 느낌을 지속시키는 우를 범할 뿐만 아니라 한 때 일본의 팽창주의정책을 용인했던 이념을 반복해 주장하는 꼴이 된다. 예를 들어, 근접성propinquity이라는 법률 용어—20세기 초 일본이 아시아에서 팽창정책을 펼칠 때 미국 정부가 이를 승인하면서 사용한 표현—는 일본의 제국주의와 다른 나라들의 제국주의 역사 간의 차이점을 문헌적으로 기술할 때 끊임없이 재탕되어 온 표현이다.[77] '통상적인 규범과는 다른 일본'이라는

---

[77] 랜싱-이시 협정(The Lansing-Ishii Agreement, 1917)은 일본이 만주에 근접해있다는

접근방식은 '근대의 유일한 비非 서구 제국주의 국가로서 일본의 식민제국은 근대사에서 이례적인 사례이다… 아시아에서의 입지를 강화―제국을 건설―하고 국력을 최대화 하려면 인접지역부터 정복해야 한다'라고 주장한다.[78] 수많은 역사학자들이 이러한 세계관―이 분야에서 '상상할 수 있는' 이론―을 통해 근대사를 서구 역사로 규정해 왔고, 일본의 과거를 근대사의 일직선상에서 예견된 흐름을 이탈한 사례로 여겼다. 이 책에서 나는 이러한 논리선상에서 벗어나, 일본의 팽창주의 과거를 예정된 역사의 궤도를 이탈한 사건으로 보지 않겠다. 오히려 일본이 국제사회의 어법을 수용했다는 사실은 계몽적 착취의 정치가 자본주의 근대화에서 어떻게 전 세계적으로 파고들었고 그 형태가 어떻게 지속되고 있는지를 보여준다.

메이지 정치이론 학자 나카에 조민의 저명한 저서, 『세 명의 취객이 나눈, 정부에 대한 담론』1887은 다음 장에서 논의하는 내용과 자연스럽게 연결된다.[79] 이 책의 주인공인 난카이 교수는 국제

......

이유로 '특별한 이익(Special Interest)'을 누릴 권리를 보장했다. 『외교관계에 관한 연방의회 의사록 1922』(Congressional Record of Foreign Relations, 1922), 워싱턴 D. C., 정부간행물 인쇄국, 1938, vol. 2, 591쪽. 루트-다키하라 선언(The Root-Takihara Declaration, 1908)은 1917 랜싱-이시 협정의 내용들을 예견해 주는 전조였다.

[78] 마크 피티, 라몬 H. 마이어스와 마크 R. 피티의 『일본식민제국, 1895-1945』(The Japanese Colonial Empire, 1895-1945)에 수록된 소개 글, 프린스턴, 뉴저지, 프린스턴 대학교 출판부, 1984, 6-7쪽.

[79] 나카에 조민, 『삼취인경륜문답』(三酔人経綸問答), 1887, 재출판, 도쿄, 이와나미 문고, 1995. 재판 편집은 구와바라 다케오와 시마다 겐지(재판에는 당시의 일본 문서들이 포함되어 있다). 노부코 쓰쿠이가 구와바라와 시마다의 편집 본을 번역한 영문판, 『세 취객이 나눈, 정부에 대한 담론』(A Discourse by Three Drunkards on Government), 뉴욕, 웨

사회에서 일본의 지위가 향상되리라는 굳건한 믿음을 갖고 있다. 만취한 상태에서 이 교수는 세상이 어떻게 돌아갈지에 대해 설명한다. "적자생존의 법칙은 강력한 힘을 발휘하지만…대부분은 국제법을 준수한다…게다가 4대 열강들은 국가들 간의 힘의 균형을 유지할 의무가 있고 국제법을 준수한다는 데 동의하므로 이러한 의무와 합의는 이들을 억제하는 보이지 않는 힘이 된다."[80] 이 저서 전반에 걸쳐 난카이는 국가관계에서 사회적 다원주의를 역설한다. 이와 같은 정치이론과 국제법의 운용이 교차하는 지점이 있음에도 불구하고 (이러한 교차점을 도출해낸 당사자인)난카이는 이러한 어법에는 팽창주의 탐욕을 억제할 수 있는 가치가 있다고 믿고 국제법이 '약소국이 병합되는 사태'를 막아 준다고 결론을 내린다.[81] 그러나 실제로는 일본이 국제법을 준수함으로서 정 반대의 결과를 낳았다. 일본이 국제법의 조항들을 적용해 대한제국에 대한 정책을 설명하게 되면서 메이지 정부 외교관들과 법이론 학자들은 1910년 대한제국 병합을 합법화하는 길을 열었다.

더힐, 1992도 참고할 것.

[80] 나카에 조민, 『삼취인경륜문답』(三酔人経綸問答), 200-201쪽. '4대열강'은 프러시아, 프랑스, 영국, 러시아를 일컫는다.

[81] 위의 책.

제2장
국제사회에서
통용된
어휘

국제 사회에서 통용된 어휘들은 20세기를 풍미했다. 독립, 주권과 같은 어휘는 전 세계 시장과 의회에서 담론을 주고받는 수단이 되었지만, 이러한 말들이 일상적으로 쓰이면서 이 어휘들이 근대 국제관계를 규정하는 어휘가 된 역사적 과정이 묻혀버렸다. 이러한 용어를 사용하는 게 상식이 되어버렸다. 9/11 사태 이후 미국이 '선제공격' 원칙을 표명하면서 이러한 용어들에 새로운 측면들이 도입되었다. 20세기 말 국제 사회에 통용된 어법은 '인류의 헌법'으로 인정되었고 많은 이들이 이를 이상적이고 신성불가침의 용어로 여겼다.[82] 정치적 이해는 달라도 국제통화기금 회원국들을 비롯한 여러 나라들, 북한의 은둔자적인 지도자 김정일, 미국의 민병대 지도자들 국제연합이 주권을 훼손한다며 공포를 조장하는 이들까지 모두가 하나같이 자신들의 '독립'국가의

---

[82] 국제법위원회, 『21세기 전야의 국제법. 국제법위원회의 시각』(International Law on the Eve of the Twenty-First Century: Views from the International Law Commission), 뉴욕, 유엔, 1997, 37쪽.

'주권'을 들먹인다. 동티모르와 코소보에서 최근에 일어난 자결주의 운동에서도 당사자들이 전쟁을 이러한 용어—이들을 억압한 정권이 자신의 행위를 정당화할 때 사용한 바로 그 용어—로 규정한 사실로 미루어 볼 때 이 용어들이 얼마나 막강한 힘을 발휘하는지 알 수 있다.

19세기 말, 신생 메이지 정부는 일본을 국제적으로 통용되는 어법으로 규정했고 이러한 결단은 오늘날까지도 일본 근대사의 가장 중요한 변화의 하나로 여겨진다. 짧은 기간 안에 일본 관료들은 일본을 국제법에 부합하는 나라로 우뚝 서게 만들어 세계 속에서 일본의 지위를 변경시키고 아시아의 질서를 재편하겠다는 결의에 찼다. 이러한 어법은 일본이 새롭게 권력에 대한 담론을 전개하는 수단이 되었다. 일본 제국주의 옹호자들은 일본의 정책을 이러한 담론으로 풀어 나가면서 자신들의 제국주의적 팽창정책을 합법화했다. 이렇게 해서 이들이 사용한 어법은 아시아 전체에서 정치적 담론을 지배하게 되었다.

명심해야 할 점은 용어 자체가 일본을 제국주의자로 만들지는 않았다는 점이다. 오히려 일본 정책결정자들이 이 용어들을 이용해 그들의 20세기 초기 제국주의적 팽창정책을 합법화했다고 봐야 한다. 당시에는 전 세계적으로 식민주의 열강들이 이 용어를 이용해 자국의 팽창주의 정책을 합법적인 행위로 만들었고 이들이 사용한 어휘들은 법적인 선례가 되었다. 따라서 국제법의 용어들은 식민주의 용어의 일부로 기능했고 20세기 초 전 세계에 통용된 이 용어들은 당시 국제관계에 대한 담론을 지배하게 되었다.

1850년대에 미국과 유럽의 전함들이 일본의 해안에 상륙하기 시작했다. 서구 열강들은 일본이 무역을 개방하지 않으면 전쟁을 일으키겠다며 무역협정에 서명하라고 도쿠가와 막부1603-1868를 위협했다.[83] 서구열강들이 가져온 문서는 국제법 어휘들로 기술되어 있었고, 주권, 독립과 같은 어휘들로 도배되어 있었다. 도쿠가와 막부 관료들과 이들의 정적들은 모두 이 문서들의 내용을 알지도 못하고 서명했다.

　이 사건에서 가장 놀라운 사실—이 장의 말미에 설명하겠다—은 250년 동안 쇄국정책을 유지해온 도쿠가와 막부 내에 일본이 야만인으로 여긴 서양인들과 협상을 할 능력을 가진 관리들이 존재했다는 사실이다. 미국 정부는 자신의 요구를 적시한 문서를 일본어나 중국어로 준비해 오지 않았다. 이 협상을 가능케 한 것은 언어에 매료되어 언어학을 연구한 도쿠가와 시대의 학자들이 수세대에 걸쳐 행한 노력 덕분이었다. 이 학자들은 정부가 자신들의 연구를 이단으로 규정했을 때 은밀히 연구를 계속했다. 이러한 언어학자들의 연구가 야만인들과의 초기 협상을 가능케 했다. 하지만 이보다 더 중요한 점은 이들의 노력이 국제관계에 대한 새로운 담론이 중요한 의미를 지니는 것으로 일본에 정착하게 만드는, 메이지 시대의 변혁으로 이어졌다는 사실이다. 이 학자들의 연구를 통해 국제적 용어들이 일본어로 번역되었고, 이는 메

......

[83]　대포를 쏘고 검을 휘두르며 가나가와 해안에 상륙한 매튜 페리 선장과는 대조적으로 제임스 비들 선장은 1846년 무력을 쓰지 않고 평화롭게 접근했다. 당연히 비들 선장은 일본인들이 조약에 서명하도록 만들지 못했다.

이지 정부의 지도자들이 일본을 20세기 초 '문명화된 세계'의 일원으로 인정받도록 만드는 토대가 되었다.

국제법을 일본어로 번역하는 일은 일본 자신이 식민지가 되는 일을 미연에 방지하는 것 이상의 역할을 했다. 국제법 용어들은 국제질서를 확립하는 핵심적인 요소였다. 메이지 시대의 정치이론 학자와 법이론 학자들은 이러한 용어들에서 일본이 당대의 힘의 정치에 참여할 수 있는 수단을 발견했다.

국제법은 그 정의상 행위의 담론이다. 주권국가를 대표하는 대표단이 그들의 지위에 상응하는 다른 나라의 대표단과 협상을 하고 각 국 대표단들은 서로를 정치적 용어로 규정한다. 19세기로 넘어오면서 국제법은 '독립적인 완전한 주권국'과 주권이 '제한적이고 조건부'인 지역으로 세계를 분류했다.[84] '제한적이고 조건부' 주권을 가진 정권은 그 정의상 어떤 식으로든 정체성에 있어서 다른 나라에 의존하기 마련이었다. 일본 전략가들은 세계열강들이 스스로를 규정하는데 사용하면서 보편적인 통용수단이라고 주장한 용어들을 차용하기로 결심했다. 20세기에 들어서자 일본의 이러한 결단이 효과를 발휘해 '문명' 세계에서는 일본이 아시아에서 현대적이고 합법적인 국가라는 인식이 형성되었다.

근대적인 국제 체제가 발전하면서 국제적으로 통용되는 용어

---

[84] 카네기 국제평화 재단이 1936년에 백주년 기념으로 재출판한 휘튼의 책에서 인용했다. 조지 그래프튼 윌슨이 편집한 이 책은 원본을 완벽하게 재현했고, 라처드 헨리 데이나가 1866년 8판에 추가했던, 역사적 가치가 높은 내용들을 포함하고 있다. 이 책은 대학 도서관 대부분이 소장하고 있다. 윌슨, 『헨리 휘튼, 국제법 원리』(Henry Wheaton, Elements of International Law), 뉴욕, 카네기 국제평화 재단, 1936, 44쪽.

들은 근대국가 이론들과 서로 영향을 주고받았다. 국제법은 국가를 초월해 보편적으로 적용되는 것으로 여겨졌지만 근대국가이론에 부합하는 데 성공한 나라들만이 국제법의 주체로 참여할 수 있었다. 메이지 일본에 대한 캐롤 글럭Carol Gluck의 획기적인 분석을 보면 메이지 관료들이 근대 국가의 본질과 형태를 따라 일본을 어떻게 재형성했는지 잘 나타나 있다.85 당연히 메이지 관리들은 국가 간의 힘을 규정하는 보다 폭넓은 담론에 따라 일본을 개혁했다. 일본이 이러한 담론에 어떤 식으로 참여했는지 살펴보면 근대 국가 형성 과정을 심층적으로 이해할 수 있다. 메이지 정부의 이러한 노력을 국제 사회의 문맥에서 살펴보면 오늘날까지 계속되는 그 잔재가 분명히 드러날 뿐만 아니라 공식적인 국가가 어떤 가정을 바탕으로 성립되고 그 한계가 무엇인지 상기시켜 준다.

19세기 말 근대국가 이론가들은 프라젠짓 두아라Prasenjit Duara가 말하는 '정통성 있는 정권regime(s) of authenticity'을 창조해 냈고 이는 국가를 수립하는 사람들이 '여러 가지 형태의 권위 있는 불가침성을 불러일으키는 데' 이용했다.86 국제적으로 통용되는 용어

---

85   캐롤 글럭, 『일본의 근대 신화. 메이지 시대 후기의 이념』(Japan's Modern Myths: Ideology in the Late Meiji Period), 프린스턴, 뉴저지, 프린스턴 대학교 출판부, 1985를 참고할 것. 스티븐 블라스토스, 『근대화의 거울. 근대 일본이 만들어낸 전통』(Mirrors of Modernity: Invented Traditions of Modern Japan), 버클리와 로스엔젤레스, 캘리포니아 대학교 출판부, 1998.

86   프라젠짓 두아라, 「정통성 있는 정권. 근대 중국에서의 영원성, 성, 나라의 역사」(The Regime of Authenticity: Timelessness, Gender, and National History in Modern China), 『역사와 이론. 역사의 철학에 관한 연구』 37, no. 3, 1998, 287-309쪽. 프라젠짓 두아라, 『국가로부터 역사를 구하기』(Rescuing History from the Nation), 시카고, 시카고 대학교 출판부, 1996도 참고할 것.

들은 불변의 권위를 갖게 되었다. 국가 존재의 당위성을 부르짖는 나라들이 하는 주장들을 살펴보면 그 내용이 유사했다. 그들은 '진정한 정권'을 수립했다고 한 목소리로 주장했다.[87] 자신들을 현대적인 용어로 규정한 정부들만이 국제법 운용에 주체로 참여할 수 있었고, 일본이 이러한 담론의 형식으로써 자국을 규정하면서 메이지 정부는 하나의 주체로 국제 사회에 참여할 수 있었다. 1875년 메이지 시대의 저명한 계몽사상가 후쿠자와 유키치는 『문명 이론의 개요』에서 계몽된 세계에서 문명국으로 인정받으려면 일본에 '독립적'이라는 꼬리표를 붙여야 한다고 일본 지도자들에게 끊임없이 촉구했다.[88] 이러한 정부들의 가정에 이의를 제기한 개인이나 집단—1907년 헤이그에 파견된 대한제국 특사들—은 국제적으로 통용되는 어법에서 일말의 희망을 발견했지만, 이들의 주장은 '진정한 정권'들이 타당한 주장이라고 인정하지 않음으로써 무력화됐다. 다시 말해서 그 시대에 국제사회의 주체로 '생각될 수 있는' 국가들만이 국제법상 '진정한' 정권으로 인정을 받았다.

......

[87] 일본과 독일이 자신들은 독특하다고 한 주장은 설득력이 있었다. 두 나라가 상호 이해 가능한, 국가건설자로서의 자질이 그들의 국체를 근대적으로 재구성했다고 주장했기 때문이다. 다카시 후지타니, 『눈부신 군주제. 근대 일본에서의 권력과 화려한 예식』(Splendid Monarchy: Power and Pageantry in Modern Japan), 버클리, 캘리포니아 대학교출판부, 1996. 에릭 홉스봄과 테렌스 레인저, 『전통의 발명』(The Invention of Tradition), 케임브리지, 케임브리지 대학교 출판부, 1983도 참고할 것.

[88] 후쿠자와 유키치, 『문명론의 개략』(文明論の槪略), 1995. 노리오 다마키, 『유키치 후쿠자와 1835-1901. 근대 일본에서 기업가 정신』(Yukichi Fukuzawa 1835-1901: The Spirit of Enterprise in Modern Japan), 뉴욕, 팰그레이브, 2001도 참고할 것.

이른바 보편적 구제설의 개념들은—주권국가는 독립적으로 행동한다는 개념을 포함해서—새롭게 떠오르는 자본주의 정치경제의 역동성 속에서 역사적으로 형성되었다. 국제법의 어휘는 산업화 자본주의의 물질적 여건과 별개의 것이 아니었다. 또한 국제법 용어들이 그러한 여건과 구분되도록 의도되지도 않았다. 이러한 역동성 속에서 생산된 많은 다른 용어들과 마찬가지로 이 용어들도 자본주의 사회질서를 규범적이고 합법적인 것으로 만들었고 메이지 정부의 국제사회 참여론자들은 이러한 용어들이 일본에서 통용되도록 만들었다.

도쿠가와 막부에서 메이지 일본으로 넘어가는 역사적 변화를 논의할 때 명심해야 할 점은 일본의 도쿠가와 경제가 메이지 기업가들이 혁명 후 시기에 새롭게 떠오른 상품인 노동과 물자들을 재빠르게 이용할 수 있는 길을 마련해 주었다는 점이다.[89] 이에 못지않게 중요한 점은 산업화는 시대와 장소를 막론하고 그 과정에서 기존의 모든 사회관계를 해체하고 새롭게 수립했다.[90] 메

---

[89] 데쓰오 나지타, 『도쿠가와 일본에서 미덕의 비전. 오사카 가이도쿠도 상업학교』 (Visions of Virtue in Tokugawa Japan: The Kaitokudo Merchant Academy of Osaka), 시카고, 시카고 대학교 출판부, 1987. 제임스 맥클레인과 와키타 오사무, 『오사카, 근대 초기 일본에서 상인의 수도』(Osaka, the Merchant's Capital of Early Modern Japan), 이타카, 뉴욕, 코넬 대학교 출판부, 1999. 테사 모리스 스즈키, 『일본의 기술적 전환. 17세기부터 21세기』(The Technological Transformation of Japan: From the Seventeenth to the Twenty-First Century), 뉴욕, 케임브리지 대학교 출판부, 1994. 데이비드 하웰, 『내부로부터의 자본주의. 경제, 사회, 그리고 일본 수산업에서의 국가』(Capitalism from Within: Economy, Society, and the State in a Japanese Fishery), 버클리와 로스 엔젤레스, 캘리포니아 대학교 출판부, 1995.

[90] 모이쉬 포스톤, 『시간, 노동, 사회적 지배. 마르크스의 핵심 이론의 재해석』(Time, Labour, and Social Domination: A Reinterpretation of Marx's Critical Theory), 뉴욕,

이지 정부는 '상위'와 '하위'의 구분을 불법화해 기존의 사회 계층분류방식을 철폐하는 중대한 결정을 내렸고 이는 일본국민을 20세기에 일본의 추진력이 될 새로운 대중, 마르크스가 말하는 '무급에, 보호받지 못하고, 권리도 없는' 노동력을 창조해 내는 법적인 토대가 되었다.[91] 여기서 마르크스의 말을 주목해 볼 필요가 있다. 메이지 정권이 들어선 해1868와 같은 해에 출간된 『자본론』에서 마르크스는 자신 주변의 사회적 여건을 설명할 때, 국가들이 제국주의 정치를 계몽된 관행으로 묘사하기 위해서 점점 더 많이 사용한 '자유'와 '보호'라는 용어를 수없이 인용하고 있다.

1868년 메이지유신維新, 유신, 영어로는 '혁명(revolution)' 또는 '복구 (restoration)'라고 다양하게 해석된다은 일본에서 새로운 통치용어들을 만들어 냈다. 메이지 정부가 국제사회의 용어들을 채택한 결정은 장기적으로 볼 때 대규모 군사정책과 산업화 재정 정책의 수립만큼이나 중요한 결정인 것으로 드러났다. 일본에 도착한 미국인과 유럽인들은 도쿠가와 정부에 일본을 '개방'하라고 요구했다. 또한 그들은 일본이 개방하기 위해서는 자신들이 가져온 '친선과 무역' 협정 문서에 서명해야 한다고 주장했다. 유럽의 언어와 기술을 배우는 학생들당시 '서양학 학자들' 혹은 양학자(洋学者)로 불린 일본인들은 이 문서에 담긴 용어들의 의미를 분석했고 'independent'와 같은 단어들을 일본

케임브리지 대학교 출판부, 1993, 366-367쪽.

[91] 카를 마르크스, 『자본론. 정치경제 비평』(Capital: A Critique of Political Economy), vol. 1, 뉴욕, 펭귄, 1990, 876쪽.

제2장 국제사회에서 통용된 어휘　71

어로 해석했다.

일본의 주요 반정부 세력들은 도쿠가와 정부의 외교협상을 반역행위라고 통탄했지만—또 도쿠가와 정부가 전복된 후 열린 반정부 세력 1차 회의에서 '야만인 축출'이라는 슬로건을 대대적으로 퍼뜨렸지만—메이지 신정부는 '국제법에 따라' 모든 국가들을 상대하겠다고 선언했다.[92] 메이지 정부 평의회는 외국과의 관계에 대한 일련의 지시사항을 어린 황제에게 전달했다. '황제를 숭배하고 야만인을 축출하라'고 주장한 운동가 산조 사네토미가 이끄는 평의회는 '시대적 여건을 예의주시하고 과거의 부패한 관행과 단절한다'는 의지를 천명했다.[93] 그 다음 달 각료들은 황제 앞에서 재무상 유리 기미마사 등이 작성한 5개조 원칙의 선언을 준수할 것을 맹세한다. '과거의 악습과 단절'하겠다고 맹세하면서 관료들은 그러한 자신들의 행동을 '세계의 정의로운 방식天地の公道'과 일치시키겠다고 선언했다. 이 용어는 '국가들 간의 법' 또는 '국제법'을 일본어로 번역할 때 사용한 구절 가운데 하나였다.[94]

따라서 메이지 정부의 수립원칙은 지난 정부의 관행을 부정했을 뿐만 아니라 일본 내부의 질서재편에 구현된 용어들에 의거해

......

[92] 칙령 제 98조, 1868년 2월 17일. 내각관보국(內閣官報局), 『법령전서』(法令全書), vol. 1, 재출판, 도쿄, 하루쇼보, 1974, 45쪽에 수록됨.

[93] 「외국과의 조화로운 관계와 관련한 지침」(外国との和親に関する諭告), 1868년 2월 17일, 외무성 소장, 『일본외교연표 및 중요문서』(日本外交年表及び重要文書), vol. 1, 도쿄, 외무성, 1955, 33-34쪽.

[94] 5개안 선언(五箇条の御誓文), 1868년 3월 14일, 내각관보국(內閣官報局), 『법령전서』(法令全書), vol. 1, 64쪽에 수록됨.

외교정책을 집행하겠다는 의지를 밝힌 것이다. 메이지 일본을 구상한 주역들에게 신근대국가 수립이란 국제적으로 통용되는 용어로 세계에 문호를 개방한다는 뜻이었다. 외래의 것이라면 모두 불신하던 태도를 버리고 국제 체제에 적극적으로 참여한다는 의지를 천명한 이러한 심오한 변화는 쉽게 오지 않았고 혼란을 동반했다. 새 정부를 장악한 사쓰마일본 남부지역 출신 전 관리들은 아시아 너머 존재하는 외국을 염두에 두고 정책을 만들었다. 1868년 사쓰마 출신 인사들은 권력을 잡자마자 도쿠가와 정부가 일본을 바깥세계와 단절시킨 지난 수백 년 동안 '외국'의 개념은 중국 중심의 영역을 넘어 유럽인들과 신 대륙인들을 포함하는 개념으로 확장되었다는 사실을 즉각 깨달았다. 이 때문에 메이지 정부 지도자들은 일본 전역에서 수 세대 동안 먼 외지의 외국인들에 대해 연구해 온 학자들의 업적을 신속하게 활용해 보다 포괄적인 '외국' 영역을 지배하는 권력의 언어를 쓸 수 있게 되었다.

메이지 지도자들이 국제적 어법을 채택하기로 한 의식적인 결정을 보다 직접적으로 이해하려면 국제법의 실용적 용어들은 처음에 중국이 중국어문화권에 소개했지만 중국인들은 이 용어에 의거해서 정책을 재편하지 않기로 결정했다는 사실을 알아야 한다.[95] 1862년 쭝리 야먼총리아문—청 왕조가 중국으로 대거 유입되

---

[95] 리디아 리우, 「보편성을 법제화하기. 19세기 국제법의 전파」(Legislating the Universal: The Circulation of International Law in the Nineteenth Century), 리우, 『교류의 상징. 국제적 전파에서 번역의 문제』(Tokens of Exchange: The Problem of Translation in Global Circulation), 더럼, 노스캐롤라이나, 듀크 대학교 출판부, 1999, 127-164쪽.

는 유럽인들과 미국인들에 대한 대책을 위해 설립한 정부부서—관료들은 당시 실용적인 국제관계의 교과서라고 할 수 있는 헨리 휘튼Henry Wheaton의 『국제법 원리』 주요 부분을 읽기 시작했다. 브라운 대학에서 정부와 법을 연구하는 학자였던 휘튼은 학계와 정부를 넘나들며 일했고 자신이 대륙법을 익힌 파리에서는 외교관으로 근무했다. 1863년 중국주재 미국외교관 앤슨 벌링게임 Anson Burlingame은 자신의 친구인 선교사 윌리엄 마틴William Martin을 쫑리 야먼 관료들에게 소개했다. 마틴이 휘튼의 저서를 중국어로 번역하고 있다는 사실을 알았기 때문이다. 인디애나 출신의 장로교 선교사인 마틴은 후에 당시를 이렇게 적었다. '중국 관리들은 내가 휘튼의 저서 미완성 번역본을 탁자 위에 내려놓자, 그 책의 본질이나 내용에 대해 모르면서도 흡족해했다'[96] 미국인, 유럽인들과 우호적인 관계를 유지한 청나라 관리들은 이 책에 대해 어느 정도 관심이 있긴 했지만, 이들 가운데 이 책에 실린 생소한 용어와 생소한 법을 아시아 국가들과의 관계에 적용하자고 제안하는 이는 아무도 없었다. 중국의 입장에서는 기존의 관행으로 오랜 세월 동안 중국이 정상의 위치를 유지해왔기 때문에 아시아 역내에서 국제관계를 굳이 새로운 용어로 재정립할 필요가 없었

-----

[96] 윌리엄 마틴, 『천도소원』(天道溯源, A Cycle of Cathay), 뉴욕, 플레밍 H. 레벨, 1897, 233–234쪽. 야마무로 신이치, 『사상과제로서의 아시아』(思想課題としてのアジア), 222-232쪽에 마틴이 소총을 쥐고 있는 사진이 실려 있는데(231쪽), 이 사진은 원래 윌리엄 마틴, 『베이징 포위』(The Siege of Peking), 출판 불명, 1900에 수록된 사진이다. 랄프 코벨, 『W. A. P. 마틴, 중국 발전의 선구자』(W. A. P. Martin, Pioneer of Progress in China), 워싱턴 D. C., 크리스천 칼리지 컨소시엄, 1978도 참고할 것.

다.[97]

지금의 동아시아와 동남아시아 지역에 위치한 국가 지도자들은 당시 중국황제의 영향력을 조작해 왔다. 그들은 특사를 파견해 중국지도자들에게 복종을 표시하거나, 도쿠가와 막부처럼 적극적으로 중국 황제를 깎아내려 자신의 권력을 한층 강화하려 했다. 18세기 초 막부의 자문관인 아라이 하쿠세키가 조선의 왕보다 격상된 명칭을 쇼군에게 부여해야 한다고 한 사례는 널리 알려져 있는데, 이는 일본이 중국에 대한 언급을 의도적으로 피하면서도 일본을 중국과 대등한 반열에 올려놓으려 했다는 사실을 보여준다.[98] 그럼에도 불구하고 자기합법화에 무슨 방법을 쓰든지 상관없이 아시아 지역의 지도자들은 서로 법적인 문서를 교환할 때는 한자로 표기된 용어들인 한자간지·漢字를 공통어로 사용했다. 수세기 동안 일본 도쿠가와 시대와 한국의 조선시대 지도자들 간의 외교의례를 규정한 외교합의서는 공통적인 외교적 담론, 즉 서로 이해가능한 중국어로 된 용어들에 의거해서 그 의미를 도출해 냈다. 이러한 계약문서에서 중국이 언급됐는지 여부와 상관없이, 이 지역에서 중국의 지적 권위는 대륙의 관행에서

---

[97] 리디아 리우, 「보편성을 법제화하기. 19세기 국제법의 발행」(Legislating the Universal: The Circulation of International Law in the Nineteenth Century), 148-150쪽을 볼 것.

[98] 로널드 토비, 『근대 초기 일본에서 국가와 외교. 도쿠가와 막부 시대의 아시아』(State and Diplomacy in Early Modern Japan: Asia in the Development of the Tokugawa Bakufu), 스탠포드, 캘리포니아, 스탠포드 대학교 출판부, 1991, 제 5장, '국제적인 외교관례의 거울을 통해 보다. 이상적인 세계의 투영', 168-230을 참고할 것. 강 에쓰코 해진, 『한일관계에서 외교와 이념』(Diplomacy and Ideology in Japanese-Korean Relations), 뉴욕, 세인트 마틴스 프레스, 1997도 참고할 것.

파생된 법률 용어들이 지속적으로 사용됨으로써 구현되었다. 게다가 이견이 있을 때는 번역가들이나 협상가들이 쟁점사항들을 분명하게 글로 명시할 수 있었다. '필묵 회담 brush-talking'이라고 알려진 이러한 관행과 의사소통을 가능케 한 것은 아시아 대륙에서 통용되는 용어들과 그 가치에 대한 공통된 이해 덕분이다.[99] 간단히 말해서 이 지역의 정권들은 중국어라는 공통의 형태로 정권을 합법화하고 정책을 실행해 왔고 이는 궁극적으로 중국이 오랫동안 지식을 지배하는 위치를 유지하도록 해주었다.[100]

이러한 전통적인 의사소통 방법에 맞서 메이지 정권이 국제사회에서 통용되는 용어들을 사용하면서 역내 위계질서가 급격히 변했다. 일본 관리들은 대륙의 주도권을 중국에게서 빼앗았고 외교용어들을 규정하는 주체가 되었다. 이점은 1905년 일본이 만주에서 얻고자 했던 특권에 대한 논의에서 잘 나타나있다. 위안스카이가 이끄는 청나라 대표들은 일본 특사 고무라 주타로, 우치다 야스토시와의 회담에서 일본의 외교문서의 어구와 관련해 우려를 표명했다. 일본 측의 대화록에 따르면, 위안이 중국에서는 '통상적으로 사용하지 않는' 용어인 'protest 고기·抗議'의 의미를 분

......

[99] 더글러스 하울랜드, 『중국문명의 경계. 제국 말기의 지리와 역사』(Borders of Chinese Civilization: Geography and History at Empire's End), 더럼, 노스 캐롤라이나, 듀크 대학교 출판부, 1996에서 '필묵회담'(brush talking) 얘기가 나온다.

[100] 방대한 양의 조선왕조 기록을 집대성한 책 『동문휘고』(同文彙考)에는 근대 초기에 조선통치자와 일본 및 중국 통치자들이 교환한 서신들이 수록되어있다. '동문'이란 3개국이 상호 이해가능한 공통의 문자 체계를 사용한다는 것을 강조하는 표현이다.

명하게 밝히라고 요청했다.[101] 중국 측 통역관 탕이 우치다에게 물었다. "고기가 무슨 뜻이오?" 우치다는 영어로 대답했다. "프로테스트 항의·Protest 라오." 탕이 영어로 응했다. "일본어에 이런 단어가 있소?" "그렇소." 우치다가 답했다. 탕이 덧붙였다. "법률적으로 사용하오?" "그렇소." 우치다가 대답했다. "법률적으로 외교적으로 사용하오." 탕이 답했다. "우리는 그런 용어가 없소. 새로운 단어요." 일본어 번역본으로 다시 돌아가 또 다른 중국외교관이 언급했다. "영국대사 사토씨가 이 용어를 즐겨 쓰오." 위안스카이가 덧붙였다. "나도 사토씨에게서 이 용어를 들었소." 일본외교관 고무라가 끼어들었다. "이 용어에 대해 못마땅해 하니 좀 의아합니다." 참석자들이 웃음을 터뜨린 것으로 회의록에 적혀있다.[102] 회의록은 당시 분위기를 가볍게 묘사하고 있지만 이들의 대화는 역사적으로 중요한 변화가 일어났다는 사실을 보여준다. 메이지 황제의 대표단은 일본정부가 한자 중심의 세계에서는 생소한 어법으로 공식적인 외교 활동을 수행하며 열강들이 사용한 용어들을 유창하게 구사한다는 사실을 보여 주었다. 이들은 중국이 오랜 세월동안 유지해 온, 용어의 규정자로서의 지위를 인정하지 않고 있었다.

결국 일본의 외교관계를 재편하기로 한 메이지 정부의 결단으로 한자 교육을 받은 지역과의 외교와 한자 문맹지역과의 외교

---

[101] 『일본외교문서』(日本外交文書), vol. 38, no. 1, 371쪽.

[102] 위의 책, 371-372쪽.

를 구분하는 관행이 무너졌다. 이미 1798년 일본의 정치 사상가이자 정부자문인 혼다 도시야키는 자신의 모국어에 대한 답답함을 토로했다. 그는 "한자는 그 숫자가 엄청나고 사용하기가 불편해서 외교관계에는 무용지물이다"라고 말했다.[103] 그때 이미 혼다는 한자 세계와 '외부' 세계가 서로 구분되는 이중적 외교질서를 목격한 것이다. 불과 한 세기 만에 일본의 법학자와 정치학자들은 국제법 용어들을 일본어로 번역했다. 이들은 한자 용어들을 다시 정의하거나_{예, 호고(to protect, 보호하다)를 호고고쿠 (protectorate, 보호국)로} 새로운 용어를 만들어냈다_{예, 도쿠리쓰(independent, 독립적)}. 그들은 일본어 신생 용어를 그 용어의 근원인 유럽 지역 언어로 다시 번역했을 때 의미가 전달되는 어휘들로 만들어냈고, 일본이 한자 지역 내에서 국제 사회에 통용되는 관행을 규정하는 주체로 자리매김하도록 만들었다. 19세기 말 수십 년 동안 아시아에 대한 일본의 정서와 정책은 냉탕과 온탕을 오갔지만, 외교 활동에 있어서 이중적 용어를 사용하는 관행은 사라지고 일본은 국제사회에 통용되는 어법으로 모든 나라들과 법적인 계약관계를 맺었다.

역사학자와 인문학자들은 오랫동안 메이지 시대의 국제법 문건들을 두 가지로 분류해왔다. 중국정부가 초기에 기울인 노력

......

[103] 혼다 도시아키, 「가이호세료」(海保青陵), 쓰카타니 아키히로, 『일본사상대계』(日本思想大系), vol. 44. 혼다 도시아키, 「경세비책」(経世秘策), 『일본경제총서』(日本経済叢書), vol. 12도 참고할 것. 도널드 킨, 『유럽을 발견한 일본, 1720-1830』(The Japanese Discovery of Europe, 1720-1830), 스탠포드, 캘리포니아, 스탠포드 대학교 출판부, 1969도 참고할 것. 도널드 킨은 혼다가 유럽인들과 '국제무역'을 할 때 서양 알파벳을 사용하기를 바랐다고 함, 72쪽.

에 의존한 문건들과 그렇지 않은 문건들이다.[104] 1930년대 초 일본에는 무엇이든 닥치는 대로 그 근원을 밝히려는 노력이 성행했고, 이에 힘입어 문학비평가 오사타케 다케키는 메이지 정부가 인용했던 수많은 국제법 서적들 가운데 하나에서 '일본의 독특한 이론적 입장'을 찾아내었다.[105] 메이지 정부는 중국학 학자 시게노 야쓰스쿠가 쓴 저서를 채택했지만 오사타케는 일본어 저서들에서 무엇이 중요한지를 '진정으로' 이해하게 되었다. 예를 들어 언어학자 우류 미토라는 시게노가 선택한 '공법公法·international law'이라는 용어 대신 '공도公道·official way'라는 용어를 사용했다. 이러한 분석들을 통해 이러한 서적들이 남긴 문헌적 유산뿐만 아니라 국제적 용어들이 일본어로 번역되는 격변의 시기에 다양한 학파들 간에 미묘한 견해차이가 있었다는 점이 분명하게 드러난다.[106]

메이지 정부의 사례에서 용어와 권력 간의 상호연관성이 분명히 드러나므로 나는 용어의 근원과 '진정한' 의미에 대한 논의보다는 이러한 용어들이 어떻게 실제로 사용됐는지에 초점을 맞춰

-----

[104] 한 예로 오사다케 다케키, 『근세 일본의 국제관념의 발달』(近世日本の国際観念の発達), 도쿄, 교리츠샤, 1932를 참고할 것. 장자닌, 『일본근대사상대계』(日本近代思想大系), vol. 15, 가토 슈이치와 마루야마 마사오, 『번역의 사상(일본근대사상대계)』(翻訳の思想(日本近代思想大系)), 도쿄, 이와나미 신서, 1995도 참고할 것.

[105] 오사다케 다케키, 『근세 일본의 국제관념의 발달』(近世日本の国際観念の発達), 40-41쪽.

[106] 존 피터 스턴은 '만국법'(law of nations)과 '자연법'(natural law)에 관련된 논의를 하고 있다. 그의 학사학위 논문을 참고할 것. 「일본의 '만국법' 해석」(The Japanese Interpretation of 'law of nations'), 1854-1874, 프린스턴, 뉴저지, 프린스턴 대학교 출판부, 1979, 제 3장 '만국공법(万国公法)'

살펴보겠다. 사상가들이 특정한 용어들을 일본어로 번역한 특정한 시기를 밝혀내면 역사 속에서 잊힌 번역가들과 학자들의 업적을 바로잡는 성과를 거두게 될지는 모르지만 그러한 관점에서 번역에 접근하는 방식은 종종 오역을 인정하는 결과를 낳게 된다. 게다가 이러한 분석은 특정 언어의 과거에 대한 논의를 강조하게 되기 때문에 보편적 언어―수많은 언어로 분화되기 이전의 기원어―[107]와 충돌하는 위험을 야기하게 된다. 오역에 초점을 둔 접근방식은 올바른 번역이 존재한다는 것을 가정하므로 새로운 개념을 해석하려는 시도가 역사적으로 갖는 중요성을 간과하게 된다. 따라서 나는 피에르 부르디외Pierre Bourdieu가 '언어적 구현의 힘을 언어적으로' 이해하려는 시도는 덧없다고 한 주장을 좇아 국제적 용어들이 어떻게 부르디외가 말한 '합법적인 언어'가 됐는지를 살펴보고자 한다.[108]

일본인은 모방에 능할 뿐이며 자체적으로 중요한 발명을 한 적이 없다는 주장을 집요하게 하는 사람들이 있다는 사실은 유감스러운 일이다. 메이지 일본의 입지를 세계 속에 구축하는 데 관여한 사람들이 단순히 자신들에게 생소한 지식의 형태만을 모

---

[107] 그 한 예로 야나부 아키라, 『번역어 성립사정』(翻訳語成立事情), 도쿄, 이와나미 신서, 1995, 『번역의 사상: '자연'과 NATURE』(翻訳の思想:「自然」とNATURE), 도쿄, 지쿠마 가쿠에이 분코, 1995를 참고할 것. 고보리 게이치는 오역을 통해 '鎖國'(secluded country, 은둔국가)이라는 용어가 파생된 과정을 다음 책에서 흥미롭게 설명하고 있다. 『쇄국사상』(鎖國の思想), 도쿄, 중앙공론사, 1974.

[108] 피에르 부르디외, 『언어와 상징적 힘』(Language and Symbolic Power), 지노 레이먼드와 매튜 애덤슨 역, 케임브리지, 매사추세츠, 하버드 대학교 출판부, 1991, 109쪽.

방했다는 주장만으로도 일본의 사상가들과 외교관들이 어떻게 국제적 용어들을 이용해 권력을 형성했는지 이해하는 데 실패하고 만다. 게다가 이러한 주장에 따르면 일본은 근대 정치 형태를 모방했을 뿐이지 진정으로 이해했다고 보기 어렵다고 하는데, 그러면 이러한 용어들을 만든 유럽인들과 미국인들은 전혀 정치적인 의도 없이 순수하게 관념적인 재화를 창출해 냈다는 생각에 함몰된다.[109]

애초부터 유럽과 미국에서 국제법을 만들어 낸 사람들은 이 법이 일정수준의 문명을 이룬 나라들만이 시행할 수 있는 분야로 규정했다. 19세기 말 정치이론가들은 관습법인 만민법萬民法, law of nations, jus gentium 개념을 측정 가능한 실정법實定法, man-made law, jus positum으로 재해석하기 시작했다. 1789년 제레미 벤담Jeremy Bentham은 '국제international'이라는 단어를 만들어, 휴고 그로티우스Hugo Grotius, 새뮤얼 퍼펜도프Samuel Puffendorf, 프랑수아 드 까이에르François de Callières와 같은 이전의 사상가들이 이론을 정립한 법과 외교 협정에 대한 개념들을 새롭게 규정했다. "'국제적international'이라는 단어는 새로운 단어이다. 물론 그 의미는 쉽게 유추가능하기를 바란다. 통상적으로 만민법으로 분류되는 법 분야를 설명하기 위해 만들어진 말이다"라고 제레미 벤담은 말했다.[110] 여전히 많은 법률

---

[109] 이 견해는 또한 아시아 태평양 지역에서 반작용적인 반응을 불러일으키는데 그 한 예가 싱가포르/말레이/타이완이 주장하는 '아시아식 민주주의'(Asian Democracy)이다.

[110] 제레미 벤담, 『도덕과 입법의 원리 입문』(An Introduction to the Principles of Morals and Legislation), 뉴욕, 해프너 프레스, 1948, 326쪽, n. 1. 원문 강조.

가들이 '국제법international law'과 '만민법law of nations'을 혼용했고 지금도 그러하지만 벤담은 당시에 뿌리내리던 새로운 현상에 이름을 부여했다. 그는 국가들 간의 상호작용을 식별, 연구, 학습, 확장이 가능한 단독적인 학문으로 분류했고, 국제법을 그 학문 전문용어로 명명했다.[111]

법이론 학자들은 유럽과 미국이 지배하던 문명이론, 즉 독립적인 근대국가란 정치적으로 성과를 이룬 완벽한 형태의 국가라고 규정한 이론을 반영한 국제법 용어들을 만들었다. 1863년 출간되어 아시아에서 국제법의 토대가 된 『국제법의 원리: 그 학문의 역사를 일별함』에서 휘튼은 "문명국가들 사이에서 통용되는 국제법은 이성적인 인간이 독립 국가들에 존재하는 사회의 특성으로부터 추론할 수 있고 정의에 부합하는, 행동규범으로 구성된다고 규정될 수 있다"라고 주장했다.[112]

휘튼의 저서는 일본어로 번역되어 메이지 정부가 외교정책을 입안할 때 중요한 자료로 쓰였으므로, 휘튼 자신이 국제법의 중요성을 어떻게 설명했는지 살펴볼 필요가 있다. 그와 동시대 사람들이 그랬듯이 휘튼도 세계가 빈 서판이라고 보지는 않았고, 기독교적 이념이 법과 문명을 이끈다고 다음과 같이 강조했다.

------

[111] 국제법 제정이 중요한 역할을 하는 유럽 외교의 계보를 알려면, 제임스 더 데리안, 『외교에 관하여』(On Diplomacy), 케임브리지, 블랙웰, 1991을 볼 것. 더글러스 하울랜드의 일본에 관한 논의도 참고할 것. 『서구를 해석하다. 19세기 일본에서 언어와 정치적 사유』(Translating the West: Language and Political Reason in Nineteenth Century), 호놀룰루, 하와이 대학교 출판부, 2001.

[112] 윌슨, 『헨리 휘튼, 국제법 원리』(Henry Wheaton, Elements of International Law), 20쪽.

"따라서 국제법은 실정법으로 간주될 수 있다… 기독교에 기초한 문명이 발달하면서 우리는 세계 모든 나라들 간의 상호작용에서, 각 나라의 종교적 믿음이 무엇이든 상관없이, 문명의 발달에 상응하는 법의 진전을 목격하고 있다."[113] 그러한 인식을 바탕으로 휘튼이 말하는 '우리'는 '우리의' 문명발달이 갖는 속뜻을 대변하는, 국제관계를 관장하는 법을 수립하게 되었다.[114]

휘튼은, 비非기독교인들도 상호작용을 규정하는 형식을 갖추고 있지만, 그런 이교도들은 '우리'가 그들을 계몽해서 완벽한 방법을 수용하도록 하기 전에는 문명화되지 않은 채로 남으리라고 믿었다. "최근에 일어난, 유럽과 미국의 기독교 국가들과 아시아와 아프리카의 이슬람교 국가들과 이교도 국가들 간의 접촉에서 후자에 속하는 나라들이 자신들이 유지해 온 국제관계 방식을 버리고 기독교 진영의 방식을 채택한 사실은 바로 이러한 주장을 뒷받침해 준다"라고 휘튼은 말한다.[115]

휘튼의 저서 개정판 편집자들은 유럽과 미국의 제국주의자들이 전 세계 비기독교 국가들에 폭력을 가해 강제로 '이들이 유지해 온 국제관계의 방식을 버리게' 만들었는지에 대한 논의는 하

---

[113] 위의 책, 3쪽.

[114] 유럽 외교에서 '자연'(Nature)이라는 단어는 묵시적으로 기독교 신을 의미한다는 설득력 있는 주장을 보려면, 제임스 히비어, 『멀리서 온 사람을 따뜻하게 맞이하기. 청나라의 의전(儀典)과 1793년 매카트니 사절단』(Cherishing men from Afar: Qing Guest Ritual and the Macartney Embassy of 1793), 더럼, 노스캐롤라이나, 듀크 대학교 출판부, 1995.

[115] 윌슨, 『헨리 휘튼, 국제법 원리』(Henry Wheaton, Elements of International Law), 19쪽.

지 않았다. 그들은 오히려 예상했던 대로 국제법이 자연스럽게 세계에 전파되고 있다고 강조했다.[116] 예를 들어 리처드 데이너 Richard Dana는 자신의 저서 『국제법의 원리』 1866년 판에서 다음과 같이 말했다. "서구문명이 동양에 전파되어 성과를 보이고 있음을 가장 잘 보여 주는 증거는 휘튼의 저서를 중국 정부가 자국 관리들의 교과서로 채택했다는 사실이다."[117]

이들은 국제법 용어들을 문명국가들의 시각으로 규정하면서 이러한 용어들을 실행하는 행위를 더욱 공고히 합법적인 것으로 만들었다. 문명이론 옹호자들은 문명세계를 바탕으로 만들어진 국제법 용어들과 마찬가지로 문명도 식별할 수 있는 것이라고 생각했다. '나는 사실을 말한다. 그것도 심사숙고한 끝에 말한다'라고 19세기 초 프랑스의 역사학자 프랑수아 기조 François Guizot가 말했다. "문명도 다른 여느 사실과 마찬가지로 연구하고 묘사하고 그 역사를 서술할 수 있는 대상이다."[118] 미국이나 유럽의 문명이 가장 상위개념임을 감안해볼 때 이 '사실'이라는 것은 국제

---

[116] 당시 미국 내부에서 식민통치를 받은 사람들에게 국제법이 끼친 영향에 대해 알려면, 허먼 J. 비올라, 『사슴 가죽을 두른 외교관: 워싱턴으로 간 아메리카원주민 대표단』(Diplomats in Buckskins: A History of Indian Delegations in Washington City), 블러프트, 사우스캐롤라이나, 리빌로 북스, 1995를 볼 것.

[117] 리처드 헨리 데이너, 『국제법 원리. 학문적 역사 개략』(Elements of International Law: With a Sketch of the History of the Science), 8쇄, 보스턴, 리틀, 브라운 앤드 컴퍼니, 19, n. 8.

[118] 프랑수아 기조, 『유럽문명통사(通史)』(General History of the Outline of Civilization in Europe), 뉴욕, D. 애플턴 & Co., 1840년, 15쪽. 내가 기조의 미-영 번역본을 쓴 이유는 후쿠자와 유키치가 미-영 번역본을 참고하여 『문명이론의 개요』(Outline of the Theory of Civilization)를 썼기 때문이다.

법에서 가장 근본적인 가정을 뒷받침해 준다. 즉, 가장 문명화된 기독교 국가들이 국제법 용어들을 만들어냈으므로 이 용어들은 세계 어디에서도 합법적이었다.

앞서 언급했듯이, 국제법 용어들은 식민지주의 정치의 각본을 쓰는 데 활용됐고 국제관계를 지배하는 형식이 되었다. 식민지 열강들은 이 용어들을 이용해 다른 나라를 침탈하고 병합하는 행위를 합법화했다. 스스로를 주권국가로 규정한 나라들은 비非주권국가의 사법권을 행사했고 이를 통해 종속국의 주권을 행사했다. 이러한 관행을 합법적이라고 규정한 국제관계를 통해 식민지화 정치는 합법적인 것으로 굳어졌다. 메이지 정부가 이러한 담론에 참여하게 될 즈음 식민지화 정치는 지구를 한 바퀴 돌아 당시 문명과는 가장 '거리가 먼' 지역까지 미쳤다.[119] 식민지 열강들은 식민지화가 합법이라고 선언함으로써 합법성을 천명했다. 이러한 순환논리로 식민지 열강들은 피식민지에 대한 지배를 설명했다. 그들은 식민지화 정책을 '사물의 자연 질서 the natural order of things'[120]라는 보이지 않지만 부정할 수 없는 고차원의 권위에 따른 것이라고 주장했다. 국제법-만민법-의 용어들은 국제법을 준수하는

* * * * *

[119] 메이지 시대 초기 몇십 년 동안 주권이라는 개념이 어떤 기능을 했는지를 잘 보여주는 자료는 외무상 무쓰 무네쓰,『켄켄로쿠』, 도쿄, 출판 불명, 1895. 고든 마크 버거의 완역본『켄켄로쿠. 1894-1895 청일전쟁의 외교문서』(Kenkenroku: The Diplomatic Record of the Sino-Japanese War, 1894-1895), 도쿄, 아사히 신문사, 1997도 참고.

[120] 정치학자 티모시 미첼의 주장에 따르면, 식민지화 정치는 정치력이 늘 작동하고 있어서, 현실세계와는 유리된 무엇처럼 보이고 형이상학적인 권위가 제거된 그러한 세계를 만들어냈다. 미첼,『이집트 식민지화』(Colonising Egypt), 버클리, 캘리포니아 대학교 출판부, 1991, 160쪽.

국가들에 그러한 초월적인 권위를 부여했고, 이러한 용어들을 통해 식민지 열강들은 서로 의사소통을 했다. 문명과 '거리가 먼' 세상의 변방에 위치했으나 문명의 '중심'에 위치한 국가들이 수립한 식민지에 필적할 만한 제국을 구축한 일본이 이러한 용어들을 수용하자, 계몽적 착취라는 담론은 힘을 규정하는 국제적 법률용어가 되었다.

수 세기 동안 일본에서 모든 지식—식물학에서 경제학에 이르기까지 외래 지식이든 고유의 지식이든 상관없이—은 흔히 일본이 이해할 수 있는 형태중국어 형식의 일본어(간분·漢文) 또는 일본어로 전환되어 정부와 정부평론가들이 이용했다. 국제적 용어들의 번역에서 무엇보다도 중요한 점은 일본이 네덜란드와 서구의 학문을 연구해 왔다는 사실이 이러한 권력의 용어들—중국어에서 쓰는 용어들보다 더 생소하지만 어쨌든 생소하기는 마찬가지인 용어들—을 번역하는 실제적인 토대가 되었다는 점이다.

메이지 일본 초기에 엄청나게 유입된 새로운 용어들로 사전편찬 작업이 활성화되었다.[121] 일본어가 생명력이 있는지에 대한 논쟁이 벌어졌고, 일부 편찬자들은 앞서 혼다 도시아키가 일본어에 대해 토로한 답답함을 거론하면서 일본어 사용을 완전히 포기하자고 제안했다. 1872년, 교육개혁가 모리 아리노리는 일본어가 근대국가에게는 쓸모가 없는 '변질된 중국어'[122]라고 보고 예

---

[121] 소고 마사키, 히다 요시후미, 『메이지의 언어사전』(明治の言葉辞典), 도쿄, 도쿄도, 1989.
[122] 1872년 5월 21일, 모리 아리노리가 윌리엄 휘트니에게 보낸 서신, 가토 슈이치, 무라야

일대학의 윌리엄 휘트니 William Whitney에게 일본이 사용할 새로운 언어를 만드는 작업을 도와 달라고 요청했다. 2년 후, 「메이지 식스 소사이어티(The Meiji Six Society)」 창간호는 진보주의자 니시 아마네의 글을 표제 기사로 실었다. 니시는 이 글에서 일본어를 「서양식 문자」洋字로 표기하자고 주장했다.[123] 일본 고유의 것을 옹호하는 구로카와 마요리 조차도 16세기 예수회 수도사들이 쓴 로마자—일본어를 로마자로 표기하는 관행—를 부활시켜 일본어를 외국인들이 손쉽게 이해하도록 하자고 주장했다.[124] 이와 같이 정치적 스펙트럼의 대척점에 있는 이들이 비슷한 이유를 내세워 자국 언어의 미래를 위태롭게 했다는 사실은 당시 여건이 얼마나 불안정했는지를 분명히 보여준다.

1887년, 법학자 미쓰쿠리 린쇼는 도쿄 메이지 법학대학 개교식에서 연설을 했다. 학교의 초청에 감사한다는 말을 한 뒤 그는 자신을 다음과 같이 소개했다. "제 조부는 네덜란드에 대한 학문을 한 미쓰쿠리 겐포입니다. 저도 어릴 적부터 네덜란드에 대해 공부했습니다… 하지만 막부정권 말기, 영국에 대한 학문이 대세

마 마사오, 『번역의 사상, 일본근대사상대계』(翻訳の思想 日本近代思想大系), vol. 15, 도쿄, 이와나미 서점, 1991, 317쪽.

[123] 니시 아마네, 「서양문자로 일본어를 쓰는 이론」(洋字を以て国語を書するの論), 『메이로쿠 잡지』(明六雑誌) no. 11874, 출판 불명.

[124] 구로카와 마요리의 초등학교 학습서, 『서양문자 백인일수』(横文字百人一首), 도쿄, 분넨도, 1873을 참고할 것. 이 문제와 관련해 사진이 풍부하게 곁들여진 자세한 논의—비록 문화 본질론적 시각이기는 하지만—를 원한다면, 기다 준이치로, 『일본어 대박물관: 악마의 문자와 싸운 사람들』(日本語大博物館-悪魔の文字と闘った人々), 도쿄, 쟈스토 시스테무, 1994를 볼 것.

가 되면서, 네덜란드에서 영국으로 연구 대상을 바꿨습니다. 나는 정말 열심히 영어공부를 했지만, 마땅한 교과서도 없었고 제가 다니던 학교에도 적당한 책이 없어서 닥치는 대로 공부를 했습니다… 저는 서양으로 가기를 간절히 원했습니다."[125]

미쓰쿠리는 1867년 쇼군의 형제인 도쿠가와 아키다케를 따라 파리에서 열린 만국박람회에 갔던 일을 회상했다. '저는 프랑스를 방문했습니다. 거기서 프랑스어를 어느 정도 읽을 수 있게 되었고, 1년 후 귀국했습니다. 얼마 후 메이지 유신이 일어났습니다. 저는 프랑스 형법 원문에 대해 아는 바가 거의 없었지만, 메이지 정부 2년째[1869]에 들어서자 정부는 제게 프랑스 형법을 번역하라고 지시했습니다…형법 프랑스어 원문은 일천한 제 프랑스어 실력으로 이해하기에는 역부족이었습니다… 주해나 용어 정리한 책도 없었고 가르쳐 주는 사람도 없었습니다.'[126] 미쓰쿠리는 자신의 조부 겐포의 업적을 상기시키면서 메이지 일본에서 네덜란드학에서 서구 학문으로 이어지는 지식의 계보를 강조했고, 일본 정부가 국제 정치를 지배하는 혼란스러운 용어들을 해석해 낼 능력이 있다는 점을 부각시켰다.

도쿠가와 일본의 '폐쇄적인' 여건에서 확고하고 보수적인 지

---

[125] 미쓰쿠리 린쇼의 말이 인용된 책은, 가토 슈이치와 마루야마 마사오, 『번역의 사상(일본근대사상대계)』(翻訳の思想 (日本近代思想大系)), 304쪽.

[126] 가토 슈이치, 마루야마 마사오, 『번역의 사상(일본근대사상대계)』(翻訳の思想(日本近代思想大系)), 304-305쪽. 미야나가 기요시, 『일본사속의 프랑스어-막부말기 메이지의 일본과 프랑스 문화 교류』(日本史のなかのフランス語―幕末明治の日仏文化交流), 도쿄, 하쿠수이샤, 2000도 참고할 것.

식이 꽃을 피우고 도쿠가와 질서를 유지했지만, 한국과 중국 특사들에게 문호를 개방하고 나가사키에서 네덜란드 상인들을 받아들이면서 유입된 서적들을 바탕으로 학자들은 때로는 목숨을 걸고 일본의 체제를 자체적으로 진단할 수 있었다. 이러한 관점에서 네덜란드 학문을 이해하는 행위는 17~18세기 네덜란드 학문을 도쿠가와 정권의 경직된 유교 사상으로부터의 탈출구일 뿐이라고 본 전통에 정면으로 도전하는 일이었다. 데쓰오 나지타와 같은 학자들은 이러한 견해를 비판하면서, 네덜란드 학문의 일차적인 연구목적은 '백성을 구하는 사이민·濟民' 유교윤리와 배치되지 않는다고 강조하면서, 언어 연구는 유학의 가르침의 핵심요소라고 주장했다.[127] 1639년 도쿠가와 정권이 해외여행을 금지하고 나가사키에서 네덜란드 상인들과의 공개적, 직접적인 접촉을 금지했다. 그러자마자 일부 학자들과 번역관들은 네덜란드어에 호기심을 느끼고 네덜란드인들과의 접촉을 통해 얻은 단어들을 축적하기 시작했다. 역사에서 잊힌 이 학자들을 스기모토 쓰토무는 '언

......

[127] 나지타, 「어색한 조우. 도쿠가와 후기 오사카에서 오가타 고안과 국제학」(Ambiguous Encounters: Ogata Koan and International Studies in Late Tokugawa Osaka), 제임스 맥클레인과 와키타 오사무, 『오사카, 근대 초기 일본에서 상인의 도시』(Osaka, The Merchant's Capital of Early Modern Japan), 이타카, 뉴욕, 코넬 대학교 출판부, 1999. 나지타는 1729년 사상가 다자이 슌다이가 중국 문서를 거론함으로써 그로부터 50년 후 스기카와 마에노의 혁신적인 부검이 가능하게 되었다는 사실을 보여 준다. 인문학자인 스기모토 쓰토무 역시 일어-네덜란드어 단어집을 최초로 공식적으로 만든 아오키 고뇨는 학문이란 단어를 연구하는 데서 출발한다는 신념을 갖고 있었고 이를 이토 도가이(진사이의 아들) 밑에서 수학하던 1720년대 후반에 깨달았다는 사실을 보여주었다. 그의 평생 업적의 결과로 도쿠가와 막부 최초의 공식적인 유럽어-일본어 사전이 만들어졌다. 스기모토 쓰토무, 『에도의 번역가들』(江戶의 翻訳家たち), 도쿄, 와세다 대학교 출판부, 1995, 9쪽.

어를 지킨 병사들 soldiers of words'이라고 불렀다.[128] 간단히 말해서 이 '병사들'은 지식의 최전방에 서서 지식이 점점 축적되는 길을 마련했다.

시간이 흐르면서 다른 학자들은 이들이 축적한 어휘를 바탕으로 보다 폭 넓은 학파를 형성해나갔다. 이들이 연구한 학문은 처음에는 네덜란드 학으로, 나중에는 서양학으로 불렸다. 역사학자들은 이러한 학파들이 학문으로서의 면모를 갖춘 시기에 대해 대체로 동의한다. 예를 들어, 1771년 마에노 료다쿠와 스기타 겐파쿠는 은밀하게 시체를 해부하는 실험을 하면서 중국어 서적에는 없는 정보를 찾기 위해 네덜란드어 서적을 참고했다.[129] 도쿠가와 정부는 초창기에 이러한 학문을 이단으로 규정하고 사형에 처할 수 있는 범죄로 규정했지만, 두 사람은 자신들의 연구결과를 『인체해부학의 새 지침서』 가이타이 신쇼·解體新書라는 제목으로 공개적으로 출간했는데도 처벌받지 않았다. 이 역사적인 순간은 네덜란드 학의 효시로 여겨진다.[130] 마찬가지로 1855년 일본 정부는 야

- - - - -

[128] 스기모토 쓰토무, 『에도의 번역가들』(江戸の翻訳家たち), 2쪽. 레이먼드 슈왑이 번역관의 중요성에 대해 논의한 책은, 『동양의 르네상스』(The Oriental Renaissance). 슈왑은 산스크리트어를 비롯해 '이국적' 언어들을 번역한 프랑스, 영국, 독일 번역관들과 그들의 작업이 18세기 후와 19세기 초 유럽의 해외무역과 밀접한 연관이 있다는 점을 설명했다. 그는 번역관들의 노력이 '동양학'이라는 학문적 결실을 맺었고, 단어를 해독해서 '학문'으로 정립하는 작업이 아주 중요하다고 역설하고 있다. 슈왑, 『동양의 르네상스』(The Oriental Renaissance), 뉴욕, 컬럼비아 대학교 출판부, 1986.

[129] 이들은 요한 아담 쿨름스의 『간명해부서』(Anatomiche tabellen), 1722를 네덜란드인 딕텐(Gerard Dicten)이 번역한 네덜란드어 번역본 『Ontleekundige tafelen』, 1734을 참고했다.

[130] 스기모토는 『해체신서』(解體新書)의 출간과 더불어 '상징적'으로 '난획'(濫獲)을 설

만어문서 번역부蛮書和解御用, Bureau of Translating Barbarian Documents라는 명칭을 서양학부洋学所, Bureau of Western Studies로 바꾸고 1853년 매튜 페리가 가져온 서신과 조약문들을 해석하느라 애쓰고 있던 학자들을 편입시켰다. 히로세 다케안이 쓴 『미국 총론』1854이나 마사키 도쿠가 쓴 『영국 총론』1854과 같은 저서들을 보면 당시 막부가 공공연하게 얼마나 절실하게 '서양'에 관한 서적들을 원했는지 알 수 있으며, 이 시기를 서양학이 싹 튼 시기로 볼 수 있다.[131] 메이지 시대 초기에는 이미 '네덜란드'와 '서양'이라는 표현은 일반적으로 구분해서 쓰이지 않게 되었고, 그로부터 수십 년 후 일본의 저명한 사상가인 니토베 이나조는 당시를 이렇게 회상했다. "'오란다Olanda'라는 단어가 반드시 '네덜란드'를 뜻하지는 않았다. 이 단어는 유럽과 미국 전체를 아우르는 포괄적인 개념이었다. 일본인들은 후에 네덜란드가 서양 세계 전체와 동일하지 않다는 사실을 깨닫고 실망했다."[132]

1800년 경 도쿠가와 정부는 새로운 지도제작을 지시했는데 이는 일본이 일본의 통치를 한국이나 중국이 아닌 다른 외국인들에게 이해시키려는 노력을 기울였다는 증거이다. 이러한 지시를

*****

명하였다. 스기모토 쓰토무, 『에도의 번역가들』(江戸の翻訳家たち), 1쪽을 참고할 것. 그랜트 굿맨이 란가쿠 출판물을 집대성한 책, 『일본. 네덜란드를 경험하다』(Japan: The Dutch Experience), 런던, 애슬론 프레스, 1986도 참고할 것.

[131] 「막부·메이지 초기의 서양문명 도입에 관한 연구회」(幕末·明治初期における西洋文明導入に関する研究会), 『요가쿠 지시』, 도쿄, 분카 쇼보, 1993, 57-64쪽.

[132] 니토베 이나조 전집·편집위원회(新渡戸稲造全集編集委員会), 『니토베 이나조 전집』(新渡戸稲造全集), 도쿄, 교분칸, 1960-1982, vol. 15, 499.

통해 한자문화권 바깥의 지식을 추구하는 노력이 가능해졌다. 도쿠가와 막부의 통치를 위협하지 않는 분야에 대한 연구—부검, 천문학, 식물/동물도감—에서 시작되어 외국 정권을 유지 해주는 체계를 연구하는 보다 위험한 영역으로 지적욕망이 확대되었다. 특히 러시아는 에조현 홋카이도가 일본 영토라는 도쿠가와 정부의 주장을 반박했고, 도쿠가와 정부는 영유권을 입증하고자 했다.[133] 1792년에 군사이론가 하야시 고헤이나 화가 시바 고칸이 작성한 것으로 알려진 세계지도는 일본과 에조를 별개의 영토로 그리고 있다.[134] 1800년대 초 러시아 선박이 조난당한 일본인 몇 명을 일본에 내려주면서 에조가 일본 영토가 아닌 것으로 그려진 세계지도를 가져왔다. 법적 주권의 용어들은 아직 막부의 관심사가 아니었지만, 도쿠가와가 통치하는 영토가 어디까지인지 그 한계를 긋는 절차는 불안감을 야기했다. 막부는 에조가 일본의 통치령이라는 점을 확실히 하고자 했다. 게다가 정부 관리들은 대일본다이 니뽄의 영토를 러시아가 만든, 위도와 경도를 자세히 명시한 완전한 형태의 지도에 표시해, '야만인' 러시아인들이 이해할

......

[133] 와다 하루키, 『북방영지문제, 역사와 미래』(北方領地問題´歷史と未来), 도쿄, 아사히 신문사, 1999를 참고할 것. 브렛 워커, 『아이누 영토의 정복. 1590-1800 일본의 영토 확장에 있어서 생태학과 문화』(The Conquest of Ainu Lands: Ecology and Culture in Japanese Expansion, 1590-1800), 버클리와 로스 엔젤레스, 캘리포니아 대학교 출판부, 2001도 참고할 것.

[134] 이노 다다타카는 에도로 출발하기 전에 지도 복사본을 확보했고, 자신이 만든 지도에서 일본은 오렌지색, 에도는 밝은 노란색으로 칠했다. 이 지도는 세타가야 이노 하우스 컬렉션에 소장되어 있음. 와타나베 이치로의, 『다다타가(忠敬)와 이노도(伊能図)』, 도쿄, 현대서간, 1998, 52쪽에 실려 있다. 와타나베, 『이노 다다타카가 걸어본 일본』(伊能忠敬歩いた日本), 도쿄, 지쿠마 신서, 1999도 참고할 것.

수 있게끔 해야 한다는 절박함을 느꼈다. 1809년 일본 정부는 지도제작자 이노 다다타카에게 의뢰해 일본 지도를 완성했다.[135] 이노는 1818년 세상을 떠날 때까지 에조와 구나시리를 포함하는 일본 영토를 표시한 지도를 수없이 제작했다. 구나시리는 오늘날까지 영토분쟁의 대상이 되고 있는 지역으로서, 일본과 러시아가 제 2차 세계 대전의 공식적인 종전을 선언하는 공식적인 협정문에 서명하는 데 걸림돌이 되고 있다. 이노가 제작한 지도들은 일본을 아주 세밀하고 정확하게 표시하고 있어서 독일 탐험가 필립 프란츠 폰 지볼트Philipp Franz von Siebold는 이 지도들을 자신의 지도 제작에 십분 활용했다. 지볼트의 이 유명한 지도를 통해 일본은 1820년대에 세계에 다시 소개되었고 일본이 바깥 세상에 자국을 '개방'하도록 만드는 여건을 성숙하게 했다.[136]

막부는 일본 영토가 어디까지 미치는가에 대한 영유권 주장을 모든 외국인들에게 이해시키고 싶어 했다. 정권의 이러한 바람은 외국의 통치형태와 군사력을 공개적으로 연구하기 시작한 학자들의 이해와 맞아떨어졌다. 하지만 이와 동시에 명심해야 할 점은, 19세기 중반 국제법이 일본에 상륙했을 때 일본 관료들이 영유권 주장이 통치력의 기초가 된다는 사실을 갑자기 깨닫게 된 것은 아니라는 점이다. 7세기 지도지도를 소개한 한국 승려의 이름을 따 '교기 지

......

[135] 나리타 국제공항 근처 사와라에 있는 이노 다다타카 박물관에는 이노의 지도와 더불어 그의 스승인 다카하시 요시토키가 막부의 수석 천문학자로 일하는 동안 개발한 도구들도 전시되어있다.

[136] 1995년, 이노와 지볼트를 기념하는 우표가 일본에서 동시에 발간되었다.

도'라고 불린다를 보면 이러한 생각은 그보다 천여 년 앞서 이미 존재하고 있었음을 알 수 있다.[137] 일본은 영토가 권력의 토대라는 사실을 이미 오래전부터 알고 있었지만 '주권'과 같은 용어가 소개되면서 영유권을 주장하는 행위는 국제정치에서 법적으로 규정된 특권이라는 사실을 새롭게 인식하게 되었다. 이는 또한 '국방'이라는 형태로 인정되는 특권이었다. 수 세기 동안 학자들이 기울여 온 노력이 결실을 맺어 메이지 정권은 영유권을 통치의 근간을 이루는 조건 가운데 하나라고 선언하게 되었다. 일본 정부가 강력하게 이와 같이 주장 했지만, 미쓰쿠리 린쇼는, 1887년 메이지 법대에서 한 연설에서 영국을 연구하는 데 마땅한 서적이 없어서 답답했던 때를 회상하면서, 그러한 순간이 어떻게 가능해졌는지는 분명하지 않음을 암시하고 있다. 미쓰쿠리에 대한 한 전기는 그의 학우의 말을 빌려 당시 유럽을 풍미한 권력의 언어와 기법을 가르치고 배우는 일이 얼마나 혼란스러웠는지 서술하고 있다. '학생들은 있는 책 없는 책을 닥치는 대로 학교에 가져왔다. 물리학 책을 가져온 학생도 있었고, 경제학 책을 가져 온 학생도 있었다. 어떤 이는 지리학 서적을, 어떤 이는 법학 서적을 들고 왔다. 군사학, 역사학 서적도 들고 왔다. 학생들은 집에서 온갖 잡다한 책들을 갖고 와서 선생들에게 가르쳐 달라고 했다.'[138]

[137] 휴 코타치는 이러한 지도들을 비롯해 수많은 지도들을 재현했다. 휴 코타치, 『황금의 섬. 일본의 고지도』(Isles of Gold: Antique Maps of Japan), 뉴욕, 웨더힐, 1983.

[138] 오쓰키 후미히코, 『미쓰쿠리 린쇼군 전』(作麟祥君伝) 도쿄, 마루젠, 1907, 32쪽. 미쓰쿠리와 마찬가지로 오쓰키도 네덜란드학의 대가 오쓰키 겐타쿠의 직속 후예인데, 겐타쿠

미쓰쿠리 자신이 지적했듯이, 후에 메이지 정부에서 외교관과 번역관이 된 수많은 일본 젊은이들이 이러한 불안정한 여건 속에서 교육을 받았다. 국제법 용어를 일본어로 재해석한 학자와 법 이론학자들이 기존의 한자를 재규정했든 새로 조합된 언어를 만들어냈든 상관없이 분명한 점은 프랑스어, 영어 혹은 독일어로 된 원문의 의미를 충분히 일본어로 담아냈는지에 대한 우려는 이들이 이러한 작업을 한 초창기에는 걸림돌이 되지 않았다.

메이지 시대 초기에 일본에서 사용된 국제법 서적들—체계적으로 기록되지 않은 외교 자료들과 더불어—을 보면 국가 간의 관계를 규정하는 법률 용어와 같이 규범적인 용어들을 새롭게 정비하는 작업이 즉흥적으로 이루어졌다는 사실을 알 수 있다. 예를 들어 당시에는 'international'을 어떻게 번역할지에 대한 기준도 없었다. 대개의 경우 만국(반코쿠, 万国)이 사용되었지만, 점점 오늘날 통용되는 국제(고쿠사이, 國際)라는 단어가 자주 쓰였다. 일본에서 출간된 최초의 국제법 서적들은—인문학자 사와 오미가 '막부 말기의 서구 정치사상의 요약'이라고 묘사한 저서들—언어 연구가 이렇게 체계 없이 진행되던 시기에 등장했다.[139]

1862년 도쿠가와 정부는 니시 아마네와 쓰다 마미치를 라이덴 대학에 파견했다. 이들이 와해되고 있는 정권을 회생시킬 지

⋯⋯는 18세기 후와 19세기 초 러시아인들과의 접촉에 대해 자세히 일기에 기록했다.

[139] 사와 오미, 「막부 말기·메이지 초기의 서양문명 도입에 관한 연구회」(幕末·明治初期における西洋文明の導入に関する研究会)에 수록됨, 『요가쿠 지시』, 65쪽.

식을 습득해 오도록 하려는 의도였다. 1866년 귀국한 니시는 시몬 피세링Simon Vissering이 만든 국제법 교습서를 참고해 「만국공법략기」万国公法略記를 집대성하는 토대를 만들었다. 도쿠가와 정부가 두 번이나 명칭을 바꾼 번역 외교부Bureau of Translation and Foreign Affairs, 外政所는 1868년 한문으로 된 책을 출간했다.[140] 니시가 자신의 저서를 출간한 바로 그 해에 쓰쓰미 고쿠시는 헨리 휘튼의 『국제법 원리』万国公法略記를 윌리엄 마틴이 중국어로 번역한 책에 대한 개요를 작성해, 최초로 국제법 용어들을 완전히 일본어로 해석하는 작업을 완성했다.[141]

니시와 쓰쓰미가 국제 사회의 외교적 담론을 지배했던 용어들을 일본어로 정리하려고 노력을 기울였다는 점은 이 두 사람이 이 용어들이 갖고 있는 힘을 인식했다는 사실을 보여준다. 쓰쓰미는 자신의 저서 「만국공법략기」万国公法略記의 도입부에서 '번역자는 원문의 정신을 충실히 살려야한다'라고 주장했다.[142] 한편 니시는 미국영사 타운센드 해리스Townsend Harris와의 조약 협상에서 해리스의 통역관과 네덜란드어로 협상을 하는 등 막부의 통역관

· · · · ·

[140] 오쿠보 도시아키, 『니시 아마네 전집』(西周全集), vol. 2, 도쿄, 슈코 쇼보, 1961, 3-102쪽. 토마스 헤이븐스는 자신이 저술한 니시 아마네의 전기 『니시 아마네와 근대 일본 사상』(Nishi Amane and Modern Japanese Thought), 프린스턴, 뉴저지, 프린스턴 대학교 출판부, 1970, 51-52쪽에서 니시 아마네의 '만국공법'(万国公法)에 대해 언급하고 있다.

[141] 도쿄대학이 소장하고 있는 쓰쓰미 고쿠시시, 『만국공법역의』(万国公法訳義), 출판 불명, 1868.

[142] 위의 책, 서문.

으로 일했다.[143] 니시와 쓰쓰미의 작업은 국제법 용어들을 실제로 어떻게 사용하는가에 대한 설명서를 만든 게 아니라 국제법을 설명한 작업이었다. 따라서 그들의 작업은 후에 많은 사상 학파들이 탄생하게 한, 초기의 나가사키 번역관들—'언어를 지키는 병사'—이 한 일과 비슷했다.

이러한 혼란스러운 상황을 더욱 부채질한 것은 도쿠가와 정부에 대항하는 한 지방 영주, 즉 다이묘—사쓰마 지역 영주 시마즈 히사미쓰—가 국제법률 용어들을 일본어로 번역해 실제로 사용할 수 있도록 하는, 최초의 국제법 서적 제작을 지원했다는 사실이다. 1860년대 중반이 되자 도쿠가와 막부는 거의 와해되었고 몇몇 '일급' 국가들에서 파견된 특사들은 다양한 지역 다이묘들—특히 막부에 비판적인 다이묘들—과 연대를 맺으려고 애썼다. 이 지역 영주들은 또 외국 특사들이 사용하는 국제용어들을 이해하고 싶어 했다. 특히 1863년 영국 함대가 자국 상인 찰스 리처드슨이 살해된 데 대한 보복으로 가고시마에 폭격을 가하자, 막강한 권력자인 사쓰마 다이묘는 당시 그 지역 유학 서당의 선생

- - - - -

[143] 해리 하루투니언은 혼란스러운 감정을 다음과 같이 적었다. '이제는 잊힌 지 오래된 고전 영화 「흑선(黑船)」(원제, The Barbarian and the Geisha)의 주인공인 존 웨인조차, 미국인이 오라고는 기대하지 않고 있던 시모다 관리들의 영접을 받았을 때 해리스가 느낀 당혹스러운 감정을 표현하지는 못했을 것이다. 해리스의 번역관 해리 휴스킨스로 분한 샘 저피의 연기가 상황을 정확히 표현했다면, 네덜란드 억양이 섞인 자신의 영어와 영어 억양이 섞인 자신의 일본어 둘 다 알아듣기 힘든 언어로 들렸을 테니 번역으로 인해 혼란은 더욱 가중됐을지도 모른다.' 하루투니언, 「미국의 일본/일본의 일본」(America's Japan/Japan's Japan), 마사오 미요시와 H. D. 하루투니언, 『세계 속의 일본』(Japan in the World), 더럼, 노스캐롤라이나, 듀크 대학교 출판부, 1993, 197쪽.

이었던 시게노 야쓰스쿠를 파견해 영국대표단과 협상을 하도록 했다. 협상이 끝나자 시마즈'야만인' 축출을 강력히 주장했다는 시게노에게 휘튼의 『국제법 원리』를 마틴이 중국어로 번역한 책을 일본어로 번역하라고 지시했다.[144] 시게노는 중국학을 전공한 학자였고, 시마즈의 명령에 따라 1869년 마틴의 번역서를 일본어로 번역한 내용과 마틴의 중국어 번역 원본 내용을 나란히 실은 책을 만들었다. 니시나 쓰쓰미와는 달리 시게노는 국제법의 포괄적인 특징을 기술하거나 유럽 사상에서 국제법이 차지하는 역사적 위상을 일반화하려는 시도는 하지 않았다. 그는 국제법의 근간을 이루는 용어들을 일본어로 실용적으로 정의했다. 시게노의 책은 당시에 아시아 지역에서 법률적 언어를 표현하는 수단이었던 중국어를 통해 국제적 용어들을 해석했다. 시게노는 당시 자신처럼 가장 학식 있는 계층이 이해할 수 있도록 비교설명을 함으로써 국제적 용어들이 실제로 적용될 수 있도록 만들었다.

한 세대도 지나지 않아 미쓰쿠리 린쇼는 국제 용어들이 체계 없이 일본어로 전환되었던 당시 상황을 별일 아닌 듯이 묘사했다.

사실 이해가 안 가는 부분이 많았다. 이해가 가는 부분이라

---

[144] 시게노 야쓰스쿠, 『만국공법』(万国公法), 가고시마, 출판 불명, 1869. 제 2장의 일부가 수록된 책은, 가토와 마루야먀, 『번역의 사상(일본근대사상대계)』(翻訳の思想 (日本近代思想大系)). 야스오카 아키오, 『일본근대사』(日本近代史), 52-53쪽도 참고할 것. 누마타 지로도 이에 관해 짧게 언급하고 있다. 누마타 지로, 「시게노 야쓰스쿠 근대 일본의 역사 저술 전통」(Shigeno Yasutsugu and the Modern Tokyo Tradition of Historical Writing), W. G. 비즐리와 E. G. 풀리뱅크, 『중국과 일본의 역사학자들』(Historians of China and Japan), 런던, 옥스퍼드 대학교 출판부, 1962, 264-287쪽도 참고할 것.

고 해도 일본어로는 뭐라고 번역해야 할지 난감했다. 오늘날 젊은이들은 right권리나 obligation의무 같은 용어들을 아무렇지 않게 사용한다. 하지만 내 젊은 시절에는 이 용어들을 일본어로 뭐라고 할지 몰라서 애를 먹었다. 하지만 이 용어들을 내가 만들었다고 주장하지도 않았고, 따라서 특허권을 얻을 수도 없었다. (웃음. 박수.) 라이토right나 오부리가숑obligation같은 단어들은 『국제법 원리』 중국어 번역본에 각각 겐리, 기무로 번역되어 있었고 나는 이 용어들을 차용했다. 하지만 도용하지는 않았다.[145]

미쓰쿠리가 1870년대와 80년대에 일본에서 프랑스 법에 대한 최고 권위자로 학계에 자리매김하게 된 이유는 그가 언어학을 연구했고 마침 당시 필요했던 프랑스어를 어느 정도 구사했기 때문이기도 하다.[146] 이 시기에 메이지 정부는 나폴레옹 법전 형법조항을 일본어로 펴냈고, 법률 사상가들은 정권이 민법에 관한한 독일 법전을 채택할지 프랑스 법전을 채택할지 논쟁을 했다. 미쓰쿠리는 이러한 논의에 적극적으로 참여했다. 기억은 과장되기 마련이라는 점을 감안한다고 해도, 당시 이러한 용어들을 정리한 집필자로서 미쓰쿠리는 법률용어들을 일본어로 바꾸는 과정에 깊이 참여했다고 할 수 있다. 미쓰쿠리는 '권리'나 '의무'와 같은 혁

---

[145] 가토와 마루야먀, 『번역의 사상(일본근대사상대계)』(翻訳の思想 (日本近代思想大系)), 305-306쪽.

[146] 호세이대학 대학사 자료위원회, 『법률학의 새벽과 호세이대학』(法律学の夜明けと法政大学), 도쿄, 호세이 대학 출판국, 1993을 참고할 것.

신적인 개념들이 어떻게 언어 속에서 활력을 잃었는지, 이 개념들이 어떻게 규범적인 용어들이 되었는지를 묘사했다.[147] 국제법 용어들을 십분 활용한 법률이론학자, 정책수립자, 통역관, 외교관, 언론인들 덕분에 '주권'이나 '독립'과 같은 용어들은 일상적으로 쓰이게 되었다. 미쓰쿠리가 이러한 용어들을 아무렇지 않게 사용하는 젊은이들에게 훈계를 했다는 사실을 보면 정치적 상호작용을 완전히 변하게 만든 이 용어들이 불과 20년 만에 일상적인 용어들이 되었음을 알 수 있다.

다음 장으로 넘어가 메이지 외교관들이 국제용어들을 어떻게 일본어로 실용화했는지를 살펴보기 전에, 20세기가 가까워 오던 시기에 일본 정부가 이러한 용어를 통해 자국의 위치를 어떻게 가늠했는지 생각해 봄으로써 이번 장을 갈무리하고자 한다. 1874년 초 일본 외무성은 열강을 상대로 한 외교활동—조약, 협정, 의정서—을 영어로 집대성해 편찬하기 시작했다. 이러한 서적은 여러 모로 매우 딱딱하고, 시대 순으로 내용을 나열한 총목록으로서 외국 법률이나 '이역만리'에 있는 나라들이 어떻게 돌아가고 있는지에 관심이 있는 학생들에게 유용한 참고 문헌 역할을 했다. 1899년에 이르러 외무성이 발간한 책[148]의 네 번째 개

---

[147] 미셸 푸코는 '기존의 담론'(existing discourses)이란 그것이 언급되는 날부터 끊임없이 숙면을 향해 미끄러져가는 선잠이라고 수려하게 표현했다. 미셸 푸코, 『지식의 고고학과 언어에 관한 담론』(The Archaeology of Knowledge and the Discourse on Language), 뉴욕, 판테온, 1972, 123쪽.

[148] 외무성, 『일본제국과 다른 열강들 사이에 체결된 조약과 협약』(Treaties and Conventions between the Empire of Japan and Other Powers), 도쿄, Z. P. 마루야, 1899.

정판이 나왔고 이 개정판의 서문에는 이 책의 역사를 돌아보고 그동안 일본 정부가 얼마나 괄목할 만한 성장을 했는지를 되짚어 보는 내용이 다음과 같이 실렸다. "일본제국과 외국과의 관계를 규정하는 협약을 쉽게 이해하도록 하기 위해, 일본과 다른 열강들 사이에 수립된 조약과 협약들을 수록한 이 책은 1874년 처음으로 발간되었다. 1884년에는 그 개정판이 나왔다… 그리고 그 개정판에 이어 추가본이 1899년 발간되었다." 일본이 국제사회에서의 입지를 점점 확대해 나가고 있다고 주장한 이들은 다른 나라들을 '다른 열강들'이라고 언급함으로써 일본이 열강의 대열에 합류했음을 분명히 밝혔다. 메이지 지도자들은 국제법 용어들을 일본어로 소화해 실용화했다. 이러한 용어들 덕분에 일본은 영국, 독일과의 새로운 무역 협정을 체결할 수 있었고 일본의 이러한 변화를 만방에 과시했다.

제3장

권력의 어휘

수 세기 동안 현재 동아시아로 불리는 지역에서 국가 간 관계를 증진하는 수단이 된 공통적인 언어와 지식의 바탕은 한자漢字였다. 그러나 메이지 정부가 국제적 용어를 채택하기로 결정하면서 이 지역의 질서는 무너졌다. 정치가와 외교관들은 학문적 도구로서의 어휘와 사전적 의미를 뛰어넘어 이러한 용어를 실제로 활용했다. 그들은 이러한 국제적 용어들을 법적 선례로 만들었다.

도쿠가와 정권 말기에 미국과 유럽 국가들은 일본을 불평등 조약에 묶어두었다. 역사학자들이 오랫동안 설명해 온 바와 같이 다른 지역에서 수립된 이러한 조약들과 일본이 맺은 조약들은 대동소이했고 일본 내에서 외국인들에게 치외법권을 부여했다. 일부 메이지 정치가들은 이러한 조약을 일시적인 조건으로 받아들였지만, 어떤 이들은 국가의 존엄성을 훼손하는 조약이라고 통탄했다. 이 시대를 기술하는 대부분의 정치인 전기와 역사학 서적들을 보면 조약 개정을 둘러싼 논쟁이 당시 일본을 통치하던 주역

세대의 가장 큰 관심사였다는 사실을 알 수 있다.[149] 국제적 어법의 관점에서 보면, 서구 열강들이 이러한 조약들을 통해 일본의 주권을 제약하는 조건들을 강요했기 때문에 일본은 국제법상 완전한 주체가 아니었다. 당시 국제법에 관한 일본어 서적들은 하나같이 헨리 휘튼의 다음과 같은 기본적인 주장을 인용했다. "다른 나라에 의존하는 나라들은, 자기나라 밖에서 주권을 완전히 행사하는지 여부에 관한한, 반‡주권적 국가로 명명되어 왔다."[150] 오늘날 전 세계 도처에 주둔하는 미군들이 누리는 특권을 연상케 하는, 당시의 치외법권은 일본에 있는 특정 외국인들 미국인, 프랑스인, 영국인, 독일인, 네덜란드인, 러시아인 등은 일본법의 적용을 받지 않음을 의미했다. 당시의 논리에 따르면, 이 조항은 국제 사회의 열강들이 일본을 문명세계의 일원으로 여길 만큼 문명화된 나라로 보지 않았음을 강력히 시사한다.

당시 일본에서 진행된 열띤 논쟁을 국제법 용어의 관점에서 보면 중요하지만 충분히 인정되지 않은 역사적 변화가 드러난다. 메이지 정부가 일본을 완전한 주권국으로서 국제사회의 일원으

---

[149] 최근의 예를 보고 싶다면, 중앙공론의 새로운 『근대 일본 역사』(日本の近代), 도쿄, 중앙공론, 1998 시리즈 가운데, 제 1권에 수록된 마쓰모토 겐이치의 「외교·유신」(外交·維新), 68-80, 134-165쪽을 참고할 것. 제 2권에 수록된 사카모토 다카오, 「메이지 국가의 건설」(明治国家の建設), 294-310쪽도 참고할 것. E. H. 노먼, 「근대국가로서 일본의 부상」 (Japan's Emergence as a Modern State), 존 듀어, 『근대 일본 국가의 기원-E. H. 노먼의 글 선집』(Origins of the Modern Japanese State-Selected Writings of E. H. Norman), 뉴욕, 판테온 북스, 1975도 참고할 것. 이 상황과 유사한 예는 전쟁 후에 미국과 체결한 안보조약이다.

[150] 윌슨, 『휘튼의 국제법 원리』(Wheaton's Elements of International Law), 45쪽.

로 자리매김하도록 만든 중요한 요인은 열강들 사이에 통용된 힘의 어휘를 채택했다는 점이다. 1868년부터 지속적으로 일본의 정책수립자들은 서구 열강들을 상대로 이러한 국제 용어들을 성공적으로 이용했고, 1911년 치외법권의 잔재를 말끔히 청산했다. 이 시기에 일본 지도자들이 국제적 용어들을 이용해 아시아에서의 정책을 새롭게 썼다는 사실은 우연의 일치가 아니다. 특히 메이지 통치자들은 이러한 용어들을 이용해 1910년 한국을 병합하기 위한 토대를 마련했다.

일본이 국제 사회에서 일본의 위상을 새롭게 자리매김하려는 일에 착수한 메이지 시대 초창기에 지식사회는 혼란이 팽배했다. 학자들은 가장 기본적인 용어를 어떻게 번역할지에 대해 의견을 모으지 못했고, 정치가들은 정책수립의 매 단계마다 국제 용어들을 설명해 줄 학자들의 도움이 필요했다. 이러한 상황을 잘 보여주는 한 예가 일본이 대한제국과의 관계를 새롭게 정립한 초창기에 일어난 사건이다. 1876년 강화도 조약을 통해 일본은 조선 내에 일본인 정착지를 수립했다. 1882년 임오군란이 일어났고 굶주리고 보수도 받지 못한 조선군인 수백 명이 급여를 주지 않는 황실과 수도에 거주하는 일본인들에 대해 항의하는 시위를 벌였고, 이 과정에서 일본군 20여명을 죽이고 일본 공사관에 불을 질렀다.

메이지 최고국가기관인 태정관 관리 이토 히로부미와 이노우에 가오루는 일본 정부에 자문역할을 하고 있던 프랑스의 법률학자 구스타브 봐소나드Gustave Boissonade에게 국제법에 의거해서 그 사태에 어떻게 대응할지 자문을 구했다.[151] 그보다 몇 년 앞서 프랑스 주재 일본대사가 봐소나드를 만났고 그를 도쿄로 초청해 학자들과 정책수립자들이 새로운 법전을 작성하는 일을 자문하도록 했다.[152] 일본에 도착한지 얼마 지나지 않아 봐소나드의 역할은 확대되었고, 정치가와 법률을 전공하는 학생들은 그를 문명화된 근대 유럽의 법률 관행에 통달한 백과사전으로 여기게 되었다. 1882년, 봐소나드는 이토와 이노우에가 일련의 각서에 포함된 내용에 대해 질문을 하자 '불평등한 국가들'간의 관계의 특성에 대해 설명했다.

프랑스어와 프랑스 법을 전공하는 학생이었던 우가와 모리사부로는 봐소나드가 이토와 이노우에의 질문에 대해 작성한 답변서를 번역했다. 우가와의 번역본을 보면, 당시 학자와 외교관들이 똑같은 법적 외교적 절차를 통해 신규 용어들의 의미를 설명한 것처럼, 공식문서에서 종종 발견되는 장황한 표현의 잔재가 남아 있다. 예를 들어 봐소나드가 작성한 '조선의 사건에 관한 견해'를 보면, '반속국'半属国과 조약을 체결할 때 적용되는 규정들을 설명하고 있다. 우가와는 자신의 번역서에서 가타가나 식으로 표기한 슈스렌티봐소나드의 원서에 나오는 쉬즈랭떼(suzeraineté)라는 프랑스어를 음역한 단어를 한자의 합성어인 관할권간카쓰켄·管轄權 옆에 병기하고 있다. 그러나 또

---

[151] 이토 히로부미와 히라쓰카 아쓰시 『'비서유산' 조선교섭자료』(「秘書類纂」朝鮮交渉資料), 도쿄, 하라 쇼보, 1969, vol. 2, 182-241쪽.

[152] 오쿠보 야스오, 『일본 근대법의 아버지 봐소나드』(ボワソナアド―日本近代法の父), 도쿄, 이와나미 신서, 1977, 77쪽.

어떤 글은 쉬즈랭떼Suzerainte를 가타가나 단어인 슈즈레누테シューズレヌテ로 표기했고 관할권은 속국의 관계属国の関係·서열이 높은 나라와의 관계로 바꾸었다.¹⁵³ 비올라시옹violation, 레파라시옹reparation, 아넥사시옹annexation과 같은 프랑스 단어들은 가타가나로 음역해 한자 옆에 병기하거나 음역 그대로 두었다. 대부분의 경우 번역자가 누군지는 알 길이 없지만 이러한 번역자들의 노력 덕분에 당대에 가장 지적으로 난해한 분야의 지식을 실제적으로 활용할 가능성이 열렸다.

혼란스러웠던 1880년대 초와는 대조적으로, 그로부터 20여년 후인 1905년 이토—대한제국 특명대사—는 아시아에서의 일본의 근대사를 국제적 용어를 통해 서술했다.¹⁵⁴ 1905년 11월, 일본이 대한제국과 보호국 관계를 수립하기 전날, 이토는 대한제국 각료들을 자신이 묵고 있는 한성의 호텔방으로 소집했고, 다음과 같은 설교를 했다고 일본 외무성 문서가 기록하고 있다.

동서양의 외교관계는 특히 이 지역에서 괄목할 만큼 발전했고, 외교적 기술外交術 또한 큰 진전을 보았다. 폐쇄된 항구를 꿈꾸던 안이한 시대는 종식됐다. 그러한 망상은 나라를 파멸

-----

[153] 이토 히로부미와 히라쓰카 아쓰시 『비서유산』 조선교섭자료」,(『秘書類纂』朝鮮交渉資料), 도쿄, 하라 쇼보, 1969, vol. 2, 213-220쪽.

[154] 『일본외교문서』(日本外交文書), vol. 38, n. 1, 486-491쪽. 번역관 고쿠보 쇼타로는 외무성을 위해 이 순간을 기록했고, 병합기간 내내 경성에서 일본 식민정권을 위해 일했다. 한일병합 직후 데라우치 마사타케 정권의 중추적 관리들을 찍은 사진에 그가 경찰제복을 입은 모습이 등장한다. 구라히쿠 특별 이감, 『일본의 조선』(日本の朝鮮), 도쿄, 유라쿠쇼, 1911, 100쪽.

로 이끌 뿐이다. 알다시피 대한제국은 더 이상 중국의 조공국이 아니다…메이지 통치 18년 되던 해1885 나는 사절단을 이끌고 톈진에 가서 당시 조선이던 대한제국의 새로운 위상을 수립하는 데 성공했다. 중국은 형식적으로는 조선의 종속적 지위를 바꾸었지만, 대한제국을 다시 명실상부한 조공국으로 되돌리려는 의도를 품고 있었다… 당시에 나는 중국이 이러한 바람대로 조선을 조공국으로 되돌리려 한다면 다른 나라들이 조선을 병합하려는 데 대해 왈가왈부하지 말아야 한다고 말했다. 나는 당신들 나라의 독립을 확고하게 지지했고, 결국 그것을 얻어내고 중국의 야심을 꺾었다.

일본이 조선에 대한 통치를 점점 강화하려는 행위를 국제 사회가 제재한다는 점을 충분히 인식하고 있던 이토는 이 기회를 놓치지 않고 조선이 자치할 능력이 없다고 생각하던 열강들의 입장을 이용했다. 그는 1890년대 조선 내부의 혼란상과 당시 일본이 국제 사회가 말하는, 조선의 '우방' 역할을 했다는 점을 강조했다.

메이지 통치 27년 되던 해1894, 당신들 나라에서는 동학혁명이 일어났고, 중국이 이 기회를 놓칠 새라, 내란을 진압한다는 명분하에 대규모 군대를 당신들 나라에 파병해 오랫동안 품어온 정복의 야욕을 달성하려 했다. 이는 일본과 중국 간에 갈등의 뿌리가 되었다. 중국의 패전으로 시모노세키下関 평화조약이 체결되었고 이를 통해 조선은 독립국 지위를 수립했다.

제3장 권력의 어휘

청일 전쟁을 조선 독립전쟁으로 윤색하면서, 이토는 일본이 러시아와의 전쟁에 말려들어간 이유도 이와 같이 인도주의의 원칙을 수호하기 위해서였고 결국 러일전쟁에서 승리했다고 설명했다.

러시아는 점점 공격적으로 변했고… 육로와 수로를 장악해 대한제국을 거머쥐려고 했다. 러시아가 한반도를 병합하려는 상황을 지켜보면서 당신들 나라의 안위를 걱정하게 된 게 누군가? 동양도요의 운명을 걱정한 게 누군가? 일본이었다. 일본은 무기를 들고 인명과 물자를 희생했다.

이런 상황에서 대한제국의 의견이 반영됐는지 여부에 대한 논의는 노련하게 피해가면서, 이토는 당시 사건들은 기정사실이라고 결론지었다. 계몽적 착취라는 담론에 자주 등장하던 어법이었다. 일본은 대한제국의 존재를 국제 사회에서 말살해 버리기 직전이었고, 이토는 이러한 과정이 필수불가결할 뿐만 아니라 이미 일어나고 있다고 설명했다. 또 다시 이러한 담론의 순환적 논리를 이용해, 일본이 대한제국을 보호국으로 지정하기도 전에 보호국지정을 이미 합법적인 것으로 만들었다. "자, 당신들 나라의 영토를 보전하는—우리가 이 전쟁에서 이긴 덕분인데—게 국제 사회가 바라는 바이자 당위이다. 대한제국의 영토가 온전히 보전되고 동양의 평화가 회복되었으므로, 우리는 이 평화 상태가 영속되도록 할 것이다. 앞으로 동양에서 점점 평화를 위협하는 사태가 늘어날 것이므로 우리는 당신들 나라로부터 외교권을 위임받아 수행하겠다."

당시 일본의 가장 강력한 통치자가 구술한 일본의 근대와 미래의 세계사 속에서 일본은 전쟁에서 승리해 대한제국을 해방시키고 자비롭게 보호한 나라로 묘사되었다. 당시 이토와 대한제국 관료들과의 만남을 살펴보기 전에, 이토와 메이지 정치인들과 학자들이 19세기 말 어떤 식으로 '외교 기술外交術'을 이용해 그 상황에 도달하게 됐는지 살펴보겠다. 이 시기의 메이지 팽창주의자들은 계몽적 착취를 정당화하는 데 사용된 법률용어들을 인용해 가며 기존의 지역질서를 부정했다.

불평등조약에 관한 논쟁은 표면적으로는 일본과 서구 세계의 관계를 중심으로 이루어졌지만, 메이지 통치 이론가들은 국제적 용어들을 사용해 일본의 정책을 서구와 아시아를 구분하지 않는 방식으로 새로 쓰려는 결연한 의지를 보였다. 그 결과, 당시에 진행되던 다른 중요한 논쟁들은 조약을 수정하려는 메이지 정치인들의 집요한 의지와 얽히고 설키게 되었다. 특히 1870년대 초에 일었던 정한론征韓論은 불평등조약에 관한 논쟁 못지않게 열띤 논쟁이었다. 이러한 논쟁들이 어떻게 마무리됐는지를 국제적인 어법을 통해 살펴보면 메이지 지도자들이 일본을 둘러싼 세상을 어떻게 보고 있었는지 알 수 있다.[155] 이 정치인들이 새로 수립한,

---

[155] 유용한 분석 자료는, 말린 메이요, 「1873년 한국의 위기와 메이지 초기의 외교정책」, 『저널 오브 에이션 스터디스』 31, no. 4, 1972년 8월, 793-819쪽.

대한제국에 대한 정책을 보면 국제적 용어들이 메이지 일본의 세계관의 근간을 이룬다는 사실을 보여준다. 이는 일본이 결국 국제 사회의 허가를 얻어 공개적으로 대한제국을 식민지화한 사실을 살펴볼 때 기억해야 할 중요한 점이다.

메이지 일본에서 국내문제가 외교정책에 관한 열띤 논쟁에 기름을 붓는 상황은 흔한 일이었다. 1870년대 초 도쿠가와 정부에서 요직을 차지하지 못한 이들이 정부 전복을 꾀하다가 실패하자 앙심을 품었고 이는 다른 불만들과 결합해 불만이 고조되었으며, 메이지 정부가 이 전에 사무라이들이 가졌던, 무기를 소지할 권리를 박탈하자 절정에 달했다. 정한론에 대한 논쟁에서 이 불만분자들은 외교적 분쟁—사실상 용어를 둘러싼 논쟁—을 이용해 조선을 상대로 전쟁을 일으킬 것을 주장했다.

조선의 왕이 메이지 신 정권과 일본 천황을 인정하기를 거부하자 논쟁이 일었다. 조선은 전통적으로 중국의 황제를 유일한 '천황'으로 여겼기 때문이다. (도쿠가와 막부는 이런 문제가 발생하는 것을 피할 수 있었다. '쇼군'이 조선의 '왕'을 상대했고, 조선의 왕실은 쇼군을 중국 황제보다 서열이 낮은, 조선 왕에 상응하는 서열이라고 여겼기 때문이다.) 저명한 혁명가 사이고 다카모리는 조선의 이러한 거부를 서구와의 불평등조약보다 더한 모욕이라고 선언하고 조선에 대한 전쟁을 주장했다—그에게 이 전쟁은 중년에 다시 무기를 휘두를 기회였다.

40대 후반인 이와쿠라 도모미는 대부분 새파란 젊은이들로 구성된 정부에서 연장자였다. 그는 사이고의 주장에 반대했고, 사이고가 자신의 주장을 행동에 옮기지 못하도록 막기 위해 세계 일주를 중단하고 서둘러 귀국했다. 이와쿠라가 열렬한 혁명가 동지인 사이고의 주장에 반대한 이유는 조선이 메이지 통치자의 합법성을 인정하지 않는 데 동의하기 때문이 아니었다. 이와쿠라가 여행동반자들—오쿠도 도시미치, 기도 다카요시, 오쿠마 시게노부, 이토 히로부미—과 함께 '이와쿠라 사절단'1871-1873으로 널리 알려진 세계 순례를 중단하고 일본에 귀국해 조선과의 전쟁을 막으려고 한 이유는 유럽을 여행하면서 중앙아시아를 둘러싼 대영제국과 러시아 제국간의 격렬한 패권다툼인 그레이트 게임the Great Game을 가능케 한 물질적인 여건을 직접 목격했기 때문이다.[156] 그들은 서구에서 가는 나라마다 그곳의 의회를 방문했고 그레이트 게임 논쟁과 밀접한 군사력과 산업 시설을 둘러보면서, 여행 전에 자신들이 갖고 있던 생각을 굳히게 되었고 더 많은 정보를 얻고자 했다. 그들은 일본으로 돌아와 조선과의 전쟁을 저지하려 했다. 일본이 전쟁을 일으키면 식민지 쟁취에 굶주린 유럽의 군사 개입을 초래하게 되고, 일본 신생 정부의 어설픈 기간 시설은 유럽을 상대하는 데 역부족이라는 사실을 알았기 때문이다.

이와쿠라 사절단 단원들은 일본의 주권을 유지하려면 대대적인 군사력이 필요하다는 확신을 얻었고, 일본을 국제적인 용어를 사용해 주권국으로 인식시키는 일이 중요하다는 사실을 재확인

[156] 이와쿠라 사절단에 대해서 알고 싶다면, 『일본외교문서』(日本外交文書) vol. 4, 67-128쪽을 볼 것. 오쿠보 도시아키, 『이와쿠라 사절연구』(岩倉使節の研究), 도쿄, 출판 불명, 1976도 볼 것.

했다. 유럽으로 출발하기 전, 이와쿠라는 불평등조약에 대한 논쟁과 관련해, '외교 관계에 대한 의견서'를 작성했다. 이 문서에서 그는 불평등 조약은 '일본제국을 모욕하는 조약'이라고 통탄했다.[157] 그는 이렇게 강조했다. "일본은 이런 모욕을 견뎌서는 안 된다. 우리는 우리의 국권国權을 확장해야 한다."[158] 이와쿠라와 그의 여행 동반자들은 세계 도처에서 진행되고 있는 제국주의적 논쟁을 체험하고, 기존의 신념을 더욱 확고히 하게 되었다. 조약 수정에 집착한다고 해서 보다 가까운 문제인 '조선 문제'가 사라지지는 않았다. 조선 문제는 일본이 완전히 새로운 국제정책을 논의하는 과정에서 제기된 문제였기 때문에 일본의 조선정책 수립자들은 대 조선 정책이 일본의 국제 정책과 양립될 수 있게 하였다. 실용적인 차원에서 메이지 정권의 외교정책 수립자들은 대 조선 정책을 만들 때 국제 정책의 일반 논리를 그대로 적용했다.

1874년 2월, 조선 왕실이 여전히 메이지 정부를 인정하기를 거부하는 데 따른 모욕을 어떻게 수습할지 논의하던 정치인들과 세계 일주에서 돌아온 오쿠도 도시미치, 오쿠마 시게노부 등은

---

[157] 시바하라 다구치, 이카이 다카아키, 이케다 마사히로, 「대외관: 일본근대사상대계」(対外観:日本近代思想大系), vol. 12, 『일본근대사상대계』(日本近代思想大系), 도쿄, 이와나미 서점, 1991, 5–11쪽.

[158] 시바하라 다쿠지, 이카이 다카아키, 이케다 마사히로, 「대외관: 일본근대사상대계」(対外観:日本近代思想大系), 9쪽. '국권'(國權)은 당시에 '주권(主權·sovereignty)'을 지칭한 여러 가지 용어 가운데 하나였다. '자주'(自主), '독립'(independent)의 뜻으로도 자주 사용된 단어 가운데 하나였다. '주권'이 공식적인 용어가 됨.

공동으로 '조선 특사파견과 관련한 의정서'를 발표했다.[159] 이 문서 작성자들은 몇 가지 새로운 외교정책을 상세히 기술했다. 그들은 부산에 있는 무역 사무소 소료관에 특히 주목했다. 이 사무소는 도쿠가와 시대 내내 '일본관' 와칸/왜관 으로 알려졌었고, 일본의 기록에 따르면, 쓰시마 다이묘의 지배를 받았었다.[160] 이 문서를 작성한 때로부터 2년 전, 메이지 정부는 이 건물의 명칭과 기능을 바꾸고 관할권을 주장했다. 오쿠보와 오쿠마가 설명한 바와 같이, 소료관은 '일본 주권 國權 의 연장'으로 봐야하고, '육지에 사무소를 설치해, 관리들을 보호 保護 하고 무역 경로를 확보한다.'[161] 이 무역사무소는 수세기 동안 존재해 왔지만, 새 정부는 이제 관할권이 일본에 있다고 강조했고, 일본의 국가 주권을 명시하기 위해 새로운 용어들을 이용해 사무소 이름과 기능을 새로 규정했다.

그러나 동시에 메이지 지도자들은 부산 왜관에서 진행 중인 협상에 대해 점점 인내심을 잃어 갔고 마침내 한성이나 한성 근처에 사무소를 설치하기로 했다. 1875년 9월, 조선에 대한 논쟁과 관련해 사이고 다카모리가 한 제안을 떠오르게 하는 전략—대한제국 왕실의 손에 자신이 죽음을 당하게 만들어서 전쟁을 일

---

[159] 위의 책, 40-41쪽.

[160] 김기웅, 『한일강령2000년』, 서울, 율화도, 1984, 78-79쪽을 볼 것. 이러한 시각은 한국에서도 일반적으로 받아들여지는 것으로 보인다.

[161] 시바하라, 이카이, 이케다, 「대외관: 일본근대사상대계」(対外観:日本近代思想大系), 40쪽.

으키자는 제안—으로 일본의 전함 운요호가 한성과 가까운 서해 연안 강화도 근처의 조선 영해를 침범했다. 운요호는 조선군의 사정거리에 들어올 만큼 가까이까지 항해해 들어왔고 뒤 이어 일본이 강화도를 침략해 조선 군인을 죽이고 건물에 불을 지른 침략행위를 국제법상 정당한 행위로 만들어 주었다. 일본의 공식적인 국방의 역사 國防史 기록은 이 사건을 일본 해군이 최초로 외국 영해에서 치른 교전이라고 기록하고 있다.[162]

따라서 일본의 근대 외교 관계가 서구 열강의 전함에 의해 수립 됐던 것과 마찬가지로 한국의 근대 외교관계도 전함으로 개방되었다.[163] 운요호 사건이 나자 이토와 이노우에 가오루 등은 운요호 사건에 이어 이루어진 외교 협상 전략을 짜기 전에 구스타브 봐소나드에게 자문을 구했다—이 사건이 나기 전 몇 년 동안의 상황은 앞서 설명했다. 일본에 도착한 지 얼마 되지 않은 이 프랑스 학자는 일본에게 포괄적인 조선 정책을 내놓았다. 봐소나드는 메이지 정부가 곧 있을 협상에서 달성해야 할 세 가지 주요 목표를 재안했다.

---

[162] 요시오카 요시노리, 『일본의 침략과 팽창』(日本の侵略と膨張), 도쿄, 신일본출판사, 1995, 55쪽.

[163] 바이판 찬드라가 「전환기의 한국 인권의식. 19세기 후반의 전개상황 개관」(Korea Human-Rights Consciousness in an Era of Transition; A Survey of Late-Nineteenth Century Developments)에서 어떤 평가를 했는지 볼 것. 윌리엄 쇼, 『한국의 인권-역사적 정책적 관점』(Human Rights in Korea-Historical and Policy Perspectives), 케임브리지, 하버드 동아시아학회, 1991, 25-29쪽에 수록되어 있다.

(1) 부산 외 지역, 강화에 무역항을 개설할 것.
(2) 조선 영해에 일본 선박이 자유롭게 드나들 수 있도록 할 것.
(3) 강화도 사건에 대한 사과를 받아낼 것.[164]

별도의 비망록에서 봐소나드는 일본과 조선의 「주권」君主權·君主國을 선언하기 위해 '조선 왕의 독립적 지위'를 확립하는 것과 관련해서 일본정부가 고려해야 할 여덟 가지 사항을 나열했다.[165] 봐소나드는 국제적인 '외교 관례こうしょうじょう', 즉 주권 국가들만이 상호 조약을 맺을 수 있다는 것에 초점을 맞추었다. 봐소나드에 따르면, 일본의 정책수립자들은 이러한 문제와 관련해 특히 어려움에 직면하고 있었다. '중국과의 관계로 볼 때 조선은 완전한 종속국親族の国도 아니고 완전한 독립국独立の国도 아니었다. 그 중간적인 지위'[166]를 갖고 있었기 때문이다.

봐소나드는 또한 일본 대표단은 쓰시마 다이묘—소宗 가문—의 통치는 더 이상 존재하지 않는다는 점을 분명히 해야 한다고 강조했다. '조선정부에 관한 한 일본 천황의 정부는 소 가문

[164] 이토 히로부미와 히라쓰카 아쓰시 『'비서유산' 조선교섭자료』(「秘書類纂」朝鮮交涉資料), vol. 1, 113쪽. 사과(apology) 문제는 현재 일본과 한국의 외교관계에 중요한 위치를 차지하고 있다. 언론인과 학자들은 사과를 국제관계에서 '아시아'만의 독특한 측면으로 묘사하지만, 이 개념은 일본이 국제법 담론을 일본어로 번역해 실행할 때 뿌리를 내렸다. 국제적 용어들이 한자(漢子) 문화권에 침투하면서 권력의 기법으로서 사과 또한 근대 국가들 간의 상호작용에서 새로운 요소가 되었다.

[165] 위의 책, 90-94쪽. 국가의 정체성을 나타내는 상징물이 중요하다는 점을 염두에 두고, 제 6항은 '한국의 국기는 중국의 국기와 달라야한다'는 점을 강조했다. 93쪽.

[166] 위의 책, 95쪽.

의 권리와 무역 특권을 계승한다.'[167] 일본의 조선 정책을 국제법 기준에 맞추기 위해 메이지 정책수립자들은 '주권국' '독립국'으로서의 조선 왕실과 계약을 체결해야 했다. 또한 그들은 소료관을 비롯해 일본 신정부의 조선 내 관할구역은 일본과 법적인 접촉을 하는 공간이라는 점을 조선인들에게 각인시켜야 했다. 봐소나드의 이러한 해석은 중요한 역할을 했다. 그는 메이지 일본에서 새로 국제법을 해독하고 실행하는 관리들이 그 용어들을 일본의 권력 담론의 언어로 내면화하도록 도왔다.

1850년대에 미국이 일본에 대해 군사 위협을 가한 것과 마찬가지로 그로부터 20년이 지나 이번에는 일본이 조선에 군사적 위협을 가해 두 나라의 무역 협상을 가속화하고 그 형태를 결정지었다. 그러나 협정의 조항들은 임박한 군사공격의 위협보다 더 끈질기게 일본을 미국에, 한국을 일본에 묶어 두었다. 1876년 구로다 기요타카는 800명 이상을 태운 세 척의 전함과 세 척의 화물선을 운요호가 침범했던 바로 그 영해에 들여보내 조선은 일본과 새로운 외교관계를 수립해야 한다고 요구했다.[168] 강화도 근해에 닻을 내린 다카오, 니신, 모슌의 모습을 찍은 사진은 매튜 페리의 지휘 하에 일본 영해를 침범한 서스케하나, 미시시피, 사라토가 마세도니아를 그린 1854년의 그림과 묘하게 닮았다.[169] 20여

---

[167] 위의 책, 107쪽. 소(宗) 가문이 츠시마를 통치했다.

[168] 『일본외교문서』(日本外交文書), vol. 9, 1-5쪽.

[169] 강화도를 보여 주는 사진들이 실려 있는 책은, 이규훈, 『사진으로 본 독립운동』, vol.

년 전 미국을 비롯한 서구 열강들이 일본에 강요했던 조항들을 되풀이하듯, 일본은 세계 식민지 열강들이 따랐던 기준에 따라 조선에서의 자신들의 정책을 합법화했다.

페리가 일본에서 수행할 임무가 전쟁이 아니라 무역관계 수립이었던 것과 마찬가지로 구로다의 1876년 임무도 무역관계 수립이었다. 지위고하를 막론한 수많은 일본 외무성과 식민통치성 관리들이 군인, 선원들과 동행했다.[170] 구로다와 그의 수행원이 자신들을 수도에 입성하도록 조선왕실이 허락할지를 기다리는 동안 그보다 지위가 낮은 일본 특사들은 자신들이 상대할 조선 측 협상단과 협상의 목적인 협정에 대해 의견을 나눌 기회가 있었다. 1876년 2월 2일, 외무성 비서관 모리야마 시게루는 그날 이른 오후 인천에서 조선정부 대표 신헌의 보좌관 윤자성과 나눈 대화를 기록했다.[171] 그는 우라세 히로시가 통역관으로 배석했다고 적시했다.[172] 페리가 시모다에 있는 막부 관리들에게 말한 것처럼, 모리

---

[1], 서울, 서문당, 1992, 18쪽. 미국 함선들을 그린 그림들은 『미국 사절 페리 도래 그림 사생첩, 1854』(米国使節ペリー渡来絵図写生帖, 1854)(도쿄 대학교 중앙도서관 희귀본 장서)에 실려 있다. 그로부터 10여 년 후 영국, 미국, 프랑스, 네덜란드 함대가 닻을 내리고 시모노세키에 폭격을 가할 준비를 하는 모습을 찍은 펠릭스 비토의 사진도 같은 부류에 속한다. 비토의 사진이 수록된 책은 오자와 쓰요시, 『막부 말 사진의 시대』(幕末写真の時代), 도쿄, 지쿠마 쇼보, 1993, 114-123쪽.

[170] '가이다쿠시'(開拓使)를 문자 그대로 번역하면 '개척사'이지만, 메이지 정부가 영어 표현인 'Colonial Ministry'를 번역하면서 '식민지부'라는 단어를 만들어 냈고 자료를 출간할 때는 종종 '식민지부'라는 영어 표현을 이용했다.

[171] 『일본외교문서』(日本外交文書), vol. 9, 44-49쪽.

[172] 위의 책, 7쪽. 1876년 1월 13일, 구로다는 사절단에 동행한, 한국어를 배우는 외무성 소속 관리 세 명, 우라세 히로시, 아라카와 노리마수, 나카노 교타로에 대해 언급했다.

야마는 윤자성에게 조선 정부가 무역 관계를 거부하면 틀림없이 '만국'万國의 적개심을 불러일으킬 것이라고 강조했다. 그는 또한 러시아, 미국, 프랑스가 분노할 것이라고 윤자성을 위협했다.[173]

모리야마는 조선이 '독립적'이며 '자주적'인 국가로 살아남을 수 있는 유일한 길은 일본과 조약을 맺는 길 뿐이라고 설명했다.[174] 모리야마가 자신이 한 말을 분명히 기억하는 것으로 보아 그가 이러한 새로운 표현들을 얼마나 자신 있게 사용했는지 알 수 있다. '주권'이 무슨 뜻인지 질문을 받은 그는 다음과 같이 대답했다고 회상했다. "황제皇나 왕王과 같이 불변의 표현 이상으로 통치자는 한 나라의 군주 sovereign, 君主 이다. 한 나라의 주권은 그 나라를 독립국으로 만들어 준다. 그리고 어떤 나라를 독립국이라고 할 때 황제와 왕은 그에 상응하는 '동등한 권리'를 갖는다."[175] 그러자 윤자성이 이 개념을 어떻게 공식적인 외교 서신에 적어 넣어야 하는지 물어보았고, 모리야마는 이에 대해 자신은 다음과 같은 등식을 적어 보여 주었다고 말했다.

大日本国皇帝智將(대일본국황제 지장) 朝鮮国慶福(조선국 경복)
朝鮮国殿下(조선국 전하) 大日本国皇帝陛下(대일본국 황제폐하)

---

[173] 위의 책, 47쪽.
[174] 위의 책, 48쪽.
[175] 위의 책.

모리야마와 윤자성의 대화는 일견 외교관들이 비공식적인 경로를 통해 어떻게 새로운 개념을 실용화하는지 보여 주는 듯하지만, 또 한편으로는 조선이 오랫동안 중국과의 관계에서 유지해온 사대주의를 떨쳐버리게 하려는 보다 깊은 뜻이 숨어있다. 일본이 조선과 계약을 체결하려면 조선이 완전한 독립국이어야 하는데 이를 중국이 가로막고 있었다. 일본이 조선에서 실행에 옮기려 한 법률 이론에 따르면, 독립국가만이 자유롭게 다른 나라와의 관계를 수립할 수 있었다. 혹은 많은 학자들이 헨리 휘튼의 말을 일본어로 번역한 바와 같이, '외국으로부터 독립적으로 자치할 수 있는 국가만이 독립국가'라고 할 수 있었다.[176]

모리야마와 윤자성이 이러한 대화를 나눈 날로부터 며칠 후 열린 공식적인 협상에서 일본 외교관들은 이러한 새로운 용어들을 조선과의 관계 수립 문서에 적어 넣었다. 일본 측 특사 이노우에는 제안된 조약은 보다 폭넓은 국제 질서를 준수하는 조약이고, 용어들이 그들에게 생소하게 느껴지겠지만, 당 조약은 보다 상위법으로부터 그 합법성을 부여받는다고 신헌과 윤자성에게 설명했다. 기록에 따르면, 윤자성이 조약문을 보여 달라고 하자 이노우에는 조약은 일본어國文로 작성했지만, 번역부에 의뢰해 번역해 주겠다고 대답했다.[177] 이노우에는 윤자성에게 '이 조약은

---
[176] 윌슨, 『휘튼의 국제법 원리』(Wheaton's Elements of International Law), 44쪽.

[177] 『일본외교문서』(日本外交文書), vol. 9, 87-92쪽. 여기 언급된 이노우에의 말은 89쪽에 실려 있다.

당신 나라를 자주自主 국가로 만들어 주기도 한다. 이 조약은 국가들 간에 통상적으로 이루어지는 협정들의 선례를 바탕으로 했고, 국제적으로 정당하다고 인정되는 방식을 기초로 했다'라고 다짐했다. 협상기록문을 보면 통역관 우라세 히로시가 조약을 조목조목 설명하자 신헌이 조약의 중국어 본을 요구했다.[178] 조약의 최종안에 번역본을 첨부하는 것으로 족한지에 대한 논란이 일자 구로다가 끼어들어 이노우에가 말한 국제법의 '선례'와 '국제적으로 정당한 방법'임을 되뇌었다.[179]

메이지 정부 대표단은 조약 타결 전, 협상하는 동안 조선대표단에게 조약의 용어들을 설명했지만 조선과 중국의 전통적인 관계에 관한한, 조선을 독립국으로 규정하려는 일본의 시도는 그다지 성공적이지 못했다. 신헌은 다음과 같이 대답했다. "지금까지 우리나라는 오로지 당신 나라하고만 협상을 해왔다. 우리는 다른 나라들과 무역관계도 없고, 이러한 연유로 우리에게는 만국공법万國公法이 생소하다."[180]

조선 대표단에게 여전히 '생소한' 부분이 남아있음에도 불구하고 2주 후인 1876년 2월 26일, 구로다와 이노우에는 신헌, 윤자성과 평화우호조약을 타결했다.[181] 국제법에 따르면 독립국가들만

---

[178] 위의 책, 90쪽.

[179] 위의 책.

[180] 위의 책, 91쪽. 이 말은 한국 정부가 중국을 '외국'으로 여기지 않았음을 보여준다.

[181] 위의 책, 114-120쪽. 일본 외무성, 『일본외교연표 및 중요문서 1840-1945』(日本外交年表及び重要文書 1840-1945), 도쿄, 가이무쇼, 1955, 67-68쪽도 참고할 것.

이 서로 조약을 주도하고 체결할 자격이 있었고, 이 조약의 첫 번째 조항은「독립국가인 조선은 일본이 누리는 바와 똑같은 주권을 누린다」朝鮮國ハ自主ノ邦ニシテ日本國ト平等ノ權ヲ保有セリ라고 명시했다. (여기에서 인용한 공식 일본어 번역 문장을 보면, 일본어 표현인「自主」와「權ヲ保有」는 '자주independence'와 '주권sovereignty'에 해당하는 개념이다.)[182] 일본정부가 조선을 독립국이라고 선언하는 데 사용한 용어들을 보면 일본의 권력 야욕이 꿈틀거린다. 또한 새로운 개념들을 기존의 한자표기로 하는 데서 발생하는 문제점들을 보여준다. 일본이 이 조약문에서 독립independence을 번역하면서 선택한 단어, 자주지슈·自主는 '자치self-rule'를 말한다. 따라서 이 용어는 조선이 중국을 섬기는 기존의 관행을 유지하면서 스스로 통치하는 것을 가능케 했다.[183] 그러나 일본 협상단과 정치인들은 이후에 끈질긴 노력으로 결국 조선의 조공국 지위를 파기하고 조선

......

[182] 『일본외교문서』(日本外交文書), vol. 9, 115쪽. 외무성, 『일본제국과 다른 열강들 사이에 체결된 조약과 협정들』(Treaties and Conventions between the Empire of Japan and Other Powers), 도쿄, Z. P. 마루야 & Co., 1899, 1쪽도 참고할 것. '독립'(Independence)과 '주권'(sovereignty)이 표준화되기 전까지는 이 단어들을 의미하는 여러 가지 다양한 용어들이 사용되었다. 20세기 초 이후로 '독립'과 '주권'이 주로 쓰여 왔다.

[183] 이 점에 대해 자세한 견해를 밝혀 준 안드레 슈미드에게 감사드린다. 2000년 6월 남북 공동선언문을 보면 '자주'라는 표현을 써서 양 측이 '독립적으로' 통일을 이루겠다는 열망을 표시하고 있다. 공식적으로 남과 북은 한국인을 위한 한국인에 의한 한국 내에서 이루어지는 통일을 갈망하며—즉, 일본은 물론이고 중국이나 미국이 주도하지 않는 통일을 말한다—이 단어를 사용함으로써 자율권을 잃지 않고 통일에 대한 '국제적 협력과 지지'가 중요하다는 점을 강조할 수 있었다. 따라서 미군기지 문제는 보류할 수 있었다. 고스케 고이치가 「아사히 신문」, 2000년 6월 20일자에서 이 협정을 다각도로 분석한 내용을 참고할 것.

을 새로운 형태의 지배에 취약하게 만드는 용어를 찾아내었다.[184] 그럼에도 불구하고 일본은 조선을 강화도 조약에서 '독립국가'라고 선언했고, 메이지 정권이 아시아 역내의 외교를 국제법에 따라 수행하기 시작했음을 보여 주었다.[185]

이에 못지않게 중요한 점은 전 세계적으로 부상하는 식민지 열강들이 하는 방식을 따라 일본 정부는 자신이 독립국이라고 선언한 조선의 독립권을 침해하기 시작했다. 일본의 주장에 따라 조선이 새로 얻은 독립적 지위는 일본으로 하여금 조선에 식민기지를 만드는 것을 가능케 해주었다. 이는 독립국 일본이 독립국 조선하고만 맺는 특권이었다. 강화도 조약 제 5항은 일본법이 적용되는, 부산 소료칸 주변 지역 뿐만 아니라 인천과 목포에 두 개의 '조약 항구'를 지정한다고 명시했다. 제 10항은 조선반도에 '치외법권治外法'을 도입해 일본 군인과 기업인들이 조선 법의 적용을 받지 않도록 하고 있다. 일본은 이와 같이 조선에서의 지배력을 강화했지만, 일본이 조선에 보내는 '공식적 서신'에는 중국어 번역본을 첨부하고, 조선이 일본으로 보내는 서신은 중국어로 표기한다는 데 동의했다. 메이지 팽창주의자들은 조약의 타결에 흡족해하면서도 일본이 새롭게 선택한 용어들의 가치를 중국이 인정하기 전에는 일본이 내세운 담론이 아시아 지역에서 힘을 발휘

......

[184] 그들은 마침내 '독립'을 사용하는 데 합의했고, 오늘날 이 단어가 쓰이고 있다.

[185] 이는 일본은 아시아를 벗어나야 한다며 '탈아시아론'(leave Asia)을 주장한 사상가 후쿠자와 유키치의 주장이 즉각 실용적인 면을 띠게 되었다는 점을 잘 보여 주는 예이다.

하지 못하리라는 걸 알고 있었다.

외교기법

1885년 항구도시 텐진에서 중국과 외교협상 중이던 메이지 특사들은 구질서를 무너뜨릴 보다 강력한 수단을 발견했다—일본이 조선과의 상호 관계를 아시아 지역 국가들이 이해할 수 있도록 하기 위해 조선으로 하여금 중국어 번역본에 의존하도록 1876년에 허용했던 것과는 대조적이다. 이토 히로부미는 1885년 텐진 회담에서 협상을 영어로 진행했고, 후에 이를 스스로 '외교기법'이라고 일컬었다. 이토는 과거 일본과 중국이 외교관계에서 사용한 언어와는 전혀 다른 언어를 구사했다. 당시 영어는 일본과 중국 모두에게 외국영국, 미국이 구사하는, 이해하기 힘든 외국어였다. 간단히 말하면, 일본, 중국 모두에게 영어는 편하게 구사할 수 있는 언어가 아니었지만 이토가 가장 잘 이해하는 유럽 언어였다. 일본어를 구사함으로써 이토는 아시아 지역 힘의 담론에서 구질서를 영원히 바꿔 버리려는 욕망을 굳혔다. 이토가 일본어로 협상을 하면서 새로운 한자를 이용해 '독립'이나 '주권'과 같은 용어들을 썼다면, 중국 협상단은 일본이 사용한 간지漢字가 한자의 참뜻을 곡해했다고 무시할 수 있었다. 필묵회담은 유용하긴 하나 협상을 중국에게 유리하게 만드는 방법이었다. 같은 개념이라도 전혀 생소한 언어로 표현하면 이 용어들에 막연하나마 권위

제3장 권력의 어휘 **125**

가 부여됐다. 따라서 영어로 표기한 용어들은 협상의 대상이 되지 못했다. 이토는 새로운 용어들을 표현하는 데 사용한 언어—그는 이 협상에서는 영어를 사용했고, 후에는 다른 나라들이 일본어를 사용했다—보다 중요한 것은 이 용어들의 개념이 뒷받침하는 관계라는 것을 보여 주었다. 이렇게 함으로써 이토는 일본이 오랫동안 해 온 지역패권 다툼에서 중국어를 축출했다.

1885년 톈진에서 일본과 중국 대표단들의 회담이 '조선의 혼란스러운 근황'이라고 에둘러 이름 붙인 사태의 해결방안을 둘러싸고 교착상태에 빠지자 고위급 회담의 필요성이 제기되었다. 1884년 12월 4일 저녁, 김옥균, 박영효, 홍영식이 이끄는 '개화파친일파'는 조선 왕실의 민씨 파벌을 무너뜨리기 위해 정변을 일으켰다. 한성에 있던 일본 대표 다케조에 신이치로는 김옥균에게 친중국적인 민씨 파벌을 뿌리 뽑는 계획을 실행하면 일본군 200명을 지원하겠다고 약조했다. 그러나 김옥균 일당이 정변을 일으키자 다케조에는 언제 그랬느냐는 듯 약조를 이행하지 않았고 정변은 처참한 실패로 끝났다. 뒤이어 무차별 숙청이 시작되자 다케조에는 몇몇 개화파 일당들과 일본으로 피신하면서 한성주재 일본공사관 건물에 불을 질러 역적모의의 증거를 인멸했다. 중국, 일본, 조선군들이 사방에서 총격을 받고 사상자가 발생했다. 조선 이씨 왕조는(중국의 지원 하에) 다케조에를 규탄하고 일본이 조선의 합법정부를 전복하려 했다고 비난했다. 일본의 외무상 이노우에는 한성에서 행해진 조선과의 협상 타결에 실패했고, 메이지 정부는 중국 황실에 대표단을 파견하기로 결정했다. 1885년 2

월 말, 특명전권대사의 자격으로 파견된 이토는 근대 일본의 첫 군비축소조약으로 여겨지는 조약의 협상에 착수했다.[186]

톈진에서 진행된 협상 결과를 메이지 황제에 보고하기 위해서 마련된 문서는 아주 이례적이었다. 2개 국어 일본어-영어로 작성되어서가 아니라, 영어를 일본어로 번역한 부분이 독특했다.[187] 보고서를 작성한 이 대부분 이토 히로부미의 보좌관 이토 미요지가 작성했다 는 보고서를 대본처럼 만들었다. 그는 이토 히로부미가 참석한 회담의 자세한 내용을 완벽하게 대화로 표기했고, 회담이 열린 하루하루를 일종의 지문으로 마무리했다. 만찬장이나 숙소로 향하는 협상단원들에 대한 묘사가 넘쳤다. 이토와 리훙장은 1885년 4월까지 여섯 차례 회담을 열었지만, 보고서는 이토가 대담하게 영어를 구사하는 외교기법을 쓴 사실을 회담 첫날 시작부분에 다음과 같이 딱 한 차례 묘사하고 있다. "첫 회담과 차후에 진행된 회담들 모두 먼저 영어로 기록되었고 나중에 이토 미요지 씨가 일본어로 번역하였다."[188]

이토 히로부미는 '대사'로 리훙장은 '대신'으로 묘사된 두 사람간의 대화는 다음과 같다.

------

[186] 『일본외교문서』(日本外交文書), vol. 18, 196-200쪽.

[187] 이토 히로부미, 『메이지 18년, 일본 황제의 특명전권대사로서 중국 황실에 파견된 이토 히로부미 백작의 보고서/이토 특파전권대사복명서』(伊藤特派全権大使復命書, Report of Count Ito Hirobumi, Ambassador Extraordinary to His Imperial Majesty the Emperor of Japan of His Mission to the Court of China, Eighteenth Year of Meiji/Ito Tokuha Zenken Taishi, Fuku Meisho), 도쿄, 외무성, 1885.

[188] 이토 히로부미, 『복명서』(復命書), 도쿄, 외무성, 1885, 1885년 4월 3일, 1쪽.

대사 : (그는 영어로 말했다.)

대신 : (그는 중국어로 말했고 그의 말은 라호로쿠 씨가 영어로 통역했다.)[189]

중국대표단이 이토가 독특한 외교 기법을 구사하는 점을 인정했다고 적시한 부분도 이 날 회담에서 단 한번(협상 전 과정을 통틀어서도 단 한번) 뿐이었다.

대신 : 대사께 청컨대 인내심과 관용을 베푸셔서 저를 너무 곤란하게 만들지 않으시기를 간청드리오(미소를 짓는다).

대사 : (통역관 라호로쿠에게) 제가 협상 쟁점에 대해 총체적으로 언급을 하면 중국어 통역관이 통역을 할 테니, 귀하를 곤란하게 만들 일은 없을 것이오.[190]

실제로 중국 협상단은 이토의 이러한 행동을 전혀 예상하지 못한 게 아니었다. 중국 대표단은 미리 언질을 받았고 영어통역관을 협상에 데려왔다. 그러나 이번 협상 이전에 중국 대표단은 일본과의 협상에 영어 통역관을 대동한 적이 한 번도 없었다. 일본어 통역관을 데리고 오거나 통역관 없이 협상에 임했다. 이토의 신기한 외교기법을 더욱 더 신기해 보이도록 만든 점은 이토가 영

-----

[189] 위의 책, 1-2쪽.
[190] 위의 책, 5-6쪽, 12쪽.

어로 협상을 진행하면서 자기가 할 말을 곰곰이 생각하거나 하지 않고 생각하는 바를 곧바로 영어로 구사했다는 점이다.[191]

무엇보다도 이토는 국제적 용어를 이용해 중국과 조약을 체결하기를 원했지만 그는 아시아 역내에서의 중국의 지위를 계속 인정했다. 협상 한 달이 되던 즈음 이토와 리훙장은 협정 최종 문안을 어떻게 만들지에 대해 이견을 보였다.

> 대신 : 귀하의 초안에 포함된 변형된 용어들은 모두 그리 중요하지 않소이다. 이제 나는 초안에 동의하겠소.
>
> 대사 : 좋소이다. 나도 이의 없소이다. 이 변형된 용어들이 그 본래 의미에는 전혀 영향을 미치지 않소이다. 따라서 우리 둘 다 초안에 동의하는 겁니다.
>
> 대신 : 자, 이제 이 조약의 세부 사항에 대해 귀하와 의논을 해야겠소. 우리가 외국열강과 조약이나 협정을 맺을 때, 중국어 본은 우리가 직접 작성하고 외국어 본은 우리의 협상 상대인 해당 열강국의 전권대사에게 맡기는 게 중국정부의 관례이오. 따라서 이 협상에서는 귀하가 일본어 본을 마련해야 하오.

리훙장이 조약 초안 제 2항의 의미를 묻자 이토는 이렇게 답했다.

------

[191] 에노모토 다케아키는 외무성에 영어로 된 전문을 보내 회의 첫날의 회의 내용을 자세히 설명했다. '어제 리훙장의 집무실에서 협상이 시작됐다. 우리 측에서는 대사, 나, 그리고 통역관이 참석했다. 중국 측에서는 리훙장, 고타이초, 조쿠쇼가 참석했다.' 에노모토는 외교 기법에 대해서는 언급하지 않고 단지 '통역관'이라는 말만 했다.

"간단히 말해서, 모든 독립국가가 누리는 전쟁권을 말하오… 따라서 현 조항은 만국법에 따라 전쟁을 할 일본의 권리에 어떤 식으로도 영향을 미치지 못하오. 이 조항은 이렇게 해석할 수 있소이다. '만국법에 따라 전쟁권은 영향을 받지 않는 것으로 해석한다.'"[192]

강화도 조약 협상 때의 조선 대표단과는 달리 중국 협상단은 이러한 규정을 모른다고 할 수 없었고 모른다고 하지도 않았다. 20여 년 앞서 시게노 야쓰스쿠가 중국어로 된 국제법 서적을 일본어로 번역했었기 때문이다. 그러나 톈진 회담 내내 중국 외교관들은 일본 대표단에게 중국과 조선의 오랜 관계를 계속 인정하라고 요구했다.

일본의 입장과 조선에 대한 중국의 입장에는 극명한 차이가 있다. 중국에게 조선은 조공국이고 조선에서 일어나는 일은 무엇이든 중국에 보고할 의무가 있었다. 하지만 일본과의 관계에서 조선은 조약을 이행할 의무가 있을 뿐이다.[193]

강화도 조약 협상에서 일본 대표단은 조선을 독립국이라 규정했다. 그로부터 10년이 지나 톈진에서 열린 협상에서 일본 특사

---

[192] 히로부미, 「복명서」(復命書), 1885년 4월 12일, 3쪽.

[193] 위의 책, 4쪽. 여기서 리훙장이 '중국'(China)이라는 단어를 쓰면 일본어로 「와가쿠니」(我が国·우리나라)로 통역되었다. 또한, 당시 한국은 영어로 「Corea」로 표기되었다. 프랑스어에서는 지금도 여전히 한국의 국명이 「C」로 시작한다.

들은 중국을 전함으로 위협하며 자신의 요구를 받아들이라고 강제할 수도 없었다. 이토는 협정 이행사항으로 새로운 용어들을 포함시켜 조선과의 관계에서 일본과 중국이 대등한 지위를 누리려고 꾀했으나 중국은 이 용어들을 묵살하거나 달리 규정했다.

조선과의 관계에 있어서 중국을 규정하는 문제와 관련해 이토가 처한 딜레마에 비추어 볼 때, 보고서의 일본어 본과 영어 본 사이에 나타나는 몇 가지 모순되는 사항 가운데 하나를 살펴봄 직하다. 조약 최종 본에 관한 논의 중 최종 본을 작성하던 이는 일본어 본에 다음과 같은 사항을 괄호 안에 명시했다.

> 변형된 표현 중에는 첫 조항에서 '대청국 다이신코쿠·大清国'을 '중국 주고쿠·中国'으로 바꾸고 '대일본국 다이니뽄코쿠·大日本国'에서 '대大·great'를 삭제하는 표현이 포함된다… 이와 같이 변형한다 해도 그 의미는 달라지지 않으므로 이러한 변경사항은 영어 본에는 나타나지 않는다.[194]

보고서 작성자가 교묘한 술수를 쓴 것은 아니었다. 영어의 의미로는 큰 차이가 없었다. 보고서 영어 본 전체에서 China와 Japan이라는 명칭이 사용되었다. 그러나 중국의 일본어 표기인 '주고쿠'는 '다이신코쿠'와는 다른 명칭으로서, 특정 왕조의 명칭에 얽매이지 않고 왕조의 명칭을 초월하는 명칭이었다. 그러나 주

[194] 히로부미, 『후쿠 메이쇼』, 1885년 4월 15일, 8쪽.

고쿠라는 명칭도 중국의 세계관에 따라 일본, 조선, 베트남을 비롯한 중국 주변국들을 포함하는 지역 중심에 중국이 위치한다는 의미를 지녔다. 일본이 중국을 일컫는 데 쓰고자 한 명칭인 '다이신코쿠'가 일본이 자국에 사용하고자 한 명칭인 '대일본국다이닛뽄코쿠·大日本国'과 훨씬 비슷한 의미를 지닌 명칭이 되었음직하다. 일본이 한자를 사용해 중국을 중심적 위치에서 몰아내려 한 시도는 불발했지만, 보고서 작성자가 적어 넣은 바와 같이, '의미의 차이는 없기 때문에' 조약의 영어 본을 읽는 사람들에게는 아무런 상관이 없었다.

20세기 내내 영어는 아시아 지역 내 국가차원에서 체결된 수많은 조약에서 우월적 지위를 행사했다.[195] 메이지 정부가 영어를 외교적 신무기로 도입하기로 한 결정을 통해 언어와 권력 간에 미묘한 관계가 있다는 사실이 드러나지만 이러한 연관성은 그동안 놀라울 정도로 과소평가되어 왔다. 힘의 균형 관점에서 보면, 톈진 협상의 초점은 언어가 아니라 한성에서의 군축이었다. 조선에서 중국이 누리는 사법권은 미약했고 일본은 군사적 위협을 가하지 않고도 새로운 조약들이 효력을 발휘하도록 못 박았다.

10여 년이 흘러 1895년 청일전쟁1894-1895을 종식시키는 평화조

......

[195] 복잡한 식민지 과거 문제를 다루면서 논란을 불러일으킨, 1965년 한일국교 '정상화' 조약에는 조약 내용의 의미에 대한 이견이 제기되면 조약의 영문본을 합법적인 조문으로 본다는 의례적인 조항이 담겨있다. UN 사무국, 『조약 시리즈. UN 사무국에 등록, 보관, 기록된 조약과 국제 협정』(Treaty Series: Treaties and International Agreements Registered or Filed and Recorded with The Secretariat of the United Nations), vol. 583, nos. 8470-8473, 33-49쪽을 참고할 것.

약 협상이 시모노세키에서 열렸고 이 협상을 통해 이토의 외교기법이 한자가 지배하던 세계에서 국제관계를 영원히 바꿔놓았다는 사실이 확인되었다. 19세기 말 중국이 영국이나 미국_{혹은 여느 유럽 국가의} 대표단과 영어로 협상을 타결한 이유는 '속임수를 쓰는 야만인들'과 그들의 언어로부터 중국 정권의 이익을 보호하기 위해서였다고 주장할 수도 있을지 모른다. 설사 그런 주장이 옳다고 해도, 과거에 중국어라는 공통적인 의사소통 방법을 갖고 있던 나라들에서 어떻게 영어가 그런 나라들의 관계를 규정하는 구실을 하게 됐는지를 설명해 주지는 않는다. 1895년 4월 17일, 이토 히로부미와 무쓰 무네미쓰는 협상 테이블을 사이에 두고 리훙장, 리칭팡과 마주 앉아서 일본 최초의 근대 전쟁을 종식시키는 평화협정에 서명하게 되었다. 이 조약은 영어 본을 일본어 본과 중국어 본에 첨부한다고 명시했고, 조약 제 2항은 더 나아가 '일본어 본과 중국어 본 사이에 해석의 차이가 생기면 앞서 언급한 영어 본으로 판단을 내리기로 합의한다'라고 명시했다.[196]

일본 제국주의에 대한 권위자인 역사학자 W. G. 비즐리_{W. G. Beasley}는 시모노세키 조약에서 두 나라가 영어 본을 첨부하는 데 합의했다는 사실을 슬쩍 언급하고, '국가적 존엄성을 수호한다는 차원에서 서명은 중국어 본과 일본어 본에 했다'고 설명했다.[197] 비즐리는 일본이 쓴 언어적 책략의 중요성을 과소평가함으

---

[196] 『일본외교문서』(日本外交文書), vol. 28, no. 2, 366쪽.

[197] W. G. 비즐리, 『일본 제국주의 1894-1945』(Japanese Imperialism 1894-1945), 옥스퍼

로써 일본의 행동을 당연하거나 중요하지 않은 행동으로 여기려는 듯하다. 그러나 이렇게 함으로써 부지불식간에 비즐리는 영어가 국제관계를 규정하는 보다 넓은 차원의 관계규정 수단으로 받아들여졌다고 주장하게 된다. 물론 지금은 영어가 국제 관계를 수립하고 규정하는 수단으로 쓰이는 게 조금도 놀랍지 않은 일이 됐지만 말이다.

게다가 미일 관계의 권위자인 역사학자 아키라 이리에도 일본이 쓴 전략의 중요성을 축소했다. 대신 이리에는 일본 대표인 무쓰 무네미쓰가 중국 대표 리훙장이 '중국어로 적은 내용을 이해할 수 있었기 때문에⋯ 이 사건은 일본의 군사력이 우위임에도 불구하고 일본이 중국과 문화를 공유했다고 하기 보다는 문화적으로 중국에 의존했다는 사실을 보여 준다. 이 사례는 일본 지도자들이 서구문명으로부터 아무리 큰 영향을 받았다고 해도 한학은 지도자가 되기 위한 전제조건이었음을 시사한다'라고 주장한다.[198] 물론 한학은 일본 지식층에게 필수적인 지식—오늘날에도 일본에서는 수천 자에 달하는 한자를 모르고서는 관료 역할을 효과적으로 수행할 수 없다—이었지만, 이토가 국제 용어를 사용하자고 주장하면서 일본은 중국이 지배하지 않는 아시아 역내 질서를 목표로 삼게 됐음을 보여준다. 시모노세키 조약

⋯⋯
드, 옥스퍼드 대학교 출판부, 1991, 58쪽.
[198] 아키라 이리에, 『국제 사회에서 중국과 일본』(China and Japan in a Global Setting), 케임브리지, 매사추세츠, 하버드 대학교 출판부, 1992, 30쪽.

협상에서 쓴 담론의 기법으로 일본이 중국으로부터 얻은 전리품은 중국이 일본에 지불한 2억 냥의 전쟁보상금만큼 구체적이지는 않았지만, 20세기에 한자가 지배하는 지역 내에서 국제관계를 규정하는 주도권을 갖게 되었다.

법률용어로 본 대한제국

1904년 2월부터 1910년 8월 사이의 기간 동안 일본정부는 대한제국과 여러 가지 외교협정을 맺고 정책을 수립하면서 대한제국의 국가로서의 존재를 서서히 말살했다. 1905년 메이지 황제가 한성에 파견한 일본특사들은 대한제국 정부의 외교권을 강탈했다. 1907년 여름, 이토는 고종황제를 퇴위시키고 그의 아들인 순종을 대한제국의 새 황제로 옹립했다. 간단히 말해서, 일본은 1910년 공식적으로 한일병합을 선언할 즈음 대한제국의 주권을 완전히 도려냈다. 그리고 무엇보다도 중요한 사실은 일본의 그러한 행위가 법적인 근거를 바탕으로 이루어졌다는 점이다.

1895년, 시모노세키 조약에서 일본과 중국이 '독립국 조선'을 인정하기로 합의하면서 일본은 조선이 독립국임을 재천명했다.[199] 이는 생소한 용어인 독립도쿠리쓰·獨立의 한자 표기가 일본, 중국, 조선에서 인정을 받은 뒤였다. 그로부터 2년 뒤인 1897년 10월 조

......
[199] 『일본외교문서』(日本外交文書), vol. 28, no. 2, 383쪽.

선의 왕은 국명을 대한으로 바꾸고 자신을 황제로 칭했다. 이렇게 함으로써 새로 황제가 된 고종은 다양한 개화세력들이 10여 년 이상 채택하려고 애써 온 개념을 공식적으로 인정했다. 고종은 다음과 같은 선언을 통해 독립이라는 개념을 토착화했다. '독립의 토대가 마련되었고 주권이 행사되었다.' 역사학자 안드레 슈미드Andre Schmid의 주장에 따르면, 고종은 이와 같은 천명을 통해 '주권은 분명히 한반도가 갖고 있다는 점을 알렸다. 고종은 황제로 등극한 뒤 발표한 첫 번째 칙령에서 5세기 동안 유지되어 온 중국과의 조공관계를 철회했다.'200 고종의 이러한 선언은 대한제국 내부에서 독자적으로 나온 것이고, 국제법 상 대한제국을 일본, 중국과 동등한 지위에 올려놓았다. 그러나 1910년 8월 22일, 일본 정부는 고종이 사용한 바로 그 담론의 용어를 정반대로 이용해 대한제국에 대한 일본의 통치를 국제적으로 합법화했다.

1905년 11월 16일 일본이 대한제국의 외교권을 박탈하기 전날, 이토는 대한제국 각료들을 자신이 묵고 있던 한성의 호텔 방으로 불러들여 다음과 같이 설교를 했다. "난 당신네 나라의 독립을 변호했소. 그리고 결국은 그걸 얻어냈소… 하지만 앞으로 동양에는 혼란스러운 상황이 점점 증가할 테니, 대한제국의 외교권

-----

200 안드레 슈미드, 「독립을 건설하다. 한국에서 국가와 정체성, 1895-1910」(Constructing Independence: Nation and Identity in Korea, 1895-1910), 박사학위 논문, 컬럼비아 대학교, 1995, 206쪽. 슈미드, 『제국들 사이에 놓인 한국, 1895-1919』(Korea between Empires, 1895-1919), 뉴욕, 컬럼비아 대학교 출판부, 2002도 참고.

을 일본이 맡아 달라는 당신네 나라의 요구를 받아들이겠소."²⁰¹ 대한제국 총리대신 한규설은 이의를 제기했다. "대한제국의 독립은 자국의 힘이 토대가 돼야 하지만, 우리는 일본의 원조와 보호 후치호고·フチ保護를 신뢰할 수 있소." 교육부 대신 이완용은 한규설의 말을 막고 이토가 원하는 대답을 했다. "일본은 대한제국 문제와 관련해 전쟁을 두 번 치렀소… 러시아를 무찔렀소… 이제 우리가 일본을 선택할 때가 왔소."²⁰² 농업부 대신 권종현은 대한제국이 명실상부하게 독립을 잃게 된다면 '대한제국이 중국의 조공국이었을 때보다 여건이 더 악화될 것'이라고 진단했다. 이토가 대답했다. "당신네 나라는 독립할 능력이 없소. 의사擬似 독립 상태도 극복하지 못했잖소."²⁰³ 이토의 대답은 당시 만연하던 법률적인 시각을 보여 주는데 이는 역사학자 프라젠짓 두아라가 다음과 같이 설명했다. '제국을 하나의 국가로 유지할 권리를 얻으려면 식민지역이 비 국가non-nation로 남아 있도록 할 수 있는 능력을 보여 주어야 한다.'²⁰⁴ 일본은 대한제국을 '의사 독립국'이라고 규정했기 때문에 대한제국은 다시 한 번 '비 국가'가 되었으며, 일본은 제국을 유지할 권리를 확실히 다졌다.

* * * * *

²⁰¹ 『일본외교문서』(日本外交文書), vol. 38, no. 1, 489쪽. 이 연설문은 본 장의 도입부에 더 많이 인용되었다.

²⁰² 위의 책, 488, 499쪽. 1910년 이완용은 총리대신 자격으로 데라우치 마사다케와 병합 협정에 서명했다.

²⁰³ 『일본외교문서』(日本外交文書), vol. 31, no. 1, 490쪽.

²⁰⁴ 프라젠짓 두아라, 『국가로부터 역사를 구하다』(Rescuing History from the Nation), 시카고, 시카고 대학교 출판부, 1995, 23쪽.

1876년 강화도 조약 협상에 참석했던 조선의 대표단이 '만국법은 조선에게 생소'하다고 주장한 것과는 달리, 그로부터 30년이 지나 이토와 대한제국 각료들 사이에 오간 대화 기록을 보면 국제법이 어떻게 적용되는지가 대한제국에도 널리 알려져 있었다는 사실을 보여준다. 이토가 "제 2차 일-영 연합1905과 러-일 평화조약과 더불어 이 협정은 대한제국에 대한 일본의 입장을 인정하는 다음 단계이다. 세계열강들은 일본의 제안을 이례적이라고 보지 않을 것이다"라고 말하자, 한규설은 다시 이의를 제기했다. "대한제국은 사멸하기 직전이오, 질식하고 있소. 우리가 가진 실낱같은 희망은 우리가 자체적으로 외교관계를 수립하는 것이오. 당신네 나라가 우리의 외교권을 가져가 버리면, 우리와 바깥세상을 연결하는 생명줄을 끊는 게 되고, 우리는 절망 속에 가라앉아 버릴 것이오."[205]

그러나 한규설의 절규는 일본의 대한제국 보호국 지정 선언의 벽에 부딪혀 허공에 흩어졌다. 일본은 1895년 중국을 패배시키면서 아시아의 국제관계를 규정하는 주체로서의 지위를 확보했지만, 열강들이 일본을 한층 더 인정하게 된 것은 1905년 일본이 러시아를 패배시켰을 때였다. 대한제국과 관련해서는, 열강들은 사실상 일본이 자의적으로 국제법을 해석하도록 완전한 재량권을 주었다.[206]

---

[205] 『일본외교문서』(日本外交文書), vol. 38, no. 1, 489쪽.

[206] 미국과 영국은 그들의 '왜소한 황인종 형제들'이 승리를 거두는 모습에 신기해 했다는

1905년 이른 봄, 일본은 러시아에 대한 승기를 굳혔고, 곧 뒤이어 미국 전쟁부 장관인 윌리엄 하워드 태프트와 일본 총리 가쓰라 다로가 '밀약'을 맺었다는 사실을 보면, 계몽적 착취라는 담론을 통해 일본의 대 아시아 정책을 논의하는데 있어서 양측이 상당한 공감대를 형성하고 있었다는 점을 알 수 있다. 일본 외무성의 서기관이 1905년 7월 27일 회담 내용을 담은 영어 본을 뉴햄프셔 포츠머스에서 곧 열릴 예정인 회담의 대표단 단장인 고무라 주타로에게 전신으로 보냈다.

> 태프트 장관은 자신의 견해로는 필리핀은 강력한 우방인 미국과 같은 나라가 통치하는 게 바람직하다는 것이 이 섬나라에 대해 일본이 갖고 있는 유일한 관심사라고 했고… 가쓰라 백작은 장관의 견해에 전적으로 동의했다… 대한제국 문제와 관련해 가쓰라 백작은 러시아와의 전쟁의 직접적 원인이 대한제국이므로 한반도 문제의 완전한 해결책은 본 전쟁으로부터 논리적으로 도출되어야 한다는 게 절체절명의 과제라고 말했다… 태프트 장관은 백작의 설명에 전적으로 동의하면서, 대한제국이 일본의 동의 없이 외교협약을 수립하지 못하도록 하는 정도로, 일본이 군대를 주둔시켜 대한제국을 통치하는 것은 현재의 전쟁으로부터 도출할 수 있는 논리적 결론이며

......
것을 강조한 예들이 많다. 제임스 조이스의 삶을 기리는 축제 "블룸즈데이 (Bloomsday)"가 1904년 6월 16일이었다는 점을 고려할 때, 가장 내 마음에 드는 한 예는 제임스 조이스의 『율리시즈』(Ulysses)에서 인용된 부분이다. "그게 뭐요, 오루크 씨? 그거 아시오? 러시아인들 말이오, 그 사람들은 일본인들에게는 8시에 먹는 아침밥일 뿐이오." 제임스 조이스, 『율리시즈』, 뉴욕, 빈티지, 1986, 47쪽.

동양의 평화를 지속시키는 데 직접적으로 공헌을 하게 되리라 본다는 취지의 말을 했다.[207]

가쓰라와 태프트의 협약은 그 다음해 11월 이토가 대한제국 각료들에게 일본의 계획을 설명했던 호텔 방과 비슷한 평범한 공간에서 이루어졌다. 이 협약을 통해 일본의 대한제국 침탈은 국제법상 합법적이라는 점이 인정되었다. 그로부터 일주일 후 또 다른 '비밀' 협상에서 일본은 영국과 1902년에 맺은 우호협약을 갱신하고 그 과정에서 인도와 대한제국을 맞바꾸었다.[208]

일본이 곧바로 대한제국을 병합하지 않고 보호국으로 지정하려한 결정은 제국주의 정치에서 이례적인 관행은 아니었다. 그러나 (러시아를 제외한) 전 세계가 대한제국에 대한 일본의 정책에 찬사를 보냈다는 사실에 비추어볼 때, 일본이 1895년 청나라를 패배시킨 후 곧바로 타이완을 병합했을 때와는 다르게 곧바로 대한제국을 병합하지 않고 보호국으로 지정하는 조심스러운 방법을 택했다는 점은 주목할 가치가 있다. 일본이 대한제국을 보호국으로 지정하기로 한 결정을 보면 메이지 지도자들이 대한제국에 대한 일본의 정책을 국제사회가 이해할 수 있는 용어로 설명하려 했다는 사실을 알 수 있다. 동시에 열강들이 일본에게 허

------

[207] 『일본외교문서』(日本外交文書), vol. 38, no. 1, 450-452쪽.

[208] 가지마 모리노스케, 『일본 외교, 1894-1922』(The Diplomacy of Japan, 1894-1922), 도쿄, 가지마 국제평화 연구소, 1976, vol. 2, 390-395쪽.

용한 특권의 한계를 넘어서는 안 된다는 일본 측의 우려도 작용했다고 본다.

1895년 일본은 주저하지 않고 대만을 병합했지만 그보다 더 큰 전리품—중국 본토의 랴오둥 반도—을 확보하는 데는 실패했다. 러시아, 독일, 프랑스가 '3자 개입Triple Intervention'으로 알려진 요구에서 일본에게 이 영토의 관할권을 청나라에 반환하라고 요구했기 때문이다. 1905년 러일전쟁에서 일본의 승리는 1895년 청일전쟁에서의 일본의 승리보다 훨씬 큰 국제적 관심을 모았다. 세계를 문명화하는 게 '백인의 책임'이라고 부르짖는 식민지 정치 이념이 최고조에 달했던 때에 백인으로 구성되지 않은 나라가 백인의 나라에 승리—존 다우어는 이를 어안이 벙벙할 만큼 열강들을 놀라게 한 승리라고 했다—했기 때문이다.[209] 국제적 시선이 집중되는 가운데 러일전쟁으로 야기된 국내 혼란으로 일본의 정치적 상황이 위태로워졌다. 국제법에 따라 패자가 승자에게 지불하게 되어있는 전쟁보상금 지불을 러시아가 거부하자 발생한 히비야 폭동은 러시아의 이런 행태에 대해 일본 국민들이 집단적으로 모욕감을 느꼈다는 사실을 보여준다. 폭동의 불만은 일본이 전쟁에서 승리하기 위해 치른 엄청난 대가에 집중되었다. 수십만의 전사자가 났고 군수품이 쓸모없게 되었으며 나라 재정이 거의 파탄했고, 일본의 주식인 쌀값이 폭등했다. 게다가 일본국민들이 생각하기에 일본은 국제적으로 일본의 위상에 걸맞은 지위를 확

---

[209] 존 다우어, 『무자비한 전쟁』(War without Mercy), 뉴욕, 판테온, 1986, 147쪽.

보하는 데도 실패했다. 메이지 정부가 대한제국을 곧바로 병합하기를 주저한 이유는—일본이 1895년 중국 본토 일부를 차지하려고 했을 때 국제사회가 반대한 것과 마찬가지로—국제 사회가 그런 결정을 용인하지 않으면 민심이 크게 동요해 정권이 무너질지도 모른다는 두려움 때문이었을 가능성이 있다.

일본이 대한제국에 대한 정책을 국제 사회에 단계적으로 설명하기로 한 결정은 과거에 크게 주목을 받지 못했지만 이를 좀 더 면밀히 살펴볼 필요가 있다. 게다가 일본의 이러한 행동을 면밀히 살펴보면 대한제국의 식민지화와 관련해 견지되어 온 확고한 입장들을 다른 시각에서 살펴볼 수 있게 해준다. 일부 역사학자들은 1910년 마침내 일본이 대한제국을 병합했을 때 어떤 용어를 사용해 자신의 결정을 설명할지 고심했던 점을 주목했다. 하지만 이 학자들은 1905년에 대한제국을 보호국으로 지정할 때도 마찬가지로 일본이 고심했다는 사실을 간과했다. 일본 제국주의를 연구하는 이 역사학자들은 일본이 1910년 대한제국 병합을 규정할 때 완곡하게 한자로 표현한 「병합」헤고·併合은 이례적이고 교묘한 술수였다는 견해를 내놓았고 이 견해가 지배적이 되었다. 이 학자들이 갖는 의구심은 때때로 오늘날 정치적 파장을 불러왔다—예를 들어 대한민국의 지도층은 일본의 식민지배 시대를 '불법'이라고 비난하면서 일본이 당시 한자가 통용된 지역에서 알려지지 않은 생소한 용어를 사용해 식민지화 하려는 의도를 숨기고 정책을 포장했다고 주장한다. 하지만 1905년과 1910년에 일본이 사용한 용어들을 함께 살펴보면, 일본의 행동이 기만적이었다는 이 역사학자들의 시각과 한국 지도층의 정치적인 주장의 논리는 허물어지고, 오히려 일본은 국제 사회의 용인 하에 제국주의자답게 행동했다는 사실이 드러난다.

힐러리 콘로이Hilary Conroy는 일본 팽창주의자들이 대한제국 식민지화를 설명하는 데 사용한 용어들의 중요성을 살펴본, 최초의 역사학자들 가운데 한 사람이다. 그는 범아시아 사상가들의 주장과 그들이 대한제국 접수에 관여했다는 점에 비추어 일본이 선택한 병합annexation, 헤고이라는 용어를 살펴보았다.²¹⁰ 이 작업을 위해 콘로이는 대한제국 식민지화를 설명하는데 사용된 바로 그 용어를 자신이 고안했다고 주장하는 외무성 전직 서기관 구라치 데쓰기치가 1939년에 작성한 소책자를 주목하고 "「병합」헤고·併合은 새로 만들어진 용어이므로 지나치게 강조하지 않았다. 그 용어에 대한 논란이 일 것을 알았기 때문이다"라고 인용했다.²¹¹

콘로이는 "구라치는 그 용어를 만든 당사자이므로 병합을 둘러싼 내막을 잘 알 것임을 믿어 의심치 않는다"라고 하며 그의 주장을 신뢰했다.²¹² 그러나 이러한 해석은 설득력이 없다. 콘로이가 자신의 주장을 뒷받침하는 데 쓴 정보 자체를 부인하려는 게

---

²¹⁰ 힐러리 콘로이, 『일본의 한국 장악, 1868-1910. 국제 관계에서 현실주의와 이상주의 연구』(The Japanese Seizure of Korea, 1868-1910: A Study of Realism and Idealism in International Relations), 필라델피아, 펜실베이니아 대학교 출판부, 1960, 415-417쪽.

²¹¹ 구라치 데쓰키치, 『한국병합의 경위』(韓国併合の経緯), 재출판, 도쿄, 가이무쇼, 1950, 외무성 자료실에 소장되어있고 콘로이의 『일본의 한국 장악, 1868-1910. 국제 관계에서 현실주의와 이상주의 연구』, 417쪽에 인용되었다.

²¹² 콘로이의 『일본의 한국 장악』, 417쪽.

아니다. 콘로이는 자신이 한 분석에서 일본이 대한제국을 접수하는 행위를 규정하는 데 사용할 수도 있었던 네 가지 서로 다른 용어인 「합방」가포·合邦, 「합병」가패이·合倂, 「병탄」헤돈·倂呑, 「병합」헤고·倂合 등이 있다고 언급했다. 하지만 「합방」이라는 용어는 구라치가 당시를 회고하는 내용에 등장하지 않는다. "대한제국은 완전히 일본에 종속되며 대한제국과 다른 나라들 사이에 조약이 체결되는 일은 없을 것이다. 그러나 「병탄」annex, devour, swallow up, 집어삼키다 이라는 단어는 너무 공격적이었다. 따라서 여러 가지 대안을 심사숙고한 끝에 그때까지 한 번도 사용된 적이 없는 새로운 단어 「병합」을 생각해냈다. 이 단어는 상대편의 영토가 일본의 일부로 편입되어야 한다는 뜻으로 「합병」보다는 그 의미가 강했다."[213]

콘로이는 일본이 「합방」이라는 용어를 선택했어야 한다고 믿었다. 이 용어가 '일본 보수반동주의자들과 우방국 사이의 협력관계를 규정하는 이념적 근거를 상징한다'라고 생각했기 때문이다. 콘로이는 외무성이 채택한 용어 「병합」은 일본과 대한제국간의 관계의 실제적인 특성을 에둘러 갔다고 보았다.[214] 구라치가 일본의 대한제국 접수의 역사를 1939년에 회고하면서 위의 글을 썼기 때문에 기억이 가물가물했을지도 모른다. (1910년 조약이 아니라) 1905년 보호국 지정 협약으로 대한제국은 다른 나라들과 조약을 맺을 수 있는 능력을 빼앗겼다. 하지만 구라치가 「합방」이

---

[213] 구라치 데쓰키치, 콘로이의 『일본의 한국 장악』, 416쪽에 인용되었다.
[214] 콘로이의 『일본의 한국 장악』, 416쪽.

라는 용어를 쓰지 않았다는 사실을 바탕으로 콘로이는 구라치가 '학식이 풍부했기 때문에 적어도 보수반동주의자들이 말하는 그런 의미로「합방」의 의미를 이해하지 않았을 것'이라고 추측했다.[215] 콘로이가 대한제국 식민지화와 관련해 아시아 사상가들이 어떻게 생각했는가를 연구한 업적은 매우 중요하다. 그러나 콘로이는 자신이 사용한 식민지화 당시의 영-일 사전인 겐큐샤 사전 일본에서 웹스터 사전에 해당하는 사전에는「합방」이 수록되어 있지 않았으며, 이 단어가 사전에서 누락되었다는 사실은 일본 정부-학식 있는 관료들-가 '용어선택의 책임자'임을 시사한다.[216]

나는 외무성이 어떤 용어를 쓸지 결정을 내렸다는 콘로이의 주장에 동의하지만 일본정부 관리들이 제대로 학식을 갖추었기 때문이라는 생각에는 동의하지 않는다. 일본이 대한제국을 보호국으로 지정한 직후인 1906년, 당시 일본에서 국제법에 관한 최고 권위자였던 아리가 나가오가 『보호국론』保護國論이라는 제목의 책을 출간했다.[217] 이 방대한 저서에서 아리가는 다양한 식민지 형태를 논하고 남아프리카와 모나코의 식민지화를 설명하면서「병합」이라는 용어를 쓴다.[218] 아리가는 또한 북아프리카에서의 프랑스의 미래 정책에 관한 쥘 페리의 연설을 인용하면서 프랑

- - - - -

[215] 위의 책, 417쪽.

[216] 위의 책, 416쪽.

[217] 아리가 나가오, 『보호국론』(保護国論), 도쿄, 와세다 대학 출판, 1906.

[218] 위의 책, 23쪽, 159쪽.

스가 튀니지를 접수해야 하는지에 대한 논쟁을 설명할 때 「병합」이라는 용어를 쓴다.[219] 아리가 자신이 1906년 「병합」이라는 단어를 만들어 내지는 않았을 가능성도 충분히 있지만, 일본이 대한제국을 식민지로 만든 때 보다 4년 앞서 다른 제국주의 열강들의 정책을 설명할 때 이러한 단어가 등장했다는 점은 주목할 만하다. 외무성 서기관 구라치가 대한제국 접수를 에둘러 표현하기 위해 이 단어를 창안해 냈다기보다는 일본 관리들이 이 용어가 이미 국제 사회에 통용되고 있다는 사실을 알았기 때문에 이 단어를 선택했을 가능성이 훨씬 높다.

최근, 일본의 대한제국 '침투'에 관한 논쟁에서 피터 두스 Peter Duus 박사는 콘로이의 주장에 손을 들어주고 '병합 annexation'을 '합방 amalgamation'으로 이해하는 게 중요하다는 데 초점을 맞추었다. 이렇게 되면 논쟁의 초점이 일본 관리들이 창의성을 발휘해 이 단어를 만들어 냈다는 주장에서 일본 정부가 본심을 숨기기 위해 이 단어를 선택했다는 주장으로 옮겨진다. 「병합」이라는 단어는 하나를 또 하나에 더한다는 의미인 '병합 annexation'에 가장 적합한 일본어 번역이 아닐지도 모른다. 하지만 '진정한 의미'는 병합이 아니라 흡수합병을 말하는 '합방', 즉 '융합 amalgamation'이라고 보는 게 타당하다. 재결합 행위로서 합법화된 식민지화의 본질은 당시에 지배자와 피지배자의 관계에 대한 인식의 공감대 뒤에 가

---

[219] 위의 책, 111-113쪽.

려지게 되었다.[220]

내가 두스의 말을 인용하면서 '진정한 의미'를 강조한 이유는 그가 당시 일본 관료들이 실제로 어떤 단어들을 만들어 냈는가 하는 점보다 잘못된 번역이라는 주장에 더 방점을 찍었기 때문이다. 식민지화를 뜻하는 '병합' 조약은 영어, 프랑스어, 독일어에서 다양한 단어로 번역되고 메이지 정부도 1910년 병합 조약의 공식적인 영어 본을 발간하기도 했지만, 두스는 그 조약문의 일본어판은 일본이 의도한 그 단어의 실제 의미를 '숨겼다고' 주장한다. 이러한 주장을 더 과장하면, 일본 제국주의자들의 행동은 미국, 유럽 제국주의 기준과는 본질적으로 다르다고 볼 수밖에 없게 된다. 두스는 '병합annexation'에 해당하는 일본어 단어의 진정한 의미는 병합이 아니라 '흡수합병amalgamation'이라고 보았다. 그러나, 또 다른 관점으로 보면, 실제로 사용된 특정한 단어를 보면 메이지 정권이 다른 나라들이 사용한 용어들과 교차되는 방식으로 국제사회에 일본의 행동을 설명했다는 사실이 드러난다. 콘로이와 두스는 공히 (두스가 더 분명하게 주장하기는 해도) 일본이 대한제국 병합을 「병합」이라고 규정한 점은 이상하며 보다 깊은 뜻이 숨어있다고 주장했다. 하지만 어떻게 유럽과 미국의 식민지화 행위만이 「병합」이라고 규정할 수 있고 일본의 행위를 규정한 단어에는 다른 뜻이 숨어있다고 주장하는가?

......

[220] 피터 두스, 『주판과 칼. 일본의 한국 침략』(The Abacus and the Sword: TheJapanese Penetration of Korea), 버클리와 로스 엔젤레스, 캘리포니아 대학교 출판부, 1995, 423쪽.

계몽적 착취를 설명하는 국제적 용어들이 세계적으로 울려 퍼지면서 식민지 지배의 본래 취지를 모호하게 만들었다. 이는 일본이 대한제국의 외교권을 공개적으로 침탈한 다음 해에 발간된, 보호국에 관한 아리가의 저서에 잘 나타나 있다. 처음에 난해한 학문적 탐구로 시작된, 제국주의 정치의 용어들에 관한 논의는 일본이 대한제국을 통치하는 새로운 열강으로 부상하면서 본격적인 학문적 논쟁으로 발전했다. 이러한 논쟁이 시사하는 바는 1905년, 대한제국을 보호국으로 지정할 때 진정한 의도를 숨기지 않은 일본이 일본의 정책에 대한 국제적 용인이 한층 강화된 1910년에 갑자기 그러한 의도를 숨기려 했을 가능성은 희박하다는 점이다. 호고/보호保護, protect라는 단어는 1905년 협약의 일본어판과 한국어판에 모두 등장하며, 지금은 흔히 일본어로 '보호국 협정'으로 알려져 있고 한국어로는 협정 체결 연도를 육십간지干支로 표현한 '을사乙巳'라는 단어가 첨가되었다.[221] 이 단어는 특정 지역이나 민족에 대한 군사적 사법적 통치를 뜻하는 단어로 한자문화권에서 오랫동안 쓰여 왔다. 1876년 강화도 조약을 체결할 때 일본은 조선 내 일본인 정착지역 내에 주둔하는 일본군의 치외법권과 새로운 법규를 설명하면서 이 단어를 사용했다. 그러나 1905년 일본 정책수립자들은 계몽적 착취 개념에 내포된 요소— '보호국'—를 실천하면서 이 단어에 새로운 의미를 부여했다. 일

---

[221] 운노 후쿠주, 『한일협약과 한국병합, 조선의 식민지 지배의 합법성을 묻는다』(日韓協約と韓国併合 朝鮮の植民地支配の合法性を問う), 도쿄, 아카시 서점, 1995, 381-395쪽.

본 외무성은 이 외교 협정에서 보호_{호고·保護}에 대한 정의를 새롭게 내렸을 뿐만 아니라 대한제국에서 일본이 펼칠 형태의 식민통치를 설명하기 위해서 완전히 새로운 단어—통감부_{도칸후·統監府}—를 만들어 냈다. 이 조약의 일본어판은 대한제국 수도에 설립한 일본의 새로운 정부 부처를 뜻하는 이 단어를—한국어판에서는 설명하지 않았지만—가타가나로 「레지단또 제네라루」_{프랑스 정권이 모로코에서 사용한 Resident General}로 음역했다.

이토 히로부미는 일본이 대한제국 내에 설립한 통감부의 초대 통감에 임명됐고 이토를 긍정적으로 평가하는 많은 학자들은 이토에게 대한제국을 「병합」할 의도가 전혀 없었다고 주장한다. 이러한 논리는 병합의 책임을 일본의 악명 높은 범아시아주의자들과 그들이 세운 합병 계획으로 돌리는 보다 폭넓은 주장에 섞여 들어간다.[222] 이 논리에 따르면, 이토는 보호국 지정 협약만으로도 만족했었다. 이토가 일본의 대한제국 통치를 「병합」이라고 규정하려고 했는지는 알 길이 없다. 대한제국의 애국자 안중근이 병합이 이루어지기 한 해 전인 1909년 그를 암살했기 때문이다. 내 개인적인 견해로는 이토는 어떤 이름을 갖다 붙였든지 상관없이 대한제국을 통치하려 했다는 점은 분명하다. 그러나 마침 병합 전에 이토가 죽었으므로 그의 의도가 무엇이었는지, 알 길이 있든지 없든지 간에 이토는 통감으로 대한제국을 통치한₁₉₀₅₋₁₉₀₉ 기

---

[222] 최근의 한 예로, 모리야마 시게노리, 『한일병합』(日韓倂合), 도쿄, 요시가와 고쿠분칸, 1992를 볼 것.

제3장 권력의 어휘

간 동안 대한제국의 주권을 말살하는 정책을 총지휘했다는 사실만은 분명하다. 1906년 초 이토는 공식적으로 통감 자리에 올랐고, 그는 이 새로운 지위를 서열상 메이지 황제를 제외하고는 최고의 위치라고 스스로 규정하면서, 대한제국에 대한 합법적인 식민지 지배의 시작을 알렸다.

메이지 정부초기에 외교정책수립과 관련해 조목조목 정치가들을 가르쳤던 이론가들, 번역관들과 마찬가지로, 20세기 초 학자들은 보호국 개념을 일본어에 도입해 실제로 사용하면서 학문적 탐구와 정책수립을 결합시켰다. 메이지 말기에 이러한 학자들의 저서가 널리 읽히면서 이들의 학문적 연구가 기하학적으로 성장해 반세기만에 하나의 학문 분야로 자리를 잡았다. 국제 사회에서 일본의 새로운 위상을 연구하는 이론가들은 그들보다 앞선 세대의 학자들처럼 특정 정치인의 자문 역할을 하는 데 그치지 않고 베스트셀러 저서들을 펴냈으며, 일본의 지식층은 이러한 책들이 출간되자마자 탐독했다.

메이지 말기에 학자들이 한 연구업적을 보면 당시 국제사회에서 통용된 법률용어들이 얼마나 중요했는지를 분명하게 알 수 있고, 20세기에 들어서면서 이러한 용어들이 권력과 어떻게 상호 연관 되었는지를 알 수 있다. 이 학자들의 업적을 국제적 문맥과 일본 국내적 문맥에서 살펴보면 일본이 대한제국을 병합한 1910년 당시 아시아에서 새롭게 부상하던 질서가 분명해진다. 아리가 나가오의 동료 법률학자인 다카하시 사쿠에는 러일전쟁 발발 한 해 전에 발간한 『평시국제법론』 平時·国際法論, 1903 이라는 제목의 저서에서 보호국 지정에 대해 상세히 기술하고 있다.[223] 이 책은 국제법의 교과서처럼 여겨져 최소한 10쇄가 찍혔다. 1,000쪽에 달하는 이 책 전체에서 다카하시는 영어, 프랑스어, 독일어, 중국어 자료를 인용하고 수많은 영국, 유럽 대륙, 미국 저자들의 글과 역사적 사례들을 참고했다. 다카하시는 '부분적인 주권국가'와 '점령지에 대한 권리'라는 제목을 붙인 부분에서 (아주 딱딱하지만) 직설적인 화법으로 피보호국 protected/protectorate, 被保護国의 양태에 대해 설명했다.[224] 그러한 저서의 출간은 지금 보면 전혀 놀랄만한 일이 아닐지도 모르지만, 책이 출간되기 겨우 반세기 전에 일본인들은 야만인의 언어로 협상을 한다며 도쿠가와 막부에 저항했었고 일본정부는 이 용어들을 설명할 사람을 찾는 데 애를 먹었었다는 사실을 명심해야한다.

아리가가 자신의 저서에서 보호국을 훨씬 명확히 규정하면서, 학자들은 열강들이 사용한 이러한 용어들을 인용하게 되었고, 이는 그들의 연구에 부인할 수 없는 권위를 부여했다. 1870년대 초 유럽 일주를 했던 이와쿠라 사절단이 유럽 의회가 그레이트

---

[223] 다카하시 사쿠에이, 『평시국제법론』(平時国際法論), 도쿄, 신수이 서점, 1903. 당시 그가 저술한 대표적인 서적들 가운데는 『전시 국제법론』(戦時国際法論)(전쟁 시 국제 법에 관한 논문), 도쿄, 출판 불명, 1906과 『국제법 외교론』(国際法外交論)(외교와 국제법), 도쿄, 출판 불명, 1911이 있다.

[224] 다카하시 사쿠에이, 『평시국제법론』(平時国際法論), 도쿄, 신수이 서점, 1903, 202-204쪽. 도쿄의 국제 기독교 대학교 교수 사사가와 노리가츠가 일본의 한국 식민지화와 관련한 다카하시의 법률이론을 분석했다. 사사가와 노리가츠, 『세계』(世界), 1999년 7월, 236-247쪽을 참고할 것. 사카모토, 「국제협조주의의 전개. 한일의 새로운 신뢰관계의 구축을 지향하며」(国際協調主義の展開　日韓の新たな信頼関係の構築を目指して), 사카노세, 『평화헌법을 수호하고 확대시킨다』(平和憲法を守り広める), 도쿄, 신쿄 출판사, 2001, 142-161쪽.

게임에 휘말려 있는 상황을 목격했듯이, 1890년대 후반 아리가가 파리를 방문했을 때 파리에서는 '보호국에 대한 열띤 논쟁'이 진행 중이었다고 아리가는 설명했다.[225] 따라서 그는 보호국 지정에 대한 법률적 원리에 관한 책을 집필할 때 참고하기 위해서 프랑스의 마다가스카르 침략에 관한 '소책자, 도서, 조약문들을 산더미처럼' 구입할 수 있었다고 말했다.[226] 또 나중에 '위임통치령mandate territories, 委任統治領'에 대한 연구에 쓰기 위해 보스니아-헤르체고비나, 사이프러스에 대한 유럽정책 관련 자료도 수집했는데, 이는 만주에서의 일본의 이해관계를 규정하는 용어로 쓰이게 된다.

1890년대에 아리가와 다카하시는 일본 내에서 권위를 인정받았을 뿐만 아니라 상당한 국제적 명성도 얻었다. 두 사람이 어떻게 국제적 용어에 대한 권위자로 국내외에서 널리 명성을 얻을 수 있었는지 간단히 살펴보면 이러한 용어들과 권력을 측정하는 방법 사이에 본질적으로 연관이 있다는 사실이 드러난다. 근대 일본을 연구하는 역사학자들은 20세기에 들어서면서 일본이 중국과 러시아를 상대로 한 전쟁에서 승리한 게 일본의 힘을 세계에 알리는 계기가 되었고, 메이지 정부 지도자들이 이 전쟁들을 어떻게 묘사했는지를 살펴보는 게 유용하다고 생각해 왔다.[227] 일본

......

[225] 아리가 나가오, 『보호국론』(保護国論), 도쿄, 와세다 대학 출판, 1906, 서문, 1쪽.

[226] 위의 책.

[227] E. H. 노먼, 『근대국가로서 일본의 부상』(Japan's Emergence as a Modern State), 375쪽. 존 다우어, 『무자비한 전쟁』(War without Mercy), 147쪽.

이 전쟁에 관한 국제 법률에 관심을 기울인 점도 식민 열강으로 인정받는 발판을 마련하는 데 핵심적인 역할을 했다. 간단히 말해서 국제적 용어들을 통해 일본의 승리를 합법적인 행위로 규정하게 되었다. 1894년 일본이 중국에 대해 전쟁을 선포했을 때 당시 총리대신 이토는 아리가를 자문으로 위촉했다. 아리가는 독일에서 법률을 공부했고 당시에는 도쿄에서 일본의 웨스트포인트라고 할 수 있는 군사학교에서 국제법 교수로 재직하고 있었다.[228] 아리가는 일본에서 국제법의 최고 권위자로 널리 알려져 있었기 때문에, 이토는 일본이 전쟁을 선포하는 게 합법적인지 그에게 자문을 구했다.[229] 정당한 전쟁 원칙에 따라 일본 최초의 근대전을 규정하려면 그 용어들을 가장 잘 아는 사상가의 도움이 필요했고, 이토는 전투에 참여할 젊은 장교들에게 전쟁법을 가르칠 사람으로 아리가가 적임자라는 걸 알았다. 이토는 아리가의 설명에 깊은 감명을 받았고 1894년 10월 16일 그를 전투가 벌어지는 현장에 보내 제 2군 사령관인 전쟁부 대신 오야마 이와오에게 자문을 하도록 했다.[230] 겨우내 아리가는 오야마와 그의 부하들

⋯⋯

[228] 아리가나 다카하시와 같은 학자들은 군사학교, 국립 대학교, 와세다나 게이요 같은 사립 대학교 등에서 강의를 했는데, 그 이유는 그들이 하는 연구를 (군사학교에서 가르치는 것과 같이) 현실적으로 응용하는 강의를 하는 게 이론적인 측면을 가르치는 일보다 법학과 학생들에게 지속적인 일거리를 제공해 주었기 때문이다.

[229] 아리가 나가오는 29세라는 젊은 나이에, 슈타츠 비센샤프트에서 받은 교육을 바탕으로 쓴 (이점을 지적해준 짐 맥케인에게 감사한다) 첫 저서 『국가학』(国家学), 1889로 명성을 얻었다. 이 책은 메이지 헌법 공포를 예견한 것으로 보이는데, 출간되자마자 큰 성공을 거두어 곧바로 2쇄 인쇄에 들어갔다.

[230] 아리가를 전선에 파견한 일은 미국과 유럽의 당시 관행을 따른 것인데, 오늘날 까지

에게 신진, 루슌(아서 항), 웨이하이에서 일본이 참가하고 있는 전투의 합법성 문제에 관해 설명했다.

전쟁 직후 아리가는 자신의 경험을 담은 책을 출간했고 이 책은 놀라울 정도로 인기를 끌었다.²³¹ 그러나 더 놀라운 사실은 아리가가 이 책을—이토가 톈진 회담에 대해 메이지 황제에게 보내는 보고서를 영어로 먼저 작성했듯이—프랑스어로 먼저 출간했고 국내 독자들을 위한 일본어판은 그보다 몇 달 후에 출간했다는 점이다.²³² 청일전쟁의 정당성을 국제 사회에 인식시키려면 서구 열강들이 이해할 수 있는 용어를 사용해야 했지만, 아리가는 일본어판의 내용도 프랑스어판과 일치하도록 만전을 기했다. 두 가지 판본은 모두 첫 문장부터 전쟁을 법률용어로 이해하는 게 간단하다는 점을 분명히 하고 있다. "일본과 중국 간의 갈등에 있어서 중요한 점은… 갈등의 원인이 두 나라의 차이에 있다는 점이다. 한 나라는 전쟁의 법과 관례를 준수하지 않았고, 다른 한 나라는 이를 엄중히 준수했다는 점이다."²³³ 게다가 아리가는 '무지한 중국인들'이 국제법을 전혀 이해하지 못했다고 주장하고

......
도 전쟁의 요소로서 그 가치를 제대로 평가받지 못하고 있다. 1904년, 러일전쟁 당시, 메이지 정부는 아리가를 만주로 파견했고, 그 곳에서 아리가는 장군들을 대상으로 전략에 대한 강의를 했다. 아리가 나가오, 『러일육지전 국제법론』(日露陸戰國際法論), 도쿄, 겐신샤, 1911.

[231] 아리가 나가오, 『청일전역 국제법론』(日清戰役国際法論), 도쿄, 육군대학교, 1896.

[232] 아리가 나가오, 『국제법의 시각에서 본 청일전쟁』(La Guerre Sino-Japonaise au Point de Vue du Droit International), 파리, 고등법원 출판사, 1896.

[233] 위의 책, 9쪽.

있다. 일부 일본군 병사들은 국제법의 세부사항에 대해 잘 알지 못했지만, 일본군 사령관들은 '서양 국가들의 전쟁에서도 그 유례를 찾을 수 없는 자비롭고 인도주의적인 정책들'을 숙지하고 있었다고 주장했다.[234] 아리가는 한편으로는 사령관들의 자문역할을 하면서 언제 총격을 가하는 게 합법적인지를 설명했고, 또 한편으로는 선전가 역할을 하면서 일본군의 행위를 국제적 용어로 합법화하는 역할을 했는데, 바로 이 후자의 경우는 언어와 힘의 연관성을 측정하는 데 있어서 핵심적인 요소라고 할 수 있다.

아리가의 저서는 정부의 공식문서는 아니지만, 그는 국제법 용어들을 사용해 특히 유럽 열강들을 대상으로 일본의 전쟁을 설명함으로써 일본이 아시아에서 합법적인 국가라는 인식을 심어주었다. 이 전쟁 초기의 전투—일본 최초의 근대 국제전—에서 일본군은 루슌(아서 항)의 거리와 집에서 중국 민간인들을 학살했다. 일본군이 중국 민간인들을 학살한 방법이 극도로 잔인했는데 역사학자 이노우에 하루키는 최근에 이 전투는 1930년대에 상하이와 난징에서 일어난 처참한 대학살의 전조가 되었다고 주장했다.[235] 1894년 루슌 지역이 혼돈에 빠지자 당시 영국과 미국 신문들은 다소 동요했지만, 여론의 견해는 일본이 전쟁법에 따라 행동했다는 것이 지배적이었다. 또한, 같은 맥락에서 중국을 부정적

---

[234] 위의 책, 173쪽, 『청일전역』(日淸戰役), 228쪽.

[235] 이노우에 하루키, 『여순학살사건』(旅順虐殺事件), 도쿄, 치쿠마 쇼보, 1995. 이노우에의 책에는 보도 자료와 일본과 영국 사진기자들이 찍은 시체더미 사진들이 수록되어 있다.

으로 묘사하면서 이러한 비판을 잠재웠다. 아리가의 동료 다카하시는 이 전쟁에서 일본 행위의 합법성을 영어로 설명하면서, 일본해군의 자문역할을 한 자신의 경험을 인용해 당시 지배적인 국제적 기준에 따라 전쟁 기록을 설명했다. 게다가, 다카하시는 옥스퍼드의 저명한 법률학자인 존 웨스틀레이크John Westlake에게 자신의 저서를 소개하는 글을 쓰도록 해 궁극적으로는 다카하시의 저서가 아리가의 저서보다 훨씬 큰 영향을 미쳤다. 루슌의 참상이 널리 알려졌음에도 불구하고 웨스틀레이크는 일본의 행위를 다음과 같이 극찬하기만 했다. "최근 중국과의 전쟁에서 일본은 전쟁에 관한 서구의 규정을 준수할 능력과 자세가 되어 있음을 보여 주었다… 따라서 일본은 동양의 국가수준을 뛰어넘어 유럽 수준의 국가로 전환되는 보기 드물고 흥미로운 사례를 보여 주었다."[236]

일본을 떠받들던 다른 영국인들과 마찬가지로, 웨스틀레이크는 현지 상황을 직접 목격하지도 않고 언론보도나 자신의 일본인 혹은 비 일본인 지인들이 들려준 이야기에만 의존해 결론을 내렸다. 당연히 그는 국제사회에서의 일본의 행동을 자신이 익히 아는 용어로 설명할 수 있는 다카하시와 같은 사람들을 통해 일본을 이해했고 따라서 그는 일본의 행동에 찬사를 보냈다. 국제적 기준에 따라 전쟁을 합법적으로 규정한 19세기 후반의 관

-----

[236] 사쿠예 다카하시, 『청일전쟁 기간 동안의 국제법 사례』(Cases on International Law during the Sino-Japanese War), 케임브리지, 케임브리지 대학교 출판사, 1899, 책 소개 글에 존 웨스틀레이크(John Westlake)가 등장한다.

행을 바탕으로 특정 국가와 국민의 행위가 합법적인지 여부가 결정됐고 이는 제국주의와 함께 전 세계에 널리 퍼져 엄청난 파장을 불러일으켰다.[237]

웨스틀레이크가 국제법을 시행하는 능력—일본이 동양의 수준을 '넘어서서' '유럽 수준의 국가'로 전환한 점—을 성공적인 진화로 보았다는 사실은 합법적 국가라는 개념이 어떻게 형태를 갖추었고 이것이 어떻게 세계관으로 자리 잡았는지를 보여준다. 더군다나 일본을 진화의 표본으로 여김으로써 국제법에서는 전 세계의 시민들을 위계질서에 따라 분류할 수 있다고 가정했다는 사실을 보여준다. 십여 년 후 러일전쟁에서의 승리로 일본의 위치는 존재의 대사슬the great chain of being에서 급격히 그 위치가 상승했고, 전쟁 마지막 몇 주 동안 배포된 「도쿄 퍽」Tokyo Puck에 실린 삽화는 그러한 논리가 일본인들의 뇌리에 얼마나 깊이 각인되었는지를 보여준다.[238]

〈그림 2〉를 보면, 남자 다섯 명이 실험도구가 널려 있는 탁자를 둘러싸고 서 있는데, 한 남자아마도 러시아인인 듯싶다가 가까이 있는

· · · · ·

[237] W. 마이클 레이즈먼과 크리스 T. 안토니오, 『전쟁법: 군사갈등에 관한 국제법과 관련된 자료 모음집』(The Laws of War: A Comprehensive Collection of Primary Documents on International Laws Governing Armed Conflict), 뉴욕, 빈티지 프레스, 1994. 저자들은 이러한 법률들을 있는 그대로 다루면서 19세기 후반에 '다양한 조직이 결성되고 대중운동이 일면서, 전쟁을 비난하고, 전쟁이 일어났을 때는 그 참혹함을 줄이려 노력했고, 전쟁을 완전히 없앨 수 있는 국제 분쟁 해결체계를 만들려는 야심찬 노력을 기울였다'라고 강조한다(xviii-xix).

[238] 엔도 유키오, 오쿠보 도시아키, 『일본역사시리즈: 청일/러일전쟁』(日本歷史シリーズ:日清/日露戰争), 도쿄, 세카이문화사, 1967, vol. 19, 54쪽에 수록되었다.

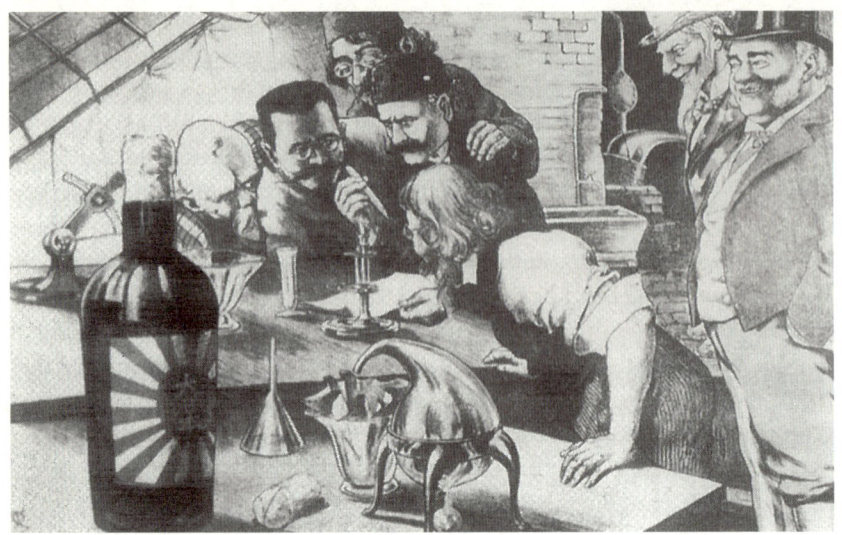

〈그림 2〉 '일본이 유럽의 수준에 다다른 불가사의한 현상', 도쿄 펀에 실린 삽화

병에 든 액체를 빨아올린 피펫을 들고 유심히 살피고 있다. 병에는 일본 해군의 깃발과 「대일본」다이니뽄·大日本 (대영제국이라는 명칭처럼 일본의 힘을 과시하는 명칭)이라는 글귀를 새긴 표가 붙어 있다. 이 남자들이 이 병을 유심히 살피는 동안, 영국인과 미국인은 흐뭇하게 이 모습을 지켜보고 있는데, 이는 후에 유럽과 미국이 일본을 '기적적'이고 불가사의하다고 한 사실과 일맥상통하는 점이 있다.[239]

아리가는 국제적인 명성과 호감을 얻었지만, 자신의 가장 중요한 임무는 국제적 용어들이 일본에 뿌리내려 규범이 되도록 하

---

[239] 그 한 예로, 에즈라 보겔, 『넘버원 일본. 미국에게 주는 교훈』(Japan as Number One: Lessons for America), 뉴욕, 하퍼 & 로우, 1979와 더불어, 칼 반 울프렌, 『수수께끼 같은 일본의 힘. 국체 없는 국가의 국민과 정치』(The Enigma of Japanese Power: People and Politics in a Stateless Nation), 뉴욕, 빈티지, 1990를 참고할 것.

는 일이라는 점을 분명히 했다. 보호국에 대한 자신의 저서에 실린 서문에서 그는 다음과 같이 강조했다. "외국의 사례들을 모아 이 책을 쓰긴 했지만, 이해를 돕기 위해서 이에 상응하는 일본의 사례들도 인용했다."[240] 그는 일본의 행위와 다른 제국주의 열강들의 행위를 동일선상에 놓고 첫 문장에서 독자들에게 다음과 같은 질문을 던졌다. "조선을 일본의 보호국으로 규정해야 하는가?"[241] 하지만 아리가는 독자들이 심사숙고할 여유를 주지 않고 바로 답을 제시한다. "내가 독자들에게 원하는 바는 '보호국이란 무엇인가?'라는 질문에 대한 공정한 견해를 형성하고, 미래에 조선에 대한 정책의 확고한 토대를 마련하는 것이다. 앞으로 몇 년 후에는 '보호국'이 통상적으로 사용되는 표현이 되기를 바란다."[242]

아리가는 훌륭한 사회과학 학자처럼 질서정연하게 보호국을 네 가지로 분류해 각 부류마다 예를 제시하고 국제법에 따라 각 부류에 해당하는 법률적 원리와 지위를 제시했다. 그는 1905년 11월 17일 일본과 대한제국 사이에 체결된 협정은 '보호국 협정이고 예상했던 대로 체결은 유효하다'라고 하면서 조선을 제 2급 보호국으로 규정했다.[243] 아리가의 설명에 따르면, 제 2급 유형

......
[240] 아리가, 『보호국론』(保護国論), 서문, 4쪽.
[241] 위의 책, 1쪽.
[242] 위의 책, 3쪽.
[243] 위의 책, 212쪽.

은 '주권을 스스로 완전히 행사할 수 없다. 따라서 피보호국 지위를 부여하고 보호국이 외교와 군사권을 행사한다.'[244] 그러나 '조선의 존엄권'이라는 제목을 붙인 부분에서 아리가는 강한 표현을 완화하려는 듯 다음과 같이 말했다. '주권은 본질적으로는 조선이 소유하고 그 일부만 일본에 위임한다.'[245] 때로는 설명이 모호하긴 하지만, 아리가는 일본의 정책에 대한 법률적 해석을 장황하게 늘어놓았고, 일본이―합법적으로 조선을 통치할 뿐만 아니라―국제적 용어에 대한 지식을 확고하게 지니고 있다는 점을 보여 주었다.

국제법이 학문의 영역으로 성장하면서 아리가의 가설과 그 가설을 바탕으로 한 조선의 지위 규정에 이의를 제기하는 사람도 나타났다. 1906년, 다치 사쿠타로는 아리가가 1898년 창간한 『외교시보』外交時報 10월호에 아리가의 저서에 대한 서평을 실었다.[246] 모든 것이 새롭던 메이지 정권 초기에 국제법을 배운 아리가와는 달리, 다치가 도쿄제국대학에서 국제법을 공부한 시기는 국제법이 일본에서 이미 학문으로 뿌리를 내린 후였다.[247] 다치는

---

[244] 위의 책, 57쪽.

[245] 위의 책, 227쪽.

[246] 다치 사쿠타로, 「아리가박사의 보호국론」(有賀博士の保護国論), 『외교시보』(外交時報), no. 107, 1906년 10월, 93-95쪽. 다나카 신이치, 「보호국 문제. 아리가 나가오·다치 사쿠타로의 보호국 논쟁」(保護国問題: 有賀長雄·立作太郎の保護国論争), 『샤켄 가가쿠 겐큐』 28, no. 2, 1976, 126-163쪽도 참고할 것.

[247] 다치 사쿠타로와 하카세론코 위원회, 『다치박사 외교사논문집』(立博士外交史論文集, 1946년): 立作太郎: 本, 도쿄, 니혼 효론샤판, 1946도 참고할 것. 다치는 1921년 워싱턴 회의에 일본 대표단 일원으로 참석했다.

자신의 멘토인 아리가의 저서에 대한 서평에서 우선 아리가의 저서가 기본적으로 추구하는 바를 평가하고 다음과 같이 찬사를 보냈다. "아리가 교수의 학문에 대한 열정은 나랏일에 대한 관심과 분리할 수 없다."[248] 그러나 다치의 논조는 점점 비판적으로 변하면서 아리가가 보호국을 네 가지로 분류한 데 대해 의문을 제기한다. 예를 들면, 다치는 아리가가 '3급으로 분류한 인도국민이나 4급으로 분류한 아프리카인들은 1급 보호국으로 분류해야 하지 않을까?'라고 의문을 제기했다. 그는 또한 아리가가 고차원적인 이론들을 제대로 파악하지 못하고 있다고 주장했다.[249] 마지막으로 다치는 아리가가 '주권'과 '독립'이라는 용어를 모호하게 사용한다는 점을 파고들었고 '유럽과 미국 학자들의 허접한 이론을 그대로 답습했다'라며 비판했다.[250] 아리가도 다치의 서평을 묵인하지 않았고 두 사람간의 첨예한 공방은 『외교시보』外交時報, 『국제법 잡지』國際法雜誌, 『국가학회 잡지』國家学会雜誌 지면을 통해 몇 달간 계속되었다. 두 사람 모두 자신의 주장을 조금도 굽히지 않았지만 (예를 들면, 아리가는 '조선은 명목상 독립국이지만… 통상적인 독립국은 아니다'라고 주장했다.) 공교롭게도 두 사람의 논쟁은 아리가가 애초에 세운 목적, 즉 '보호국'이라는 용어를 일

* * * * *

[248] 다치 사쿠타로, 『아리가박사의 보호국론』(有賀博士の保護国論), 93쪽.
[249] 위의 글, 94–95쪽.
[250] 위의 글, 95쪽.

상적인 표현으로 만드는 목적을 달성하는 데 기여했다.[251] 조선의 법적 지위에 대한 두 사람의 열띤 논쟁은 일본이 외교정책을 수립할 때 국제적으로 통용되는 용어들을 능숙하게 이용했다는 사실을 보여준다.

일본이 한국을 보호국으로 지정한 행위에 공식적으로 이의를 제기한 열강은 아무도 없었지만, 1906년 프랑스의 법학자 프란시스 레이 Francis Rey 는 『국제 공법 비평』에 기고한 글에서 일본이 강제로 대한제국을 보호국으로 지정한 행동을 통렬히 비난했다.[252] 레이는 일본 외교관들이 대한제국 황제를 정신적 육체적으로 닦달했고 조약 체결시 준수해야 할 국제법을 위반했다고 주장했다. "이 조약이 체결된 당시의 상황을 고려해볼 때 나는 서슴지 않고 1905년 조약이 무효라고 주장할 수 있다."[253] 레이는 또한 유럽에서 먼 지역에 있는, 이 유럽 추종자 일본에 대해 실망감을 표했다.

[251] 아리가 나가오, 「보호국론을 저술한 이유」(保護国論をあらわしたる理由), 『국제법외교잡지』(国際法外交雑誌) 5, no. 2, 1906, 1장과 5장.

[252] 프란시스 레이, 「한국의 국제적 상황」(La Situation International de la Corée), 『국제 공법 일반론』(Revue Générale de Droit International Public), no. 13, 파리, 폴 포시으, 1906, 40-58쪽. 그러나 영국의 『더 타임스』는 세계적으로 많은 이들이 의구심을 보이고 있다고 암시하는 보도를 했다. '단순명료한 문서이지만 초안을 잡는데 어려움이 많았다는 증거를 내포하고 있다.' 『더 타임스』(런던), 1906년 1월 13일.

[253] 프란시스 레이, 「한국의 국제적 상황」(La Situation International de la Corée), 55쪽. 수많은 학자들이 이 글을 인용해서 한국의 식민지화는 불법이라고 주장했다. 우노, 「한일협약과 한국병합」(日韓協約と韓国併合)에 수록된 글들을 참고할 것. 운노 후쿠주, 『한국병합』(韓国併合), 도쿄, 이와나미 신서, 1995도 참고할 것. 국민들이 집단적으로 느끼는 부당함이 어떻게 국가 전체로서의 기억을 좌지우지하는지에 대한 흥미로운 논의를 보려면, 마크 J. 오질, 「또 다시. 통치과정에서의 대량학살이 법적으로 어떻게 기억 되는가」(Ever Again: Legal Remembrance of Administrative Massacre), 『펜실베이니아 대학교 법률학술지』 144, no. 2, 1995년 12월, 463-704쪽.

"일본이 대한제국을 보호국으로 지정한 행위는, 문명국에서 관행으로 인정되는 법률에 따른 것이긴 하나, 그 기원에 있어서는 권리의 침해이다…이러한 행동은 일본 측의 정책상 치명적인 결함이다."[254]

앞서 설명한 바와 같이, 다치 사쿠타로는 아리가 나가오의 방법론과 치밀하지 못한 논리에 의문을 제기했지만 보호국 체제의 합법성에 의문을 제기하지는 않았다. 마찬가지로, 레이가 일본의 협정을 '무효'라고 주장한 이유는 일본이 강압적으로 체결했기 때문이지 식민지화가 불법이기 때문이 아니었다. 대한제국에 대한 일본의 정책을 두고 이러한 논쟁이 일었다는 사실은 메이지 정책 수립자들이 일본을 '문명국' 대열에 합류시키겠다는 보다 거대한 목표가 성공을 거두었음을 보여준다.

1908년 미국은 일본과 대한제국의 관계에 대한 평가를 내놓았는데, 이것이 당시 지배적인 국제 여론이었다고 본다. 미국은 대한제국 특사들이 일본의 보호국지정을 인정하지 않고 국제사회에 호소를 한, 1907년 헤이그 사건이 발생하자 보호국 지정에 대해 의견을 내놓았다. 예일 대학 조지 트럼블George Trumbull 교수는 이토 히로부미에게 바치는 찬미가라고 밖에는 표현할 길이 없는 「한국에서 이토 후작과」라는 제목의 글에서 1905년 조약에 대해 다음과 같이 주장했다. "그런 여건 하에서 체결된 조약을 모두 부인한다면…어떤 조약으로도 세계 평화를 담보하거나 증진시킬

---

[254] 프란시스 레이, 「한국의 국제적 상황」(La Situation International de la Corée), 58쪽.

수 없다."[255]

    1904년에서 1910년 사이의 한일관계에 대한 이 자료는 '문명국들이 관행적으로 인정하는' 표현을 사용한 법적인 선례가 되었다. 이러한 관행은 일본이 도덕적으로 정당하게 행동하도록 만들지도 않았고 소위 문명국들과는 다르게 행동하도록 만들지도 않았다. 제국주의자들이 이러한 용어들을 이용해 자신의 행동을 합법적이라고 정당화했다는 바로 그 사실이 이 용어들 자체와 제국주의자들의 관행이 현재에 남긴 유산들에 대해 의구심을 갖도록 만든다. 다음 장에서는 이 문제를 좀 더 살펴보고, 메이지 관리들이 레이보다 더 대담하고 직설적으로 일본의 국제적 용어 사용에 의문을 제기한 개인들을 어떻게 억압했는지 살펴보겠다.

-----

[255] 조지 트럼불 래드, 『한국에서 이토 후작과 함께: 개인적 경험과 역사 비평』(In Korea with Marquis Ito: A Narrative of Personal Experiences and a Critical Historical Inquiry), 뉴욕, 찰스 스크리브너스 선스, 1908, 277-278쪽.

제4장

반대의 목소리

국제적으로 통용되는 용어들은 강자의 힘을 한층 강화한다. 동시에 이러한 용어들이 품고 있는 잠재적인 힘은 지배에 저항하는 이들을 분발하게 만든다. 일본제국 수립의 공신들에게 권력과 언어의 관계에 대한 논쟁은 우습게 여겨졌을지도 모른다. 근대 일본을 국제 사회에 이해시킨 국정 운영 관련 용어들은 권력 자체를 규정했다. 일본이 주권을 행사하려면 일본이 통치하는 곳이면 어디든 통치에 쓰이는 법적 용어들을 적재적소에 사용할 줄 알아야 했다. 이는 검열을 통해 서적의 판매를 금지하는 행위도 포함했지만, 보다 깊은 차원에서 일본 국내외에서 일본의 주권에 이의를 제기하는 주장들을 부정해야함을 뜻했다. 국제적인 용어들은 일본정부가 내재적으로 이해할 수 있는 범위 내에 있는 의미를 반영할 뿐이다.

번역관, 정치가, 교수, 그 밖에 국제법 용어들을 사용한 사람들은 대부분 일본이 국내외에 적용한 법적 체계 내에 있는 어휘들을 사용했다. 일본 관리들이 외교관계를 설명하는 데 사용한 용어들은 국내 정치에서 사용되는 어휘와의 접합점에서 재처리되어야 그 의미가 이해될 수 있었다. 외교관과 국제법 학자들은 국가들 간의 '평등'을 의회 정치인들이 내린 정의와 부합하는 방식으로 이해했다. 피에르 부르디외Pierre Bourdieu는 '검열의 은유'에 대해 논하면서, 검열은 '허용된 발언 외에는 아무 말도 할 수 없을 만큼 완벽하지도 않고 눈에 띄지 않게 진행될 수도 없다'라고 주장한다.[256] 일본에서 허용된 국제법 담론은 새로 수립된 정권이 통치하고자 하는 지역 전체에서 표현을 억압했다. 따라서 국가가 지정한 담론의 범위에 대해 저항한 이들은 사회구성원 대부분이 규범적 정의라고 여기는 법률 용어에 대해 이의를 제기했다.[257]

반대자들은 다양한 주장으로 일본이 대한제국 병합에 사용한 국제적 용어들의 의미와 용법을 바꾸려고 애썼다.[258] 한 가지

-----

[256] 피에르 부르디외, 『언어와 상징적 힘』(Language and Symbolic Power), 지노 레이먼드, 매튜 애덤슨 번역, 케임브리지, 매사추세츠, 하버드 대학교 출판부, 1991, 138쪽.

[257] 이러한 맥락에서 미셸 푸코는 다음과 같이 제안했다. '합법성에 대해 무엇을 논의할지 알고자 한다면 불법성의 장에서 무슨 일이 일어나는지를 분석하라.'(226). 다니엘 드페르, 프랑수아 에왈드가 편집한 『미셸 푸코-어록과 기록. 1954-1988』(Michel Foucault-Dits et Écrits: 1954-1988), vol. 4, 파리, 갈리마르, 1994, 222-243쪽에 수록된 '주체와 권력'(Le sujet et le pouvoir)을 참고할 것.

[258] 클레멘스 폰 클렘퍼러는 '개별적인 증인들'(solitary witnesses)이 저항운동 연구의 중심에 위치해야 한다고 주장했다. 「'이 단어들에는 어떤 법이 숨어있는가?' 안티고네의 의문과 히틀러에 대한 독일의 저항」('What is the Law that Lies behind These Words?' Antigone's Question and the German Resistance against Hitler), 마이클 게이어와 존 W. 보이어, 『제3제국에 대한 저항, 1933-1990』(Resistance against the Third Reich, 1933-1990), 시카고, 시카고 대학교 출판부, 1994, 141-150쪽. 제임스 스콧이 주장한 '숨은 기록'(hidden transcripts)이라는 용어는 방법론적으로는 유용하지만, 폰 클렘퍼러와는 달리 스콧은 어떤 현상이 '저항'(resistance)이라고 인정받으려면 (마치 시위자들로 인정받기 위해서는 정족수를 채워야한다는 듯이) 일정한 수의 사람들이 필요하다고 주장하는 듯하다. 제임스 스콧, 『지배와 저항의 기술. 숨은 기록』(Domination and the Arts of

예로 이 책의 첫 번째 장에서는 1907년 일본의 보호국 지정을 무효화하고 주권을 되찾으려는 노력의 일환으로 헤이그에 특사로 파견됐으나 소기의 목적을 달성하지 못한 이상설, 이준, 이위종에 대해 다루었다. 일본이 대한제국을 병합하는 과정을 통틀어 이 특사들의 발언이 검열을 당했다는 사실은 지배자가 얼마나 성공적으로 국제적 용어의 의미와 적용 범위의 한계를 설정했는지를 분명히 보여준다. 대한제국 특사들은 물리적으로 행사장에서 쫓겨났을 뿐만 아니라 그들이 회의에 참석했다는 사실은 공식 기록에서 삭제되었다. 이 사건만큼 잘 알려지지 않았지만 이와 비슷한 몇 가지 사례들도 이 용어들이 지닌 복합적인 힘을 세밀하게 이해하는 데 도움을 준다. 1908년, 대한제국 고등법원 판사 허위許蔿는 자신의 반일 저항을 국제법상 합법적인 전쟁으로 인정해달라고 요구했다. 그러나 헤이그 특사들의 호소를 묵살한 바로 그 회의는 허위 판사의 호소도 묵살했고, 그는 한성에 있는 일본 교도소에서 고문을 당한 끝에 숨을 거두었다. 같은 해 샌프란시스코에 거주하는 한국인 두 사람 장인환과 전명운이 대한제국의 주권을 수호한다는 명분 아래 미국 외교관을 총살했다. 한 사람은 경찰을 피해 러시아로 피신했고 다른 한 사람은 그의 변호인이 '애국심에서 발로한 정신이상'을 주장하며 배심원을 설득했으나 실패하고 투옥됐다.

 일본 내에서 발생한 사례들을 보면 힘을 지배국 국민만이 누

······
Resistance), 뉴 헤이븐, 코네티컷, 예일 대학교 출판부, 1990.

리는 권리로 규정하는 게 부적절하다는 사실을 알 수 있다. 즉, 일본은 대한제국의 주권을 묵살했을 뿐만 아니라 자국 국민의 주권도 묵살했다. 일본과 대한제국의 관계를 일본이 사용한 바로 그 용어를 이용해 규정하되 그 의미를 다르게 해석한 일부 일본인들은 일본 바깥에 있는 조선인들만큼이나 일본 정부에 큰 위협이었다. 당시 무정부주의자들과 사회주의자들이 가장 반대의 목소리를 높였다. 요사노 아키고와 오수기 사카에 등 아주 극소수 예외적인 경우를 제외하고 이들은 대부분 병합 협정이 체결되기 전까지는 대한제국에 대한 일본정책에 전혀 관심을 기울이지 않았다. 일본에서 가장 유명한 무정부주의자인 고토쿠 슈스이는 이들 중 거의 가장 먼저 대한제국에 대한 일본의 간섭에 의문을 제기했고, 그의 이러한 비판은 여러 가지 면에서 앞날을 예견했다.

고토쿠처럼 유명한 반대론자와는 대조적으로 전혀 알려지지 않은 반대론자도 등장했다. 1870년대에 나라奈良 출신으로 가난하고 정치적으로 성공하지 못한 정치인 다루이 도키치는 일본과 대한제국을 합친 새로운 나라 '대동'다이토·大東의 건설을 꿈꾸었다. 메이지 정부는 다루이의 주장을 억압하다가, 1910년 대한제국을 병합한 뒤 나름대로 다이토 개념을 만들어 내면서 일본 관리들은 다루이의 저서를 극찬했고, 결국 국수주의자들은 다루이의 업적을 아시아에서 일본의 팽창주의 역사를 미화하는 데 이용했다. 앞서 인용한 이 모든 사례들에서 경찰, 통치자, 검열관들은 국제적 용어들을 국가가 허용한 한계를 벗어나 달리 규정하는 행위를 용인하지 않거나 불법으로 규정했고, 반대자들이 제시한 의미를 합법적인 일본의 기록물에서 제거했으며, 종종 반대자들을 제거하기까지 했다.

허위許蔿 그리고 의병

1906년부터 1914년까지 대한제국 중부와 남부지방에서는 무기도 제대로 갖추지 못하고 훈련도 제대로 받지 못한 대한제국 남녀들이 군대를 결성해 철저히 무장하고 제복을 갖춘 일사불란한 일본군을 상대해 싸웠다. 캐나다인 기자 프레더릭 맥킨지Frederick McKenzie는 1907년 가을 원주 근처에서 마주친 의병 집단에 대해 다음과 같이 묘사했다.

> 대여섯 명이 정원으로 들어오더니 내 앞에 일렬횡대로 서서 경례를 했다. 그들은 18세에서 26세에 이르는 총명한 젊은이들이었다. 얼굴색이 환하고 잘생긴 청년 하나는 여전히 대한제국군의 구식 군복을 입고 있었다. 두 명은 약간 헤진 한복을 입고 있었다. 가죽장화를 신은 이는 한 명도 없었다. 허리춤에는 직접 면직물로 탄약통을 만들어 둘렀고, 탄약통은 반쯤 비어있었다. 한 사람은 머리에 터키모자 비슷한 것을 둘렀고, 나머지는 헝겊 쪼가리를 머리에 둘렀다.[259]

[259] 프레더릭 아서 맥킨지, 『자유를 쟁취하기 위한 한국의 투쟁』(Korea's Fight For

〈그림 3〉 대한제국 의병, 1907

　맥킨지가 찍은 이 군인들의 사진그림 3은 당시 대한제국을 가장 잘 보여 주는 사진 가운데 하나이다.

　의병은 항일군이었는데, 의병대 대장들은 일본에 대한 폭력적 저항만이 나라를 구하는 유일한 방법이라고 주장했다. 이들은 주로 정통 유교를 바탕으로 자신들의 행동을 정당화했다. 그러나 국제법의 용어를 써서 항거의 합법성을 주장한 지도자도 한 명 있었다. 왕산 허위는 자신들의 전쟁은 합법적이며, 조국의 주권을 회복하기 위해 변화를 일으키려는 자신들의 행위를 인정할 것을 요구했다. 대한제국 고등법원 판사인 그는 대한제국 정부가 통치권을 되찾으려면 일본의 특권을 완전히 말살하는 게 중요하

──────

Freedom), 런던, 플레밍 레벨, 1920, 161-162쪽. 맥킨지, 『한국의 비극』(The Tragedy of Korea), 런던, 호더 & 스타튼, 1908.

제4장 반대의 목소리

다는 점을 알고 있었다.

1908년 늦은 봄, 몇몇 의병대 대장들은 수도를 일본 식민정권으로부터 되찾기 위해 대규모 진격을 감행했다. 일본 통감부의 공식 집계에 따르면, 당시 '폭도'_{의병을 폄하하는 일본어 보토(暴徒)}의 수가 11,400명에 달했다.²⁶⁰ 성공하지는 못했지만 허위는 대한제국 정부가 스스로를 독립적인 주권국으로 규정해야 한다고 주장하면서 대한제국을 국가로 회복시키는 데 필요한 30개 항목이 담긴 요구사항을 이토 히로부미 통감에게 제시했다.²⁶¹ 처음 세 가지 요구 사항은 고종황제 복위, 외교권 회복, 일본 식민통치기구의 철폐였다. 일본은 이 요구사항이 공개되는 것을 막으려고 애썼지만, 아직 한성에서 발간되고 있던 가장 대담한 신문 「대한매일신보」는 다음과 같이 넌지시 허위의 요구사항 목록에 대해 언급했다. "항간에 떠도는 소문에 따르면 의병이 20개 항목의 요구 사항을 제출했다고 한다. 여기에는 통감부 폐지, 일본 관리 축출, 외교권 회복 등이 포함되어 있다."²⁶²

---

²⁶⁰ 「조선의 폭도와 벌지」, 『조선 주차군 사령부, 조선 독립 운동』, vol. 1, 166쪽.

²⁶¹ 조동걸, 『국역 왕 산 전서』, 서울, 아세아 문화사, 1985. 이 책을 구입하는 데 최형건의 도움이 컸다. 신용하, 「허위의 의병 운동」, 『나라사랑』 27, 1977, 출판 불명도 참고할 것. 허위의 30개 요구 사항이 번역 수록된 책은, 피터 리, 『한국 문명 자료집, vol. 2, 17세기부터 근대까지』(Sourcebook of Korean Civilization, vol. 2, From the Seventeenth Century to the Modern Period), 뉴욕, 컬럼비아 대학교 출판부, 1996, 2:406-407쪽.

²⁶² 「대한매일신보」, 1908년 5월 23일. 일본 식민 정권의 언론 탄압에 대해 설득력 있는 주장이 실린 글은, 안드레 슈미드, 「검열과 황성신문」(Censorship and Hwangsong Sinmun), 장윤식 외 다수, 「전통과 근대화 사이에 놓인 한국. 한국학에 대한 제 4회 아시아 태평양 회의에서 발표된 논문 선집」(Korea between Tradition and Modernity: Selected Papers from the Fourth Pacific and Asian Conference on Korean Studies),

그 전해 여름, 일본 정부는 고종을 강제로 퇴위시키고 그의 아들을 꼭두각시 지도자로 자리에 앉혔다. 일본이 조종한 황제 승계는 대한제국 내에서 새 황제의 통치를 비합법적인 것으로 만들었다. 허위는 고종이 '복위'하면 왕실의 통치를 다시 합법적으로 만들 수 있다고 생각했다. 대한제국이 스스로 통치할 여건이 되어있다고 주장할 수 있어야만 대한제국을 국제적 용어인 주권국가라고 규정할 수 있었다. 한편, 일본 식민 통치 기록물에 따르면, 한성 외곽에서 벌어진 격렬한 전투가 6월까지 계속됐다.²⁶³ 결국 군인의 수와 무기, 조직력에서 월등한 일본군이 승리했고, 허위는 체포되어 감옥에서 고문을 당했다. 국제 사회의 의식 속에 대한제국의 존재와 위상을 다시 살려 내려던 허위의 시도는 그의 죽음으로 끝났다.

초기 의병대들은 그로부터 십여 년 후 허위와 그의 동지들이 한 주장과는 상당히 다른 어법으로 자신들이 봉기한 이유를 부르짖었다. 1895년 반反 개화파 문석봉은 조선 내 일본 식민통치 관리들과 자신이 생각하기에 친일파로 보이는 조선인들에 대항해 다섯 달 동안 일련의 무장봉기를 이끌었다. 그의 동지 가운데 한 사람인 유인석은 전형적인 반일 문구 '일본이 강제로 우리의 상투를 잘랐다'로

⋯⋯

뱅쿠버, 아시아 연구소, 2000, 158-171쪽.

²⁶³ 총독부 자료에서 발췌한 「폭도에 관한 회서」(暴徒に関する返札), 『한국 독립 운동사 사료서』, vols. 8과 9에 수록 됨.

가득한 선언문을 작성했고 일본인을 '서양깡패들'로 규정했다.²⁶⁴ 1895년 발생한 이 '의로운 봉기'를 주도한 투사들과 학자들은 일본과 일본인을 혐오했고, 당시 조선에 유입된 문물을 악이라고 믿었다. 이 운동은 해체되었다. 이유는 부분적으로는 남자들에게 상투를 자르고 소위 문명화된 서양식 짧은 머리를 하도록 하는 논란이 많은 상투법을 왕이 폐지했기 때문이다. 저항군들은 왕에게 격렬한 분노를 표시했지만 왕은 그들을 '충성스럽다'고 하면서 용서해 주었다.²⁶⁵

허위, 이상천, 박규병 등도 일본에 대해 비슷한 증오심을 품고 있었고 1904년 여름 의병대라는 개념을 다시 살려냈다. 하지만 앞서 간 의병대의 전술 대신 국제적인 용어를 이용해 자신들의 주장을 표명했다.²⁶⁶ 허위는 예전의 봉기에도 참여했었고, 자신이 갖고 있던 기존의 원칙을 완전히 부정하지는 않았다. 예를 들어, 그는 유교사상을 비난하거나, 서재필이 주도하는 독립운동에 참여하지도 않았다.²⁶⁷ 1894년 최초의 진보적 개혁인 갑오개혁을 통해

·····

²⁶⁴ 유인석, 「격고팔도열읍」(檄告八道列邑), 신용하, 『한국 근대 민족주의의 형성과 전개』, 제 5장에 수록됨. 이보다 앞서 최익현이 강화도 조약(1897) 체결 당시 일본인들에 대해 묘사한 글이 수록된 책이 『고전 국역 총서』, 서울, 민족문화추진회, 1977, 124-12쪽.

²⁶⁵ 박성수, 『한국 독립운동사 자료집. 의병 편』, 성남, 한국정신문화연구원, 1993, 11-79쪽.

²⁶⁶ 조동걸, 『국역 왕 산 전서』, xv-xviii.

²⁶⁷ 마이클 D. 신, 「인디펜던트지에 나타난 한국에 대한 인식」(Conceptions of Korea in the Independent), 1993년, 출간되지 않은 U. C. 버클리 대학교 석사학위 논문. 저자는 독립운동사상가들이 '조선'이라는 정치적 실체를 서구 사회에서 통용되는 국가의 개념으로 규정하는 일에 몰두했고, 그렇게 함으로써 유교 학자들이 옹호한, 중국을 중심으로 국가들 간의 위계질서를 규정하는 틀에서 '조선'을 해방시키고자 했다고 주장한다. 이들은 한글 사용을 적극 권장했다고 널리 알려져 있지만, 저자는 이들이 영어를 사용함으로써 '국

조선의 사법 체계가 완전히 재정비되었다.[268] 더군다나, 청일전쟁에 뒤이은 정치적 격변으로 많은 개혁조치들이 무산됐지만, '개혁 유학자들'과 독립운동 사상가들은 사법체계의 개혁조치를 유지하려고 애썼고, 마침내 허위는 독립한 대한제국의 과거 시험에 합격했다. 이러한 정치적 여건은 허위가 첫 번째로 시도된 반일 투쟁에 참가했을 때는 존재하지 않았었다. 허위의 전기를 쓴 조동걸에 따르면, 허위는 '의병이라는 겉모습'을 유지하면서 계몽사상가가 되었다.[269]

허위는 1890년대 말 한성으로 거처를 옮기고 자신의 편협한 사상을 버리겠다고 다짐했다.[270] 그는 성균관에서 학업을 닦았고 과거에 합격했다. 1904년 그는 대한제국 고등법원 판사가 되었다. 그해 여름, 새로 임관한 판사 허위는 국가주권과 국제법에 근거해서 새로운 의병활동의 명분을 설명하려고 백방으로 애를 썼다. 7월 1일 『황성신문』이 의병대의 선언문을 실었고, 일본 외무성은 즉시 이 선언문을 '일본으로부터의 독립선언문'이라고 규정했

．．．．．
가로서의 조선에 대한 논의를 할 수 있었음'을 보여 준다고 주장한다(15). 을미사변이 끝나갈 무렵, 허위는 자신의 사상을 급격히 바꿀 생각을 품고 있지는 않았다.

[268] 영, L. 류, 「갑오-을미 개혁운동에 숨어있는 한-일 정치관계, 1894-1896」(Korean-Japanese Politics behind the Kabo-Ulmi Reform Movement, 1894-1896), 『저널 오브 코리언 스터디스』 3, 1982, 39-81쪽. 에드워드 베이커, 「일본 통치 하에서 사법체계의 구축」(Establishment of Legal System under Japanese Rule), 송상현, 『한국의 법과 사법 체계 입문』(Introduction to the Law and Legal System of Korea), 서울, 경문사, 1983.

[269] 조항래, 『1900년대의 애국계몽운동 연구』, 서울, 아세아 문화사, 1993도 참고할 것.

[270] 조동걸, 『국역 왕 산 전서』, viii.

제4장 반대의 목소리 **177**

다.²⁷¹ 허위와 그의 동료의병들은 일본이 대한제국 백성들을 속이고 있으니, 전국적으로 일본에 저항하는 '무장봉기'를 일으키자고 주장했다. "일본인들이 대거 우리나라로 몰려들어 나라를 짓밟을 것이다…조국의 영토를 수호하는 일은 우리의 도덕적 책무이다…백성들이여, 호소하건대 우리와 함께 피의 항쟁에 동참하라. 우리는 지방을 수호하고 낡은 천으로 깃발을, 농기구로 무기를 만들어 적을 제압해야 한다…하늘이 우리를 도울 것이다."²⁷²

앞서 조직된 의병들이 내세우던 주장이 엿보이기는 하나, 허위는 이 선언문에서 새로운 국제적 용어들을 능숙하게 사용하고 있다. 그는 일본과 대한제국이 그 전해 2월에 체결한 협정에 담긴 '영토 보전territorial integrity'이라는 표현을 알고 있었다. 이 개념은 국가의 독립에 근간이 되는 개념이었고, 허위는 이 개념을 이용해 자신이 내세우는 명분을 중심으로 국민들을 결집하려 했다. 안드레 슈미드Andre Schmid는 '영토'와 '주권'이라는 개념들이 연결되어 어떻게 당시 대한제국의 역사적 존재와 위상을 주장하는 수단으로 쓰였는지를 설명했다. 슈미드에 따르면, '조선 후기에 일던 영토에 대한 담론들을 일부는 뿌리 뽑고 일부는 채택해서, 대한제국 정부는 주요한 민족주의 저술가들과 함께 국가의 공간적 개

---

²⁷¹ 「황성신문」, 1904년 7월 1일. 호세이 대학이 소장하고 있는 이 자료들을 열람하도록 도와준 야스오카 아키오에게 감사드린다. 이 신문은 신용하의 『한국 근대 민족주의의 형성과 전개』에도 인용되었다.

²⁷² 「황성신문」, 1904년 7월 1일.

념을 영토주권의 어휘와 관행 범위 내에서 규정하려 했다.'[273] 허위는 슈미드가 거론한 사상가들과는 달랐다. 그는 대한제국의 지도를 다시 그려 본래의 대한제국을 더 크게 만드는 데는 관심이 없었다. 그는 국제적으로 용인된, 국가를 정의하는 용어로 의병 활동을 규정하려고 했다.

허위는 일본의 대한제국 말살을 인정한 국가들에게 자신이 내세우는 명분을 받아들여 줄 것을 호소했다. 그 국가들이 국제 사회의 구성원들이었기 때문이다. 일본이 대한제국을 보호국으로 지정하기 한 해 전인 1904년 여름, 허위는 다음과 같이 말했다.

> 일본의 주장에 따르면… 일본은 '대한제국 황실의 안위 혹은 영토보전이 위험에 처하면 필요한 조치를 취할 수 있다.' 이 조항은 우리나라의 안위를 보장하지는 않는다. 일본의 대한제국 통치를 주장하기 위한 속임수이다.[274]

1904년 초, 대한제국 정부는 러시아와 일본 군대의 움직임에

---

[273] 안드레 슈미드, 「만주의 재발견. 신채호와 한국에서 영토역사의 정치학」(Rediscovering Manchuria: Sin Ch'aeho and the Politics of Territorial History in Korea), 『저널 오브 아시안 스터디스』 56, no. 1, 1997년 2월, 26-47쪽. 슈미드, 『제국들 사이에 놓인 한국, 1895-1919』(Korea between Empires, 1895-1919), 뉴욕, 컬럼비아 대학교 출판부, 2002도 참고할 것. 영토에 대한 신채호의 생각과 국가건설의 관계에 대해 논의한 글은 헨리 엄, 「근대의 민주주의적 구성체로서의 민족. 신채호의 역사문헌」(Minjok as a Modern and Democratic Construct: Sin Ch'aeho's Historiography), 신기욱과 마이클 로빈슨, 『식민통치하에서 한국의 근대화』(Colonial Modernity in Korea), 케임브리지, 매사추세츠, 하버드 대학교 출판부, 1999, 336-361쪽.

[274] 「황성신문」, 1904년 7월 1일자에 1904년 2월 23일자 「한일의정서」(日韓議定書)가 인용되었다.

서 곧 전쟁이 발발할 조짐이 보이자 공식적으로 '중립'을 선언했다. 그해 2월, 대한제국 주재 일본특사 하야시 곤스케는 대한제국 외무대신 이지용과 의정서에 서명했다. 이 의정서에 따르면, '일본 황국은 대한제국의 독립과 영토보전領土保全을 보장한다.'[275] 이 의정서에 뒤이은 조항은 '제 3국이나 내란이 대한제국의 영토보전을 위협하면' 일본이 지원한다고 명시했다. 허위는 이 협정이 무효라고 보고 일본에 '필요할 경우 전략적 거점을 점령하는 특권'을 부여한 조항에 대해 항의했다.

> 수산업과 철도는 이제 일본이 관할하고 있다. 일본은 지방 전역에서 전략적 거점을 점령하게 될 것이다. 일본이 대한제국을 삼키려는 야욕을 드러냈다.[276]

그는 '전략적 거점' 조항을 일본의 말과 행동이 모순됨을 보여주는 증거라고 생각했다. 따라서 그는 '이 협정은 국제법의 기본 원칙을 위반한다'라고 판단했다.[277]

자신이 내세우는 명분을 국제적인 용어로 설명함으로써 허위는 국제사회의 공감과 지지를 이끌어 내려 했고 자신의 투쟁을 일본의 행동에 대한 법적 대응으로 규정했다. 그러나 안타깝게도

---

[275] 『일본외교문서』(日本外交文書), vol. 37, 1, 339–340쪽.

[276] 「황성신문」, 1904년 7월 1일.

[277] 위의 글.

당시 일본은 대한제국 주요 신문에 러시아와의 전쟁이 끝나면 대한제국의 독립은 완전히 회복된다고 반복해서 다짐하는 글을 실었기 때문에 허위의 '일본의 언행불일치' 주장은 신빙성이 훼손되었다.

보호국 지정 협정이 체결되자 허위는 한성을 떠나 합법적인 전쟁 선포에 해당하는 봉기를 계획했다. 1907년 일본이 대한제국 군대를 해체한 일은 허위에게 유리하게 작용했다. 분노한 군인들은 무기를 소지하고 지방으로 흩어졌다. 허위는 홀로 순국하려는 의도는 없었고, 전쟁선포를 하기 위해서 다른 의병대장 이인용과 연합군을 결성하고 군사를 모집하기 시작했다. 허위와 마찬가지로 이인용도 자신들이 주장하는 명분을 국제사회에 이해시키는 일이 중요하다는 사실을 알고 있었다. 1907년 9월, 이인용은 대한제국의 '독립의 회복'을 주장하는 최후 통첩문을 전국에 배포했고 한성주재 외국 영사관에도 보냈다. 그는 이 선언문을 호놀룰루와 샌프란시스코에 있는 재외국민들에게도 발송해 자신의 주장을 널리 알리도록 했다.[278]

허위와 이인용은 자칭 의병대 국가최고사령부 지휘관으로서 자신들이 주장하는 명분의 합법성을 담은 새 선언문을 발표했다. "의병대는 애국주의 조직이다. 열강들은 일본이 우리를 상대로 전쟁을 일으켜 국제법을 위반했음을 인정해야 한다. 우리는

---

[278] 이인용의 선언문이 수록된 책은, 『일본외교문서』(日本外交文書), vol. 41, 819쪽인데, 여기에는 선언문 발표날짜가 1907년 9월 25일로 기록되어있다. 이인용의 재판 기록을 보면 1907년 9월 2일로 되어있다.

정의와 인도주의의 이름으로 호소한다."[279] 1907년 11월, 이들은 한성을 탈환해 '국가 성립의 조건을 새로 만들기 위해' 일본이 강요한 '반역적인 새 협정을 폐지'하려 했다.[280] 처음부터 허위는 자신의 투쟁을 일본이 대한제국의 주권을 말살하려는 시도를 막기 위한 합법적 수단이라고 규정했다. 즉, 열강들이 인정하는 국제 기준을 일본이 위반한 데 대한 정당한 대응이라고 규정했다.

합법적으로 전쟁을 선포하려던 허위의 시도는 무산됐다. 당시 그는 헤이그에 파견된 세 명의 밀사와 마찬가지로 대한제국의 진정한 대표자가 아니었고, 따라서 그의 호소를 지지하는 외국은 하나도 없었다. 열강들은 한반도를 통치하는 일본과의 협정을 통해 대한제국에서 자신들이 누리는 상업적 특권을 유지하려 했다. 외국 정부의 대표가 허위의 전쟁을 정당하다고 인정했다면, 세계 식민주의 열강들이 대한제국의 '최고 권력' 지위를 일본에게 부여한 시점에서, 일본을 국제법상 대한제국의 보호자로 분류한 결정이 위태로워졌을 것이다. 일본이 '저항'이라고 한 행위를 '전쟁'으로 인정하면 필리핀, 하와이, 베트남, 말레이시아, 알제리, 이집트, 마다가스카르, 모로코 등 전 세계 식민지에서 일어나는 '저항'을 합법화하는 결과를 낳았을지 모른다. 1908년 초 일본군은 허위를 체포해 투옥했고, 일본정부는 그를 '폭도'로 규정했다. 그는 그해 여름 감옥에서 숨을 거두었다.

......

[279] 「대한매일신보」, 1909년 7월 28일. 선언문은 이인용에 대한 기사에 포함되어있다.

[280] 위의 글.

장인환과 전명운

1908년 3월 23일, 샌프란시스코에 이민 온 한국계 청년 장인환과 전명운은 샌프란시스코 선착장에서 워싱턴 D.C.로 가기 위해 승선하려는 미국 외교관 더럼 화이트 스티븐스Durham White Stevens를 총으로 쐈다. 일본정부가 고용한 대한제국 왕실 자문관인 스티븐스는 공식 업무를 처리하고 가족을 방문하기 위해 미국에 귀국한 참이었다. 피격 이틀 후 스티븐스는 사망했다. 그가 사망하기 직전, 메이지 황제는 스티븐스에게 일본국에 봉사한 개인이 받을 수 있는 최고 훈장인 욱일대훈장을 수여했다. 스티븐스는 4월 8일 매장됐는데, 워싱턴 D.C. 성요한 성공회당에서 열린 그의 장례식에는 국무성장관 엘리후 루트가 참석해 스티븐스의 관을 운구했다. 거창한 대규모 추모식이 일본 도쿄에서 거행됐고, 도쿄에서 열린 추모식에는 일본 외무성 관리들이 모두 참석했다.[281]

전명운은 스티븐스를 겨냥한 첫 총탄이 빗나가자, 앞으로 돌진해 권총으로 스티븐스의 얼굴을 내리치기 시작했다. 뒤 이은 소

---

[281] 김, 『서울에서 스티븐스의 친일 활동』, vol. 46, 1988, 56-120쪽. 이 사건을 가장 종합적으로 설명한 영문 자료는, 문형준, 「미국에 거주하는 한국 이민자들. 1903-1918년 형성기의 정체성 추구」(The Korean Immigrants in America: The Quest of Identity in the Formative Years, 1903-1918), 박사학위 논문, 리노, 네바다 대학교, 1976. 앤드류 C. 남, 「더럼 화이트 스티븐스와 일본의 한국 병합」(Durham White Stevens and the Japanese Annexation of Korea), 『미국과 한국』(The United States and Korea), 칼라마주, 미시건, 한국학연구소, 웨스턴 미시건 대학교, 1979, 110-136쪽도 참고할 것. 로널드 타다키, 『낯선 곳에서 온 이방인들. 아시아계 미국인 역사』(Strangers from a Different Shore: A History of Asian Americans), 뉴욕, 펭귄 북스, 1989, 283-284쪽도 볼 것.

동에서 장인환이 실수로 쏜 두 발의 총탄이 스티븐스의 등에 치명상을 입혔다. 몰러드는 군중이 "살인자를 처단하자!"라고 외치는 사이 경찰은 장인환을 체포해 보석 없이 감금했다.[282] C. T. 콘란 C. T. Conlan 즉결 심판소 판사는 살인 혐의로 장인환에게 샌프란시스코 일심 법원에 출두하라고 명령했다. 총상을 입고 입원 중이던 전명운은 5월 1일까지 기소여부를 결정하는 법정에 출두하지 못했다. 1차 청문회에서 판사는 전명운에게 살인종범으로 재판을 받으라는 명령을 내렸다. 샌프란시스코 변호사 네이선 커플란 Nathan Coughlan 이 전명운과 장인환을 변호했고, 아서 쇼펜하우어 Arthur Schopenhauer 가 정립한 애국심에서 비롯된 정신이상 이론을 바탕으로 정신이상 변론을 펼쳤다. 커플란은 두 사람의 상태를 '숭고한 형태의 정신이상'이라고 주장하면서 이들의 상태를 '과도한 애국심'으로 규정했다.[283] 6월 중순 전명운은 가석방되자 시베리아로 도주했다.[284] 그 다음 해 겨울 장인환은 2급 살인죄로 25년을 선고받고 샌퀜틴 교도소에 수감되어 10년을 복역했다. 1930년, 가난에 지치고 자포자기한 장인환은 샌프란시스코에서 자살로 생을 마감했다. 샌프란시스코에 묻힌 그의 시신은 1975년 박정희 대통령이 서울로 옮겨 와 국가유공자 무공훈장을 수여하고 국립

---

[282] 「샌프란시스코 크로니클」, 1908년 3월 24일.
[283] 「샌프란스시코 크로니클」, 1908년 3월 28일.
[284] 『일본외교문서』(日本外交文書), vol. 41, 837쪽.

현충원에 안장했다.[285]

장인환과 전명운이 미국시민을 살해한 혐의로 투옥되자, 일본정부는 국제사회의 주목을 받게 됐고 법적으로 입장이 난처해졌다. 1905년 보호국 조약의 제 1항은 대한제국의 외교권을 박탈하는 동시에 '일본 외교관과 공사 대표단이 외국에서 대한제국의 국민과 이익을 보호'한다고 명시했다.[286] 일본 정부와 일본기업의 이민 모집 담당자들은 이 조항의 위력을 이용해 일본인의 하와이 이민 경쟁상대인 대한제국 국민의 이민을 무산시켰지만, 이 경우에는 이 조항에 따라 일본이 법적 책임을 져야 할 가능성이 제기되면서 일본정부는 겁을 먹었다.[287] 그러나 장인환과 전명운은 일본의 법적인 보호를 요청하지 않았다. 오히려 그 반대였다. 두 사람이 내세우는 대의명분은 일본 대표의 보호를 받는 일과 정면으로 배치됐기 때문이다. 두 사람은 자신들이 한 행동이 정당하다고 믿었고 미국인들이 자신들의 주장에 동감할 것이며 대한제국이 독립국으로서 존재해야 한다고 세계를 설득할 수 있다고 믿었다. 스티븐스를 쏜 직후 언론에 배포한 자료에서 두 사람은 모두 자신의 유죄를 인정했다. 장인환은 어설픈 영어로 다음과 같이 말했다고 전해진다. "그렇소, 내가 쐈소. 후회하느냐고? 천

- - - - -

[285] 김원용, 『재미 한인 50년사』, 리들리, 캘리포니아, 찰스 호 김, 1959, 328-329쪽.

[286] 일본 외무성, 『일본외교연표』(日本外交年表), 252쪽.

[287] 웨인 패터슨, 『미국에 형성된 한국 접경지대. 하와이 이민, 1896-1910』(The Korean Frontier in America: Immigration to Hawaii, 1896-1910), 호놀룰루, 하와이 대학교 출판부, 1988.

만에. 그 자는 나쁜 사람이오. 일본을 도운 사람이오."[288] 두 사람은 자신들의 행동을 조국의 독립을 유지하기 위한 수단이라고 주장했다.

> "스티븐스는 악인이오. 그는 대한제국에게 반역자이고, 감언이설로 우리나라 지도자들을 기만했소… 머지않아 조선인들은 모두 죽고 일본인들로 나라가 가득찰 것이오… 나는 애국자이오. 스티븐스는 반역자이기 때문에 쐈소… 조선은 일본 못지않게 훌륭한 나라이고 조선은 스티븐스가 주장한 것처럼 일본이 통치하기를 원하지 않소… 앞으로 내가 어찌 되든 상관없소. 스티븐스가 내 손에 죽었기를 바랄 뿐이오."[289]

언론은 그가 어설픈 영어로 한 말을 그대로 실었겠지만, 사건의 생소함을 부각시키기 위해 과장했을 가능성도 있다. 장인환의 주장은 분명했다. "조선은 일본 못지않게 훌륭한 나라이고 조선은 일본이 통치하기를 원하지 않소." 명목상의 어떤 법적 원칙도 거론하지 않았지만, 장인환은 자신의 입장을 국제 사회가 이해할 수 있는 용어로 일목요연하게 말했다. 국제 사회에서 대한제국의 주권을 일본이 말살하는 행위는 정당화될 수 없었다. 내부적으로 대한제국은 변함없이 존재했기 때문이다.

경찰과 법정에 제출한 진술서에서 장인환은 다시 한 번 자신

---

[288] 「뉴욕타임스」, 1908년 3월 24일.
[289] 「샌프란시스코 크로니클」, 1908년 3월 24일.

의 행동이 조국의 영토보전을 위해 필요했다고 정당화했다.

"내가 그를 죽이지 않아야 할 이유가 뭐요? 수십만명이 그의 계획 때문에 죽어갔소… 그러니 나는 내 조국을 위해 그를 쏜 것이오."[290]

"나는 투옥되느니 차라리 죽음으로 순국하고 싶소. 나는 조국에 대한 나의 의무를 다했고 법이 나를 어찌할지는 관심이 없소."[291]

전명운은 훨씬 애처롭게 대한제국의 존재를 인정할 것을 요구했다.

"내 이름은 전명운이오. 올해 25살이오. 전 세계가 대한제국을 업신여기는 게 너무나도 유감스럽소. 나는 조국이 다른 여느 나라처럼 훌륭한 나라가 되는데 조금이라도 도움이 되기 위해 조국을 떠나 유학을 왔소. 하지만 내가 조국을 떠난 후 상황은 악화됐소. 일본은 힘을 정당화하고 우리 정부에게 강제로 조약을 맺도록 했소. 그리고 나서 조국에서 문제가 심각해지기 시작했소. 내 형제들과 친척들이 일본인 손에 죽음을 당했지만, 나는 아무런 힘도 없었고, 그래서 그저 무력하게 지켜볼 수밖에 없었소… 스티븐스씨가 무슨 말을 했는지 알게

---

[290] 「샌프란시스코 크로니클」, 1908년 3월 25일자에 실린 장의 선언서.
[291] 「샌프란시스코 크로니클」, 1909년 1월 3일, 「공립신보」, 1909년 1월 6일.

된 후 나는 그를 죽이고 나도 죽기로 결심했소."[292]

전명운은 스티븐스를 살해하는 게 왜 친족의 죽음에 대한 복수를 하고 조국의 말살을 막는 합리적인 선택인지를 설명했다.

미국과 조선 사이에 체결된 슈펠트 조약[1882]을 보면, 미국은 조선을 지원하고, 조선 왕실에 미국인 자문관을 두는 관행 수립을 법적으로 약속한다고 되어있다. 1883년 고종황제를 보좌하던 루시우스 푸트Lucius Foote가 이 정책을 처음으로 집행했다. 푸트와 그의 뒤를 이은 자문관들—오웬 데니[1886–1890], 찰스 르잔드르[1890–1894], 클레런스 그레이트하우스[1894–100], 그리고 윌리엄 프랭클린 샌즈[1900–1904]—은 일본의 힘이 점점 막강해지고 있다고 조선 왕실에 경고를 했지만 미국에 공식적인 항의를 하라고 부추기지는 않았다.[293] 20여 년 후 1904년 8월 일본이 대한제국과 체결한 협정문 제 2조항에서 대한제국 정부는 외교자문을 선택할 권리를 일본정부에 이양한다고 적시되면서 이 관행은 철폐되었

---

[292] 「샌프란시스코 크로니클」, 1908년 3월 28일.

[293] 오웬 데니, 『중국과 한국』(China and Korea), 상하이, 켈리 앤드 월쉬, 1888. 윌리엄 프랭클린 샌즈, 『비외교적 기억. 한국 법정에서』(Undiplomatic Memories: At the Court of Korea), 런던, 센추리 재출판, 1987. 마르티나 도이힐러, 『유생과 야만인 특사들. 한국의 개방, 1875-1885』(Confucian Gentlemen and Barbarian Envoys: The Opening of Korea, 1875-1885), 시애틀, 워싱턴 대학교, 1977. 프레드 해링턴, 『신, 마몬, 그리고 일본인들. 호레이스 알렌 박사와 한미관계, 1884-1905』(God, Mammon, and the Japanese: Dr. Horace Allen and Korean-American Relations, 1884-1905), 매디슨, 위스콘신 대학교 출판부, 1944.

다.²⁹⁴ 일본 외무성은 미국인 자문 역할을 할 사람으로 친일 인사를 임명했다. 그 사람이 바로 더럼 화이트 스티븐스이다. 그가 임명되는 절차는 사뭇 달랐지만, 이전에 근무하던 미국 자문관들은 옳든 그르든 '미국'과 '미국인들'이라는 알 수 없는 실체들이 일본에 대항해 대한제국의 편을 든다는 생각을 대한제국 국민들의 의식 속에 어렴풋이 자리 잡게 만들었다. 스티븐스가 암살되던 당시, 이러한 인식은 대한제국, 일본, 미국 언론이 모두 언급할 만큼 팽배해 있었다.

1883년에 접어들면서 일본 외무성은 스티븐스를 고용해 도쿄와 워싱턴 양쪽에서 여러 가지 업무를 맡겼다. 미국에서 일본 로비스트로 활동하는 동안 스티븐스는 조지 트럼블 래드, 조지 키넌, 브루스 커밍스가 '일본에 아첨한 미국학자들'이라고 부른 학자들과 함께 일본을 옹호하는 자들과 친분을 다졌다.²⁹⁵ 이들은 『North American Review』, 『Outlook』, 『World's Work』과 같은 진보시대 Progressive Era, 1890부터 1915년까지의 기간을 일컬음—옮긴이 학술지에 기고를 했고 대체로 대한제국 국민들을 '퇴행적'이라고 묘사하면서 일본이 대한제국에 대해 기울이는 노력을 칭송했다.²⁹⁶ 일본은

-----

²⁹⁴ 운노 후쿠주, 『한일협약과 한국병합, 조선 식민지 지배의 합법성을 묻는다』(日韓協約と韓国併合 朝鮮の植民地支配の合法性を問う), 도쿄, 아카시 쇼텐, 1995, 285쪽.

²⁹⁵ 브루스 커밍스, 「고고학, 하강, 부상. 영/미 패권 시대의 일본, 1900-1950」(Archaeology, Descent, Emergence: Japan in British/American Hegemony, 1900-1950), 마사오 미요시와 H. D. 하루투니언, 『세계 속의 일본』(Japan in the World), 더럼, 노스캐롤라이나, 듀크대학교 출판부, 1993, 106쪽.

²⁹⁶ 그 한 예는, 조지 키넌, 「한국. 퇴행적인 국가」(Korea: A Degenerate State), 『더 아웃

1904년 스티븐스를 고용하면서 대한제국 황제에게 '중립적'인 자문관 역할을 한다고 꼼수를 썼지만 많은 사람들을 속이지는 못했다. 그럼에도 불구하고, 대한제국 내에서 철도, 광산, 목재, 특허, 이민계약과 관련해 대한제국 기업들, 일본기업들과 점점 더 많은 거래를 하던 미국 기업인들은 미국인 스티븐스가 늘 자신들의 이익을 대변하리라 생각했다.[297]

1908년 3월, 「샌프란시스코 크로니클」의 기자는 스티븐스가 현지에 도착하자 그를 인터뷰했다. 이 신문은 스티븐스의 말을 다음과 같이 인용했다. "관리들은 안 그랬지만, 농민들은 일본인을 환영했소. 하지만 관리들까지도 자기네 나라의 유일한 희망은 낡은 제도를 뜯어고치는 길 뿐이라는 걸 깨닫기 시작했소."[298] 스티븐스는 대한제국의 내부적인 구조가 건전하지 못하다고 규정하고 대한제국이 일본의 보호를 받아들이도록 만들었다. 기자는 다음과 같이 요약했다. "스티븐스에 따르면, 한국인들은 일본의 보호로 큰 혜택을 받았고, 일본의 보호에 대해 점점 호의적인 태도를 갖기 시작했다."[299]

때마침 스티븐스의 운명을 결정하는 사건이 일어났다. 의병대

......

룩」(The Outlook), 1905, 출판 불명, 키넌, 「일본은 한국에서 무슨 짓을 했는가?」(What Japan has done in Korea?), 「더 아웃룩」, 1905, 출판 불명.

[297] 웨인 패터슨, 『미국에 형성된 한국 접경지대』(The Korean Frontier in America), 호놀룰루, 하와이 대학교 출판부, 1988, 151쪽.

[298] 「샌프란시스코 크로니클」, 1908년 3월 21일.

[299] 위의 글.

장 이인용이 재외국민들에게 보내는 선언문이 스티븐스가 샌프란시스코까지 타고 온 바로 그 배를 타고 도착했다. "동포들이여, 우리는 일치단결해서 조국에 우리를 바치고 독립을 되찾아야 한다. 그대들은 야만스러운 일본인들의 만행을 세계만방에 고해야 한다. 그들은 교활하고 잔인하며 진보와 인류의 적이다. 우리는 온 힘을 다해 일본인들, 그들의 첩자들, 동조자들, 야만적인 군인들을 모조리 처치해야 한다."[300] 샌프란시스코 한인사회 지도자들은 배가 도착한 다음 주 일요일 교회당에서 이 분노에 찬 말을 깊이 논의했다. 이 모임에서 그들은 며칠 전 스티븐스가 언론에서 한 말에 대해서도 의논을 했다.[301] 그 후에 나온 신문들에 실린 머리기사에 따르면, 샌프란시스코 한인회 회원들은 스티븐스의 말에 격렬하게 항의했다. '예배를 보면서 공격을 모의하다'라는 제목의 기사에서 「샌프란시스코 크로니클」의 기자는 두 개의 한인 이민단체 공립회, 태동회 회원들이 일요일 저녁에 모여 '일본과 일본의 통치를 지지하는 사람에 대한 증오심을 드러내며 격렬한 어조로 성토했다.'[302]라고 보도했다. 캘리포니아에서 발행되는 한인 신문 「공립신보」은 일요일에 열린 모임이 '스티븐스에 대해 취할 수 있는 적절한 조치를 의논하는 모임이 되었다'라고 보도했

─────

[300] 스티븐스 총격사건 후 「뉴욕타임스」는 1908년 3월 25일자 신문에 선언문을 실었다. 고이케가 하야시에게 보낸 전문 no. 24도 참고할 것, 『일본외교문서』(日本外交文書), vol. 41, 819쪽에는 선언문 날짜가 1907년 9월 25일로 기록되어있다.

[301] 「공립신보」, 1908년 3월 25일.

[302] 「샌프란시스코 크로니클」, 1908년 3월 24일.

다.[303]

스티븐스를 공격하는 시도는 두 번 있었다. 첫 번째 시도는 3월 22일 저녁 페어몬트 호텔 로비에서 일어났다. 이인용이 봉기를 호소한 데 힘입어 이민사회의 대표들-이학연, 문양목, 정채관, 최유섭-은 「크로니클」지에 실린 스티븐스의 말에 대해 항의하기 위해 호텔로 갔다.[304] 호텔 직원이 스티븐스의 방에 연락해 '일본인' 대표단이 그의 도착을 환영하러 왔다고 하며 로비로 내려오게 했다. 한국인들은 스티븐스에게 인사를 하고 신문에 실린 기사가 그가 한 말이 맞는지 물었다. 스티븐스가 그렇다고 대답하자, 그들은 그에게 커다란 등나무 의자 여러 개를 던졌다.[305] 이 소란은 별 일 없이 수습되었지만—한국인들은 곧바로 호텔에서 쫓겨났고, 스티븐스는 얼굴 몇 군데를 베이기만 했다—'한국인들 외교관을 공격하다'라는 제목으로 신문에 기사화되면서 '피에 굶주린bloodthirsty' 한국인들 이야기가 퍼져나갔다.[306] 그리고 일본에 대항해 미국인들의 관심을 이끌어 내려던 한국인들의 입장을 더욱 불리하게 만드는 사건이 일어났다. 다음 날 장인환과 전명운이 스티븐스를 쏘면서 당시 언론은 한국인이 하는 말을 모두 폭력적인 성향을 띤 것처럼 만들었다.

[303] 「공립신보」, 1908년 3월 25일.
[304] 「샌프란시스코 크로니클」, 1908년 3월 23일. 문형준, 「미국에 거주하는 한국 이민자들. 1903-1918년 형성기의 정체성 추구」도 참고할 것. 「공립신보」, 1908년 3월 25일.
[305] 「샌프란시스코 크로니클」, 1908년 3월 23일. 「뉴욕타임스」, 1908년 3월 24일.
[306] 「샌프란시스코 크로니클」, 1908년 3월 23일. 「뉴욕타임스」, 1908년 3월 24-27일.

대한제국을 식민지화 하려는 일본의 야욕은 그 전해 여름 헤이그 특사사건으로 국제 언론의 주목을 받으면서 더욱 강렬해졌다. 그리고 스티븐스 피격 관련 보도는 이러한 야욕을 더욱 더 부채질했다. 예일대 교수 조지 트럼블 래드는 「뉴욕타임스」 사설에서 마치 자신이 검사인 양 이렇게 말했다. 한 기사에서 그는 한국인들을 '피에 굶주린 잔인한 종족'이라고 했고, 또 다른 기사에서는 '중요한 사실은 그러한 암살은 대한제국 역사에서 새로운 일도, 드문 일도 아니다'라고 말했다.[307] 몇몇 다른 논설기고가들은 재판이 열리기도 전에 스티븐스를 암살한 한국인들을 살인자라고 단죄하지 않으려고 했지만, 미국 동부와 서부 양쪽 모두에서 기자들은 이들을 폄하하고 비인간화하는 기사를 썼다.

'오늘 스티븐스를 쏜 한국인 장인환은 몸집이 12살짜리 만한데 본인은 30세라고 한다.'[308]
'왜소한 한국인은 방구석에 말없이 서서 사내아이가 가질법한 광기어린 열정을 억누르고 있었다.'[309]

암살하는 데 사용한 무기조차도 성인 남성의 기준에 미치지 못한다고 보도했다.

[307] 「뉴욕타임스」, 1908년 3월 25일, 1908년 4월 5일.
[308] 「뉴욕타임스」, 1908년 3월 24일.
[309] 「샌프란시스코 크로니클」, 1908년 3월 24일.

> 전명운이 스티븐스를 공격하는 데 사용한 권총은 … 권총이
> 라기보다는 어린아이 장난감 권총 같은 싸구려 무기이다. 총
> 신은 길이가 겨우 1.5인치이다. 장인환의 무기도 32구경이지만
> 관통력이 거의 없었다.[310]

'퇴행적인' 한국인들이라는 주장은 '피에 굶주리고', '어린애 같은' 한국인들이라는 보도와 얽히고 섥켜 당시의 언론을 도배했다. 두 한국인이 자신들의 행동은 조국을 위해 투쟁하기 위한 행동—'한국은 일본 못지않게 훌륭한 나라이다.'—이라고 아무리 설명을 해도 국민들을 서열에 따라 순위를 매기는 식민주의 질서에서 한국인들은 스스로를 통치할 수 없는 민족으로 분류되었다.

샌프란시스코 주재 일본 영사 고이케 주조는 한편으로는 일본이 보호국 지정 하에 대한제국을 통치하므로 일본이 두 한국인의 행동에 대한 법적 책임을 지게 될까 우려했다. 그는 또 한편으로는 보호국 지정이 국제 사회에서 여전히 합법적인 행위로 인정되지 않을까봐 걱정했다. 스티븐스가 피격 당하자 곧바로 고이케는 도쿄에 있는 식민지 행정 기록물 보관소에 자료를 긴급히 요청했다. 혹시 일본의 '현명한' 행정운영을 미국 관리들에게 보여 줘야 할지도 몰랐기 때문이다.[311] 미국언론의 관심이 한국인들에게로 쏠리자 고이케는 도쿄에 있는 외무상 하야시 다다스에게

---

[310] 위의 글.
[311] 『일본외교문서』(日本外交文書), vol. 41, 875-877쪽.

전문을 보내 한국인들이 자국 내 신문에 퍼뜨리고 있는 낭설들이 미국 언론에 퍼져 일본에 대한 미국의 여론을 오염시킬지 모른다고 경고했다. "한국인들은 이 기회에 미국인들을 기만해 한국에 대한 미국의 여론을 호도하려 하고 있다. 그들은 극도로 위험한 표현을 구사하면서 살인마들을 정의로운 애국자로 칭송하고 일본인들을 야만적인 도적와조쿠·和賊이라고 부르짖고 있다."[312]

한국의 저항을 언어로서 폄하하려는 보다 폭넓은 정책—일본 정권에 저항하는 의병대를 폭도로 규정하고 그들이 일으키는 전쟁을 저항으로 폄하하는 정책—에 발맞춰 고이케를 비롯한 일본 관리들은 미국에서 사건을 일으킨 한국인들이 '애국자'로 인식되는 불상사를 막아야했다. 주디스 버틀러Judith Butler는 '자극적인 발언'에 관한 글에서 독자들에게 "자신이 알지도 못하는 사이에 자신에게 오명이 씌워지는 상황을 생각해보라. 그 오명은 그 사람을 사회적으로 규정하지만, 그 사람은 자신이 그렇게 규정되는지 알지 못한다"라고 말했다.[313] 버틀러가 핵심을 지적했다. 고이케가 한국인들을 묘사하는 '언어'가 자신이 통제할 수 있는 영역을 벗어나지 않도록 하려 했다는 사실은 '오명을 쓰게 된' 대상이 애초에 어떻게 그 오명을 습득하게 되는지를 보여준다. 고이케는 권력을 쥔 자의 입장에서, 한국인들이 '말장난'을 하고 있으며, 이에

-----

[312] 위의 책.

[313] 주디스 버틀러, 『선동적인 연설. 수행의 정치』(Excitable Speech: A Politics of the Performative), 뉴욕, 루틀리지, 1997, 30-31쪽.

대해 적절히 대응을 하면 이 상황을 좌지우지할 수 있다고 생각했다. 고이케는 한국인들이 '알지도 못하는 사이에' 한국인들에게 공식적으로 '오명'을 붙일 수 있었고, 이에 대해 한국인들은 어쩔 도리가 없었다.

메이지 관리들은 일본이 한국인 암살자들과 법적으로 얽히는 문제를 차단했다. 문명국으로서 스티븐스의 죽음에 조의를 표했을 뿐만 아니라 그를 일본과 미국의 영웅이라고 칭했다. 일본 정부는 재외 한국인들을 일본인에 준하는 국민으로서 '보호'하지 않고, 자신이 고용한 미국인 스티븐스를 '보호'하기 위해 공식적인 노력에 준하는 모든 노력을 기울였다. 일본 정부는 이 기회를 틈타서 한국인들은 위대한 정치가를 도살한 '피에 굶주린 암살자'라는 인식을 부추겼다.[314] 외무상 하야시는 입원한 스티븐스에게 전문을 보냈고 이 전문은 「샌프란시스코 크로니클」에 공개되었다. "귀하를 암살하려는 시도가 있었다는 소식에 충격을 금할 길이 없습니다. 귀하가 회복되었다는 소식을 애타게 기다리겠습니다. 샌프란시스코 주재 일본 총영사에게 힘이 닿는 한 귀하에 대한 지원을 아끼지 말라고 지시했습니다."[315] 이 신문에는 이토 히로부미가 스티븐스에게 보내는 친서도 실렸다. '끔찍한 피격

---

[314] 리온 촐고츠(Leon Czglosz)가 맥킨리 대통령을 쏜 사건이 일어나기 불과 몇 년 전인데, 이 사건을 계기로 언론에서는 암살과 이민자들에 대해 격한 논조의 글들이 실렸다. 몇몇 기자들은 한국인들과 관련해서 촐고츠 사건을 떠올리는 기사를 썼고, 이민자 하나하나가 모두 잠재적인 암살범이라는 극단적인 주장을 하기도 했다.

[315] 「샌프란시스코 크로니클」, 1908년 3월 25일.

소식에 심심한 조의를 표합니다. 조속한 쾌유를 빕니다.'[316] 스티븐스가 사망하자 이토는 기자들에게 스티븐스에 대한 극찬을 늘어놓았다. "나는 스티븐스 씨의 죽음을 국가적 재앙이자 개인적인 손실이라고 봅니다."[317] 국가적 '재앙'을 언급하면서 이토는 주일 미국대사가 스티븐스를 '충직한 미국인'이라고 칭송했다는 사실을 놓치지 않고 인용했다.[318] 스티븐스의 죽음을 '국가적 재앙'이라고 주장하면서 (그에게 욱일대훈장을 수여하고) 일본 정부는 일본을 '어린아이 같은' 한국보다 훨씬 상위에 위치한, 미국과 동등한 반열에 올려놓았다. '피에 굶주린 잔인한' 한국인들은 일본인과 동등한 인간이 아니었다. 일본 정권이 한국에서 저지른 폭력과 만행에 관심을 기울여 달라고 미국인들에게 호소한 장인환과 전명운의 노력은 일본이 존경해 마지않았던 '충직한 미국인'의 죽음으로 물거품이 되어 버렸다.

1908년 3월 24일, 장인환은 마지막으로 미국인들의 이해를 호소하려고 감방에서 편지를 써 「샌프란시스코 크로니클」에 보냈다. 그 다음 날 아침, 이 신문은 1면에 장인환이 육필로 쓴 편지

-----

[316] 위의 글.

[317] 「뉴욕타임스」, 1908년 3월 29일.

[318] 「뉴욕타임스」, 1908년 3월 27일. 발렌틴 볼로시노프(Valentin Volosinov)는 언어적 분석에 관한 글에서 다음과 같이 썼다. '보도된 연설은 연설 속의 연설이다. 말 속의 말이다. 그러나 보도된 말은 단순히 연설의 주제가 아니다. 말은 연설 속으로 들어가서 자체적으로 문장을 구성해 내고, 연설 구성의 통합적인 단위가 된다. 그러나 일단 말이 저자의 연설을 구성하는 단위가 되면, 보도된 말은 그 연설의 주제가 된다.' 발렌틴 볼로시노프, 『마르크스주의와 언어의 철학』(Marxism and the Philosophy of Language), 라디스라프와 I. R. 티투닉 번역, 케임브리지, 매사추세츠, 하버드 대학교 출판부, 1986, 115쪽.

제4장 반대의 목소리 **197**

〈그림 4〉 「샌프란시스코 크로니클」 전면에 사진과 함께 실린 장인환의 편지, 1908년 3월 25일.

를 배경으로 장인환의 두상 사진을 실었다 그림 4. 그의 편지를 간략하게 번역한 내용은 안쪽 면에 실렸지만, 이미 그의 행동에 공감하는 사람들만이 번역된 내용을 읽었다. 장인환이 편지에 쓴 간결한 마지막 문장은 조국을 지키려는 한국인들의 노력이 순식간에 허사가 됐다는 사실을 말해주는 듯하다. "What other words could I say?" 다른 말 할 것 없노라[319]

1905년, 대한제국 황제의 참모 민영환은 일본의 보호국 지정에 항의해 자결했다. 민영환의 자살과 그의 뒤를 따른 몇몇 관리

......

[319] 「샌프란스시코 크로니클」, 1908년 3월 25일.

들의 자살은, 권력을 쥐고 있던 한국인들―특히 이완용 같은 인물―이 대한제국의 주권을 일본에 양도하자, 조국의 주권을 지키기 위해 이들이 얼마나 처절하게 애썼는지를 보여준다. 1907년 여름, 총리대신 이완용이 고종황제를 강제로 폐위시키고 그의 아들을 옹립함으로써 이완용과 그의 추종자들은 주권국으로서의 대한제국의 종말을 초래했고 이후 40년 동안 일본의 통치를 받게 만들었다. 샌프란시스코에 살던 평범한 한국인 장인환은 다른 이들과 힘을 합해 자신의 조국의 존재를 세상에 알리려 애썼다. 하지만 그들의 호소에 아무도 귀 기울이지 않았고, 허위처럼 장인환과 전명운은 폭력적인 방법을 쓸 수밖에 없었다.

고토쿠 슈스이

1910년 내내―메이지 황제 암살음모와 관련해 경찰이 고토쿠 슈스이를 체포하기 전―수사관들은 황제 행렬에게 던질 폭탄을 제조하는 음모와 관련해, 고토쿠를 이 사건에 엮어 넣을 자료들을 수집했다. 일본 정부가 고토쿠를 후에 대반역사건The Great Treason Incident이라고 일컫게 된 이 사건의 중심인물로 만들려 한 이유는 그가 메이지 정부가 일본을 통치하면서 사용한 용어들에 대해 정면으로 비판했기 때문이다. 따라서 고토쿠가 일본에서 주권과 관련된 용어들에 대해 이의를 제기했다는 주장은 새로운 게 아니니다.

20세기 접어들면서 고토쿠는 유럽 자유주의에 환멸을 느끼고 사회주의로 돌아섰고 일본의 외교정책을 점점 경멸하게 되었다.[320] 그러나 당대의 다른 이들과는 달리 고토쿠는 일본에게 착취당하는 특정 국가나 민족보다는 제국주의 자체에 관심이 있었다.[321] 따라서 20세기 초 저항의 역사에서 고토쿠는 여전히 최고의 인물로 여겨지지만, 당시 그가 피지배자들의 처지에 대해 실제로 공감을 표명한 경우는 거의 없고 종종 그의 주장은 자신이 비판하고자 한 정부의 입장과 비슷했다. 1905년 6월 말 그가 쓴 일기를 보면, 고토쿠는 '세상을 벗어나 홋카이도나 한국에 있는 섬을 하나 사서 이상적인 삶을 누리고 싶다'라고 적었다.[322] 고토쿠가 대한제국을 이렇게 식민지화 할 수 있는 무주공산無主空山으로 여겼다는 사실은, 루이즈 영Louise Young이 말한 바와 같이, 1930년대에 일본이 만주를 어떻게 묘사할지를 예견해 주었다. 루이즈 영은 일본이 만주를 다음과 같이 묘사했다고 말했다. "텅 빈 벌판-일본인의 정착을 기다리는 광활한 미개척지. 이 상상의 지형에서 거주민들을 축출하는 행위는 일본과 다른 나라들 사이에 존

---

[320] 시오타 쇼베이, 『증보 고토쿠 슈스이의 일기와 서답』(増補 幸徳秋水の日記と書簡), 도쿄, 미라이샤, 1965. F. G. 노트헬퍼, 『고토쿠 슈스이. 일본 과격파의 초상』(幸徳秋水:日本過激派の肖像), 케임브리지, 매사추세츠, 케임브리지대학교 출판부, 1971, 제 3장, 55-87쪽.

[321] 이러한 비평 가운데 가장 유명한 비평은, 고토쿠의 1901년 저서, 『제국주의. 21세기의 기괴함』(帝国主義 '21世紀の怪物), 고토쿠 슈스이 전집편집위원회(幸徳秋水全集編集委員会), 『고토쿠 슈스이 전집』(幸徳秋水全集), 도쿄, 메이지 분켄, 1970, vol. 3, 107-196쪽.

[322] 시오타 쇼베이, 『증보 고토쿠 슈스이의 일기와 서답』(増補 幸徳秋水の日記と書簡).

재하는 힘의 불균형을 보여준다."[323] 고토쿠와 같은 저항인은 자신이 정착하기 위해 본래 거주민들이 삶의 터전을 빼앗을 필요가 없는 '텅 빈 공간'을 꿈꾸었다.

고토쿠가 대한제국에 대해 애착을 느낀 것은 아니지만, 그는 대한제국을 계몽하겠다는 일본의 정책을 날카롭게 비판하면서 국제적 용어의 의미를 새롭게 규정하려 했다. 간단히 말해서, 고토쿠는 일본의 대한제국 정책을 분석하면서 국제적 용어들을 사용해 국제적 교류를 함으로써 혜택을 보아야 하는 대상은—국가 자체나 팽창주의자들이 아니라—한 나라의 국민들이라고 주장했다. 고토쿠는 국제질서를 규정하는 용어들이 어떻게 쓰이는지에 대한 인식을 바탕으로 새로운 국제질서를 도출해 냈다. "한때 우리는 '독립을 촉진'한다는 표현을 선호했다… 그러나 10년 만에 이 표현은 그 의미를 완전히 잃었다. 우리가 당면한 문제는 우리가 대한제국에서 독립을 촉진해야 하는지 여부가 아니다. 하와이에서도, 필리핀에서도, 류큐 열도나 대만에서도 독립은 촉진되지 않았다. 그런데 대한제국에서 독립을 촉진해야 하는 이유가 무엇인가?"[324] 그는 또 다음과 같이 말하기도 했다. "미국이 하와이를, 영국이 이집트를 보호국으로 만들었듯이 일본도 대한제국

-----

[323] 루이즈 영, 『일본의 제국. 만주와 전시 제국주의의 문화』(Japan's Total Empire: Manchuria and the Culture of Wartime Imperialism), 버클리와 로스 엔젤레스, 캘리포니아 대학교 출판부, 1998, 15쪽.

[324] 메이지 분켄, 『고토쿠 슈스이 전집』(幸德秋水全集), vol. 4, 338-340쪽.

을 보호국protectorate으로 만들려는 게 아닌가?"³²⁵ 메이지 일본 내정에 대해 고토쿠가 느낀 환멸감은 일본 정부가 국제적 용어들을 헛되게 이용하고 있다는 생각과 맞물렸다.³²⁶ 메이지 정권이 내세운 자유와 평등이라는 공허한 약속과 마찬가지로 고토쿠는 독립이 국제관계 형성에 자의적으로 쓰일 수 있다고 생각했다.

대한제국을 둘러싼 일본과 러시아의 전쟁이 발발하기 수개월 전, 고토쿠는 「요로즈초호」지에 여러 개의 글을 기고해 대한제국에서 일본이 펼치는 정책에 대한 자신의 입장을 설명했다.³²⁷ 얼핏 보면 그의 글들은 강자가 약자를 지배하는 권력정치의 공식을 그가 지지한다는 인상을 주지만, 자세히 들여다 보면 그가 주장하는 바가 그렇게 분명치 않다는 사실이 드러난다. 그는 국제적 용어들의 의미를 재정비해서 국가의 국민들—대한제국이 아니라 '대한제국 국민'—이 국제교류로부터 혜택을 받아야 한다고 주장했다. 간단히 말해서 고토쿠의 주장은 국제법의 근간이 되는 가정들을 뒤엎는다.³²⁸ 1903년 8월 「철수할 것이냐, 병합할 것이

* * * * *

³²⁵ 위의 책, 270쪽.

³²⁶ 고토쿠와 그의 동료들의 사상이 어떤 식으로 '국민인권운동'에서 파생되었는지에 대해 자세히 알고 싶다면, 나카무리 후미오, 『대역사건과 지식인』(大逆事件と知識人), 도쿄, 산이치 쇼보, 1982를 볼 것.

³²⁷ 고토쿠는 1903년 구로이와 루이코의 신문에 직원으로 합류했다. 그는 이 신문사에서 1년쯤 일하다가 신문이 전쟁에 반대하는 입장을 취하지 않자 사카이 도시히코와 함께 전격적으로 사임했다. 두 사람은 「요로즈」의 전직 기자 이시가와 산시로, 「니로쿠」전직 기자 니시가와 고지로와 함께 「헤이민 신문」을 창간했다. 야마모토 다케토시, 『요로즈초호의 발전과 쇠퇴』(萬朝報の発展と衰退), 도쿄, 니혼 도서센타, 1984. 히로시, 『치안유지법과 특효경찰』(治安維持法と特効警察), 도쿄, 교이쿠샤, 1979, 42-43쪽.

³²⁸ 재클린 바바(Jaqueline Bhabha)는 인권운동단체들이 내세운, 인간적인 차원의 국제

냐?」放棄か併呑か·To Withdraw or To Annex라는 기고문에서 그는 당시 일본의 정책에 정면으로 도전했다.[329]

조선인朝鮮の人類·the Korean Race이 하루 아침에 계몽해 스스로 통치하게 될 수 있을까, 아니면 발버둥치는 야만인들에게 영원히 종속될까? 대한제국의 천혜의 자원은 대한제국 백성들의 삶을 윤택하게 하는 데 쓰여야 하지 않을까? 그들은 황량한 벌판에 영원히 버려질까? 하늘은 이런 딜레마라는 무거운 짐을 일본 국민들의 어깨에 지워주었다. 이제 일본 국민들이 이 문제를 풀어야 할 때가 됐다.[330]

국가 주권에 대한 무쓰 무네미쓰의 날카로운 글을 인용해 대한제국을 병합하는 게 일본의 의무라고 설명하면서, 고토쿠는 「병합」의 의미를 바꾸어 국가는 국민을 희생시키는 대가로 이득을 얻어서는 안 된다고 주장한다.

......
관계가 최우선적이고 도덕적이라는 주장을 분석했다. 이들은 '기본적인 인권을 인정하는 데 있어서 보편성을 추구하는 일은 영토를 기반으로 한 강력한 주권국가의 이념에 도전장을 던지는 일'이라고 주장했다. 재클린 바바, 「구현된 권리. 성차별적 박해, 국가의 주권, 난민들」(Embodied Rights: Gender Persecution, State Sovereignty, and Refugees), 『퍼블릭 컬쳐』, vol. 9, 1996, 3-32쪽.

[329] 캐롤 글럭은 메이지 후기 문명 옹호론자들과 문명의 실패를 맹렬히 비난한 고토쿠 슈스이의 주장을 병치시켜 '찬양받든 비난받든 문명이 존재한다는 사실 자체에는 더 이상 의문의 여지가 없었다'라는 점을 보여 주었다. 캐롤 글럭, 『일본의 근대 신화. 메이지 시대 후기의 이념』(Japan's Modern Myths: Ideology in the Late Meiji Period), 프린스턴, 뉴저지, 프린스턴 대학교 출판부, 1985, 256쪽.

[330] 고토쿠 슈스이 전집편집위원회(幸徳秋水全集編集委員会), 『고토쿠 슈스이 전집』(幸徳秋水 全集), 도쿄, 메이지 분켄, 1970, vol. 4, 339쪽.

대한제국 문제가 해결됐는지 여부를 판단하는 기준은 대한제국 귀족이나 정부 관리들에게 득이 되느냐 실이 되느냐에 근거해서는 안 된다. 평화유지와 인류 복지에 도움이 되는지에 따라 판단해야 한다. 결국 대한제국의 정치, 경제, 천연자원은 조선인의 행복을 위해 존재하는 것 아닌가? 동양 인류에게 득이 되어야 하는가? 아니면 전 세계 인류에 득이 되어야 하는가? 맹자가 말하기를 무슨 일이든 국민에게 우선 이익이 되어야 하고 그들의 통치자에게 이득이 되는지는 그 다음이라고 했다. 철수하라. 인류에게 득이 된다면 철수하라! 병합하라. 그것이 인류에게 이득이 된다면 병합하라! 인류에게 득이 된다면 귀족이나 관리들에게 득이 되든 실이 되든 상관없다.[331]

고토쿠는 한 국가의 국민이 국제적 용어들의 의미를 결정하는 주체가 되어야 한다고 주장했다. 대중이 국제관계를 주도해야 한다는 뜻이 아니라, 대중의 (물질이나 그 밖의 여러 가지) 복지를 증진하는 게 국제 사회에서 정책수립과 집행의 목표가 되어야 한다는 뜻이다. 그는 다음과 같이 말했다. "나는 깃발을 앞세우고 영토를 팽창하는 데서 희열을 느끼는 자들을 혐오한다. 명성을 좇는 자들을 혐오한다. 그런 것을 목표로 삼는 외교 정책이

---

[331] 「요로즈초호」(萬朝報), 1903년 8월 28일. 「고토쿠 슈스이 전집편집위원회」(幸德秋水全集編集委員会), 『고토쿠 슈스이 전집』(幸德秋水全集), 도쿄, 메이지 분켄, 1970, vol. 4, 338-340쪽에 수록. 여기서 '진루이'(人類)는 '인류'와 '인종' 두 가지로 번역해서 고토쿠가 깊은 식견을 갖고 있었던 당대 사회적 다원주의의 어휘를 포착하였다.

얼마나 천박한지는 말할 필요도 없다."[332]

다루이 도키치 그리고 다이토 大東

1870년대 말, 일본 외무성에서 일본과 조선 사이에 위치한 무인도를 둘러싸고 작은 소동이 일었다. 일본과 조선은 그 바윗덩어리를 서로 자기네 영토라고 주장했고 난파선과 조난자들을 처리하기 위한 절차를 둘러싸고 공식적인 외교협상이 이루어졌다.[333] 일본 서해안 지역과 러시아 관할 북방 열도의 어민들은 분쟁이 발생한 섬들을 일본 영토로 규정해 달라고 일본 정부에 탄원했다. 시마네현에 사는 도다 다카요시는 도쿄 도지사 구스모토 마사시에게 일련의 편지를 보내 '국익의 증진을 위해 제국의 영토를 확장하라 公地は拡張し′国益をおこし'고 촉구했다.[334] 일본이 마쓰시마라고 부른 이 섬 한국어로는 울릉도 과 다케시마/독도—19세기 말 유럽 지도는 두 섬을 합해 호넷 과 리앙쿠르 the Hornet and Liancourt Rocks라고

......

[332] 고토쿠 슈스이 전집편집위원회(幸徳秋水全集編集委員会), 『고토쿠 슈스이전집』(幸徳秋水全集), 도쿄, 메이지 분켄, 1970,vol. 4, 340.

[333] 1996년 이와 유사한 논쟁이 일자, 일본 외무성은 메이지 초기에 일어난 이 사건의 육필 기록 완본을 다시 출판했다. 이 자료에는 1693년 도쿠가와 조선 대표단이 이 섬들에 대해 논의했던 내용도 포함되어있었다. 일본 외무성, 『독도문제-독도교섭』(独島問題-独島交渉), 도쿄, MT 퍼블리셔스, 1996.

[334] 일본 외무성, 『독도문제』(独島問題), 166쪽에 실렸다. (외무성 비서가 이 서신을 공식적 기록으로 입력하는 과정에서 서두르다가 실수를 한 것 같다. 도다 다카요시의 성은 이 서신에는 '이시다'라고 쓰여 있지만, 다른 다섯 통의 서신에서는 '도다'라고 쓰여 있기 때문이다.)

제4장 반대의 목소리

표시하고 있다―가 이 분쟁의 이유였다. 러시아 관할 항구에서 작업하는 한 어부는 일본으로 편지를 써서 일본 정부에게 마쓰시마를 '개척'하라고 종용했다. 그는 편지에서 '이 섬은 규모는 작아도 얻을 게 많다'라고 적었다.[335] 일본 어부들은 이 섬들 주변의 어장에 자원이 풍부하다고 했고 국익과 위상의 차원에서 자신들의 주장을 개진했다. 그들은 일본의 경계선을 새롭게 확장해야 한다고 주장했다.

고토쿠가 심층적인 학문적 연구를 통해 '병합'의 의미를 재정립하려 한 것과는 달리 (교육은 고토쿠보다 덜 받았지만 세태에 민감한 정치적 성향은 뒤지지 않는) 다루이 도키치는 '무인도'를 둘러싼 분쟁에 우연히 관여하게 되면서 메이지 정부 팽창주의자들이 사용한 바로 그 용어들을 이용해 국경선을 재조정하려고 했다. 그러나 그는 전혀 다른 목적을 품고 있었다. 1878년 다루이는 며칠 동안 도쿄의 친구들을 방문했다. 새 정권에 대해 저항하던 북부 일본의 군인들과 합류하려던 계획이 무산된 후였다.[336] 그로부터 5년 후 다루이는 여행에 대한 글에서 일본 서해안에서 멀리 떨어진, 조선 가까이에 있는 '무인도'에 대해 친구들과 나눈 대화를 언급했다.[337] 일부 학자들은 도쿄에서 다루이가 가진 모

-----

[335] 1877년 5월 6일. 무토 쓰네노리, 『독도문제』(独島問題), 외무성, 225쪽.

[336] 나미키 요리히사, 「다루이 도키치의 '아시아주의' - 동아시아의 '근대'와 '국가'」(樽井藤吉の'アジア主義'- 東アジアの'近代'と'国家'), 요시오 아키오, 야마우치 마사유키, 모토무라 료지, 『역사의 문법』(歷史の文法), 도쿄, 도쿄대학교 출판부, 1997, 232쪽.

[337] 다루이 후나키(도키치), 「무인도 탐선행기」(無人島 探船行記), 『아시아협회보고』(亜細

임에 주목해왔지만, 다루이의 대화 내용을 당시 이 섬을 둘러싼 일본과 조선의 분쟁, 일본 언론에 매일 보도되던 갈등과 연결시킨 사람은 내가 알기로는 아무도 없었다. 다루이가 친구들과 얘기를 나눈 섬의 위치는 어부들이 말한 섬의 위치와 거의 정확히 맞아떨어졌는데, 이 점은 그로부터 몇 년 후 다루이가 새 나라를 건설하겠다고 결심한 점에 비추어 볼 때 아주 중요하다.[338] 다루이가 이 작은 섬을 다이토라는 진부한 이름으로 부르며 자신의 나라를 세우려 했든지 아니면 오늘날 다이토라는 지명을 가진 섬의 근처에 있는 한 섬에 자신의 나라를 세우려고 했을 가능성이 있다.

다루이에게 귀띔을 해준 이가 누구든, 또 그가 찾으려 한 섬의 실제 위치가 어디든, 다루이는 자신이 염두에 둔 바윗덩어리 섬을 아주 창의적으로 이용했다. 그는 큐슈로 돌아왔고 1878년에서 1881년까지 한학 학교에서 시간제 교사로 또 「사가신문」佐賀新聞 기자로도 일하는 동안 일본 영해 남부와 조선 영해 남부 사

......

亜協会報告), no. 5, 1883년 6월, 19쪽. 이 학술서 7월과 8월호에 다루이 일기의 나머지가 실렸다.

[338] 다나카에 따르면, 자신이 다케토미 도키토시 (1880년대 초 다루이가 교편을 잡았던 학교를 운영한 인물)를 인터뷰했을 때, 다케토미가 자신이 '무인도'에 대해 다루이에게 말했다고 주장했다. 다케토미는 이 섬이 자신이 읽은 책 『동국통감』(東國通觀)에 등장한다고 주장했고, 다루이에게도 이 책에 등장한다는 사실을 지적해주었다고 했다. 다나카는 그의 이러한 주장이 미심쩍다고 생각했고 도쿄에 거주하는 다루이의 지인 마쓰노조가 '무인도'에 대한 정보를 제공했다고 주장했다. 다나카 소고로, 『동양사회당고』(東洋社會党考), 도쿄, 이치겐샤, 1930, 65-66쪽. 마쓰노조에 대해 더 알고 싶다면 46-48쪽을 참고할 것. 나미키 요리히사, 「다루이 도키치의 '아시아주의' – 동아시아의 '근대'와 '국가'」(樽井藤吉の'アジア主義'-東アジアの'近代'と'国家'), 236-238쪽도 참고할 것.

이를 네 차례에 걸쳐 항해하면서 자신이 생각하는 다이토를 찾아 헤맸다. 하지만 매번 그 섬을 찾는 데 실패했다.

1879년 12월 첫 번째 항해에서는 통영 근처 조선 남부해안에 있는 수많은 작은 섬들 때문에 헷갈려 배를 뭍에 대기로 했다.[339] 조선인들은 해안에 상륙한 배가 외국 배임을 알아보고 선원들을 지역 관리들에게 데리고 갔다. 다루이는 자신을 비롯한 선원들이 보잘 것 없는 총칼을 휘둘러 탈출을 했고 다시 항해를 계속했다고 영웅담을 늘어놓았다. 그러나 이번에는 날씨 때문에 헷갈렸다. 조선 서부 전라도 해안에 있는 항구에 피신하려고 항구로 들어오던 그들은 관리들에게 잡혔고 배를 몰수당했다. 다루이는 한 조선 관리에게 "친구를 만나러 상하이에 가던 길"이라고 말했다. 또 다른 관리에게는 자신은 "쓰시마에서 왔고 류큐 섬으로 가려했다"라고 말했다.[340] 조선인들은 이 일을 어떻게 처리해야 할지 결정하기 위해 지침서를 참고한 뒤 마침내 다루이 일행을 부산으로 데려가 그 곳에서 일본에 돌려보내기로 했다. 그리고 곧 조선 관리들은 다루이 일행을 풀어주기로 했고, 다루이는

······

[339] 다루이 후나키(도키치), 「무인도 탐선행기」(無人島 探船行記), 나미키 요리히사, 20쪽. 「다루이 도키치의 '아시아주의' – 동아시아의 '근대'와 '국가'」(樽井藤吉の'アジア主義'-東アジアの'近代'と'国家'), 236-238쪽도 참고할 것. 이순신 장군이 1590년대에 히데요시의 전함들을 침몰시킨 바로 그 해역에서 다루이가 항로를 잃은 것은 순전히 우연이다.

[340] 다루이 후나키(도키치), 「무인도 탐선행기」(無人島 探船行記), 나미키 요리히사, 「다루이 도키치의 '아시아 주의' – 동아시아의 '근대'와 '국가'」(樽井藤吉のアジア主義-東アジアの'近代'と'国家'), 236쪽. 다루이가 자신의 처남 구스노키에게 쓴 두 통의 편지에는 섬을 찾느라 애를 먹는 내용이 담겨있는데, 이 서신은 다나카 소고로, 『동양사회당고』(東洋社会党考), 198-200쪽에 실려 있다.

1880년 1월 초 큐슈로 돌아갔다.

 섬을 찾는데 실패하자 다루이는 의기소침해졌다. 1880년대 내내 메이지 정부가 평등이라는 이상을 버리고 억압적인 정권으로 변해가자 다루이는 자기 주변 세상에 대해 점점 깊은 절망감을 느꼈다. '무인도'를 찾으려는 그의 열망은 조업권이나 국가 팽창주의와는 아무 상관이 없었다. 상상의 나라를 묘사한 다루이의 글을 보면 다루이는 자신이 찾는 섬에서 모두가 평등하게 사는 이상향을 세우고 싶어 했다는 게 분명하다. 큐슈 북부 지방으로 돌아온 다루이는 메이지 정권에 대항하는 다양한 진보적 정치 운동에 관여했다. 그는 수개월 동안 정치모임에 참석했고 이타가키 다이스케가 이끄는 자유당 지유토·自由党 조차도 부의 평등한 분배에 힘쓰지 않는다고 생각했다. 그래서 1882년 5월, 다루이와 아카마쓰 다이스케는 '정신의 도덕성'을 내세우면서 동양사회당 도요사카이토·東洋社會党 을 창당했다.[341] 다루이와 아카마쓰는 추종자들을 나가사키 근처에 있는 고토지 사원에 모이게 했다. 백여 명이 사원 근처에 있는 시마바라에서 왔고 나가사키에서 세 명, 도쿄, 오사카, 니가타, 사가에서 각각 한 명씩 왔다. 근대 일본을 연구하는 역사학자들 가운데 다루이의 창당에 주목하는 몇 명 되지 않는 학자들 가운데 한 사람인 E. H. 노먼 E. H. Norman 은 다루이의 창당을 '자유운동에서 파생된 좌익 운동 가운데 가장 흥미로운 사

---

[341] 『동양사회당고』(東洋社会党考), 헌장은 다나카 소고로, 『동양사회당고』(東洋社会党考), 3-5쪽에 실려 있다. 『메이지 문화 전집』(明治文化全集), vol. 2, 434-435쪽.

례의 하나'라고 묘사했다.³⁴² 노먼은 시마바라를 선택한 다루이의 결정이 어떤 의미를 갖는지 지적했다. '17세기 초, 도쿠가와 막부에 저항하는 대규모 봉기가 그 곳에서 일어났다.'³⁴³ 창당의 주역들은 '도덕morality'과 '평등equality'의 원칙을 정당강령에 포함했고 '사회 대중의 보다 나은 복지'社会公衆の最大福利·the greater welfare of society's masses를 위해 힘쓰겠다고 약속했다.³⁴⁴ 다루이가 아시아의 다른 나라들에도 관심을 가졌다는 사실은 정당 강령 제 5항에서 당원들에게 당의 강령을 중국식 한문으로 번역해 중국과 조선에도 배포하라고 했다는 점에서 나타난다. 한 달 후 메이지 정권의 내무상 야마다 아키요시는 다루이 일당의 소식을 들었고 평화를 해친다는 이유로 당을 해체했다. 그 다음 해 초겨울, 나가사키 법원은 당 강령을 담은 인쇄물을 배포한 죄로 그를 한 달 동안 감금했다.

일본 내에 존재하는 불평등에 공감한 다루이는 당연히 유럽과 미국이 아시아에 대해 보이는 태도에서 불평등을 느꼈다. 하지만 그는 메이지 팽창주의자들이 아시아에서 궁극적으로 이루고자 한 목표와 미국과 유럽이 보이던 행동 사이에 중요한 연관성이 있다는 점을 파악하지 못한 듯하다. 사회정의 이론에 대해 체

-----

³⁴² 존 다우어, 『근대 일본 국가의 기원. E. H. 노먼의 글 선집』(The Origins of the Modern Japanese State: Selected Writings of E. H. Norman), 뉴욕, 판테온, 288쪽, no. 31.

³⁴³ 위의 책, 288쪽, no. 31.

³⁴⁴ 다나카 소고로, 『동양사회당고』(東洋社会党考), 3-4쪽.

계적인 공부를 하지는 않았지만 다루이는 나라 지역의 농촌에서 성장하면서 경제적 정치적 소외가 어떤 결과를 가져오는지 충분히 목격했고, 1868년에 동경으로 이주해서는 가난을 체험했다. 이러한 경험들을 통해 다루이는 자신의 주변에서 엄청난 부와 권력이 어떤 파괴력을 갖는지 깊이 인식하게 되었다. 다루이의 불안정한 가정사를 잘 보여 주는 예는, 그가 1892년 의회에 출마하면서 모리모토 도키치라는 예명을 썼다는 점이다. 다루이 집안은 고향에서 늘 파산지경이라고 알려져 있었기 때문이다. 다루이는 그의 유명한 논문을 출간하면서—나중에 더 자세히 살펴보겠지만— 첫 쇄를 모리모토라는 이름으로 펴냈다.[345] 반정부 입장을 보인 나카에 조민이나 오이 겐타로와 같은 사상가들과는 달리, 다루이는 전문용어를 구사하면서 자신의 주장에 귀를 기울이게 하거나 권위 있는 유럽 사상가의 말을 인용할 만큼 교육을 받지 못했다.[346] 예를 들면, 나카에나 오이는 '평등'이라는 단어를 쓰면서 존 로크나 존 스튜어트 밀의 말을 분명히 인용하거나 그들의 주장을 떠올리게 했다. 그러나 다루이는 로크가 말하는 '평등'이라는 개념이 마치 일본어와 일본 사상에 늘 존재해 온 것처럼 그 말을 사용했다. 이런 연유로 다루이의 사상에 대해 학자들은 역사 문헌적으로 서로 전혀 다른 해석들을 한다.

---

[345] 위의 책, 51-52쪽.

[346] 다케우치 요시미, 「아시아주의의 전망」(アジア主義の展望)(소개문), 다케우치 요시 『아시아주의: 현대일본사상체계』(アジア主義:現代日本思想体系), vol. 9, 도쿄, 지쿠마 쇼보, 1963, 36쪽.

〈그림 5〉 1930년 출간된 전기의 권두언에 실린 다루이 도키치의 사진.

그러나 다루이의 사상을 서로 달리 해석하는 학자들이라도 다루이의 사상이 여러 가지 서로 다른 사상들을 절충한 정교하지 못한 사상이라는 데는 의견의 일치를 보인다. 이러한 견해는 유명한 사회비평가 다나카 소고로의 말에 가장 잘 나타나 있다. 그는 다루이의 사상은 '유교와 불교의 가르침과 당대 유럽과 미국의 사상을 혼합해 놓은 것 같다'라고 주장했다.[347] 다루이의 사상이 이렇게 체계적이지 못함에도 불구하고 다나카는 다루이를 근대 일본 사회에서 평등을 꿈꾼 사상가들의 계보에서 중심

......
[347] 다나카 소고로, 『동양사회당고』(東洋社会党考), 34쪽.

적인 위치에 놓고 있다. 그러나 묘하게도 나나카는 다루이가 평생 동안 아시아에 대해 관심을 보였다는 점에 대해서는 거의 언급하지 않았고, 1930년에 저술한 다루이의 전기에서도 일본과 조선의 통일을 주장하는 다루이의 유명한 글에는 거의 주목하지 않았다. 이 책의 권두언그림 5에 실린 내용을 보면 다루이가 아시아에 대해 보인 열정이 어느 정도인지 가늠할 수 있다. 여기에는 다루이가 일본과 조선의 통일을 도와 달라고 호소하기 위해 조선 왕에게 보낸 편지의 사본을 배경으로 다루이의 사진이 실려 있다.

한편 악명 높은 범아시아주의 단체인 흑룡회고쿠류카이·黑龍會의 회원인 역사학자들은 다루이를 '동아시아의 총체적인 안전과 복지를 염원하는 정책을 최초로 제시한 인물'이라고 칭송한다.[348] 이 단체가 다루이에 대해 각별한 애정을 보이기 때문에 다루이의 사상에서도 범아시아주의의 악취가 난다는 의혹을 불러일으키기도 하고, 일부 역사학자들은 다루이를 일본의 '침략주의' 사상을 탄생시킨 장본인으로 취급하기도 한다.[349]

1884년 프랑스 해군함 몇 척이 중국의 항구도시 푸조우에 폭격을 가하자, 아시아가 유럽과 미국의 정벌주의의 희생물이라는

......

[348] 구즈오 요시히사,『동아선각지사기전』(東亜先覚志士紀伝), 도쿄, 고쿠류카이, 1933. 다루이 도키치 부분은 다케우치 요시미,『아시아주의 : 현대일본사상체계』(アジア主義:現代日本思想体系), 32-34쪽에도 실렸다. 전쟁 후에 다루이를 '발견'한 사람은 다케우치로 알려져 있다.

[349] 한상일,『일한 근대사의 공간』(日韓近代史の空間), 도쿄, 니혼게이자이 효론샤, 1984, 31쪽. 나미키 요리히사,「다루이 도키치의 '아시아주의' - 동아시아의 '근대'와 '국가'」(樽井藤吉のアジア主義−東アジアの '近代' と '国家'), 요시에 아키오, 야마우치 마사유키, 모토무라 료지,『역사의 문법』(歴史の文法), 도쿄, 도쿄대학교 출판부, 1997, 225-239쪽.

다루이의 생각은 항거해야 한다는 결의로 바뀌었다. 프랑스의 포격사건 후에 다루이는 푸조우로 가서 저항 세력에 합류했다. 그는 거기서 다시 상하이로 가서, 동경에 본부를 둔 흥아회興亞會의 지원을 받아 학교 동아학관東亞学館의 설립을 도왔다. 자칭 민족주의자/아시아주의자인 수에히로 데초의 지도 하에, 다루이는 바바 다쓰이, 나카에 조민, 스기타 데이티, 히라오카 고타로 등과 함께 학교에 근무했지만 일 년 만에 재정적인 어려움으로 학교는 문을 닫았다. 1885년 다루이는 오사카로 돌아왔고, 조선에서 정변을 일으켰으나 실패하고 일본으로 피신한 조선의 개화파 김옥균을 아는 상하이 사람을 통해 오이 겐타로 같은 사람들과 친분을 맺었다.[350] 다루이는 곧 배로 오사카를 출발해 조선을 침략하려는 겐타로의 모의에 합류했고 루소와 밀의 번역서를 배포해 조선 정부의 환심을 샀다—이는 그로부터 십여 년 후 메이지 정부가 대한제국 정복을 놓고 벌인 논쟁과 전혀 다를 바가 없는 계획이었다. 오사카 경찰은 배가 항구를 출발하기 전에 모의 사실을 알아냈고 모의를 주도한 인물들을 투옥했다. 다루이가 수감된 기간은 겨우 몇 달에 불과하지만, 그는 감옥에서 자신이 상상하는 나라 다이토에 대한 계획을 구체화했다. 후에 수정 보완해서 발표한 그의 에세이에는 아시아 중심의 사회적으로 평등한 정치체제에 대한 구체적인 설명이 담겨있다.

......
[350] 해롤드 F. 쿡, 『한국의 1884년 사건. 그 배경과 김옥균의 허망한 꿈』(Korea's 1884 Incident: Its Background and Kim Ok-Kyun's Elusive Dream), 서울, 로열 아시아틱 소사이어티, 1972.

다루이가 1910년 한일병합을 찬양했다는 사실을 잊어서는 안 된다. 젊은 시절에 다루이는 이미 불평등한 한일관계가 자신이 상상하는 세상을 만드는 데 걸림돌이 된다는 사실을 몰랐든지 알면서도 모른 체 한 것으로 보인다. 아니면 이러한 장애물이 평등한 나라 건설에 커다란 걸림돌이 되지는 않는다고 믿었는지도 모른다. 자신이 설립하고자 하는 국가에 어떤 법률 용어를 적용할까 고심했다는 사실에 비추어 볼 때 다루이의 사상을 단순히 정치 스펙트럼상 어디에 위치하는가를 바탕으로 판단하는 것은 결함이 있다. 오사카 경찰은 1885년 다루이 도키치를 석방하면서 그가 작성한 〈대동합방론〉大東合邦論 초안을 폐기했지만, 다루이는 이 글을 다시 작성해 수년 후 현재 알려진 형태의 에세이를 발간했다.351 다루이가 꿈꾸는 다이토는 여러 가지 다양한 입장을 수용했지만, 근본적으로 그는 평등한 정치 체제에 대한 깊은 관심과 다른 아시아 국가들에 대한 막연한 공감을 혼합했다. 게다가 그는 자신이 꿈꾸는 사회가 국제법과 조화를 이룬다고 주장했다.

다루이가 감옥에서 대동합방론 초안을 쓰던 바로 그 때 이토 히로부미와 리홍장이 텐진에서 협상을 진행하고 있었다는 사실은 순전히 우연의 일치일 뿐 두 사건은 아무런 관련이 없다. 그러나 이 두 사건을 함께 살펴보면, 다루이 도키치가 메이지 정부

- - - - -

351 다루이 도키치, 『대동합방론: 재판 대동합방론』(大東合邦論: 再販 大東合邦論), 도쿄, 초료 쇼린, 1975. 이 부분은 1910년 판본을 인용한 것인데, 여기에는 1893년 사본과 한국병합을 축하하기 위해서 다루이가 재발간한 사본이 포함되어있다. 1963년, 다케우치 요시미는 『아시아주의: 현대일본사상체계』(アジア主義: 現代日本思想体系)를 현대일본어로 번역했다. 이 책에는 둘 다 인용되었다.

의 정치적 담론에 무시 못 할 기여를 했다는 사실이 분명해진다. 톈진에서 열린 무기 감축 협상에서 이토는 중국 관리들에게 일본 정부는 (영국과 중국을 포함해서) 모든 나라들과 국제법 용어에 의거해서 외교 협상을 진행하겠다고 밝혔다. 자신의 글에서 다루이는 자신이 말하는 다이토 또한 국제법이라는 담론을 벗어나지 않는다고 강조했다. 다루이는 같은 국제법 용어들을 사용함으로써 이토가 제안한 '일본 정책'과는 현격히 다른 한중일 관계를 규정하는 질서를 구축할 수 있다고 생각했다. 예를 들어 이토는 '평등'을 오직 주권독립국으로 인정받은 나라들 사이의 관계를 공식적으로 규정하는, 불변의 개념으로 보았다. 반면 다루이는 모든 정치체제가 조화를 이루며 상호 의존하는 관계를 규정할 수 있는 잠재력이 국제법 용어들에 내재되어 있다고 보았다.[352]

다루이의 제안은 일본 자체를 말살할 수도 있기 때문에 일본이 스스로를 규정하는 방식에 적지 않은 위협이 되었다. 하지만 다루이의 글에도 분명히 밝혔듯이 다루이의 목표는 그가 규정하는 국제적 용어의 한도 내에서 달성 가능했다. 다루이 말대로 일본과 조선을 결합하면 일본과 조선이 각각 누리는 주권은 사라지게 된다. 다이토로 통일되면 두 나라는 하나로 존재하게 된다. 1905년 메이지 정부가 대한제국을 보호국으로 지정하면서 사용한 용어들과는 달리, 다루이는 자신이 말하는 새 나라를 구성

---

[352] 다케우치 요시미, 『아시아주의: 현대일본사상체계』(アジア主義: 現代日本思想体系), 117쪽.

하는 두 구성원들 간의 서열구분은 (당장은 아니라도) 결국 사라지게 된다고 생각했다. 다루이는 '다이토大東·Great East'를 조선과 일본이라는 지리적 경계 내에 있는 평등한 이상향으로 보는 데 그치지 않고 하나의 나라를 만든 뒤 중국과 동등하게 연방을 구성함으로써 아시아에 대한 유럽과 미국의 팽창 야욕을 물리칠 수 있다고 생각했다. 다루이는 자신이 꿈꾸는 평등한 나라의 구성원들은 당시 일본과 조선에 만연한 사회적 경제적 불평등을 극복해야 한다고 보았다. 그는 조선과 일본의 합방이 처음에는 일본에게 '이득이 안 되지만', 자신의 이상향에서는 '조선에 득이 되면 일본에도 득이 되고 일본에 득이 되면 조선에도 득이 된다'고 보았다. 유감스럽게도 다루이의 책은 그의 꿈을 좇는 추종자들을 많이 만들어 내지 못했다. 사실, 그로부터 20년 후—1910년 일본이 대한제국을 공식적으로 병합한 후—에 가서야 그의 책은 어느 정도 가시적인 독자층을 형성했다.

다루이가 목표로 한 독자층은 분명했다. 그는 조선인들도 읽을 수 있도록 하겠다고 분명히 밝히고 이 책을 한문으로 출간했다. 1890년대 초 그 생명은 짧았지만 동양자유당東洋自由党 대표라는 평판을 이용해 다루이는 1903년 자신의 글을 출간했다. 새로운 나라에 어떤 이름을 붙일지에 대해 그는 깊이 고심했고, 자신의 책 제 2장을 이 문제에 할애하였다. 〈논어〉의 구절을 인용해 그는 다음과 같이 적었다.

'이름이 바르지 않으면 말이 통하지 않는다'고 한다. 또 '이름은 실체에 부합해야 한다'고도 한다… 우선 나는 이름을 명확히 하고 실체와 이름이 부합하는지 살펴보겠다.[353]

그는 다음과 같이 자세히 적었다.

내 주장의 요점은 일본과 조선이 하나의 통일된 나라를 이루자는 것이다. 나의 이러한 계획을 '일본과 조선의 합방'이라고 불러도 전혀 오해의 소지가 없으리라. 그러나 합방의 실체를 만들려면 결연히 이 방법을 버려야 한다. 과거에도 현재에도 마찬가지로 (새로운 국명) 안에 어떤 이름을 먼저 넣을 것인가를 두고 열띤 논쟁이 일었다. 예를 들어, 아드리아해 연안 국들과 로마인들은 연합해서 마케도니아를 정복했다. 한 시인이 이 승리를 찬양하는 시를 지었는데, 그는 이 시에서 아드리아해 연안국들을 로마인들보다 앞에 놓았다. 두 나라 사이에 불협화음이 일어났고 두 나라는 서로 싸우기 시작했다. 신생국의 이름을 짓는 데 있어서 고려해야 할 문제이다.

다루이에게 근본적으로 이보다 더 중요한 것은 자신의 계획을 국제 사회에 이해시키는 일이었다. 그는 '다이토'가 국제법 용어들과 부합한다고 강력히 주장했다.

양측의 평등한 관계가 교류의 원칙이다. 국제법은 영토나 인

---

[353] 이 구절은 논어 13편 3절을 인용했다.

구의 규모를 바탕으로 국가들 사이에 위계질서를 정하지 않는다. 나는 차별하지 않기 위해서 기존의 국가명칭에 의존하지 않고, 두 나라를 통일된 하나의 이름인 다이토로 명명하리라. 유럽 연방에서도 연방을 구성하는 각 나라의 이름은 존재하되 이들을 통칭하는 이름은 모든 나라를 아우른다. 일본과 조선 두 나라가 합방해서 각각 기존의 국명을 사용하되 두 나라를 통칭하는 이름인 다이토를 사용한다면 두 나라 사이에 불협화음은 일어나지 않으리라.[354]

흑룡회의 지도자인 우치다 료헤이같은 사람들이 다루이에게 찬사를 보냈다는 사실에 비추어보면, 다루이를 다른 시각으로 보려고 애쓰는 일 조차 힘들다. 그러나 다루이가 1880년대에 (김옥균과 같은) 개혁파들과 손을 잡으려 했다는 사실은 미국과 유럽이 아시아에서 펼친 인종차별적이고 파괴적인 제국주의 정책에 대항하는 세력을 구축하는 데 관심이 있었음을 보여준다. 다루이는 국경을 초월해 일본과 조선을 하나로 아우르는, '올바른 이름'을 가진 더 나은 정치 체제를 만들 수 있다고 믿었다. 게다가 그는 '국제법의 지침'을 자신이 제안한 '조화로운 합방'을 합법화하는 수단으로 삼았다. 다이토는 일본과 조선을 모두 부정했다. 일본 정부는 처음에 다루이의 사상을 폐기했다가 다시 되살려 일단 보류했지만, 일본이 대한제국을 공식적으로 말살한 후에는

---

[354] 다루이 도키치, 『대동합방론: 재판 대동합방론』(大東合邦論: 再販 大東合邦論), 6쪽. 다케우치 요시미, 『아시아주의: 현대일본사상체계』(アジア主義: 現代日本思想体系), 109쪽.

다루이의 사상을 부활시켜 찬사를 퍼부었다.

이렇게 서로 다른 다양한 목소리들을 하나로 아우르는 작업은 어렵다. 서로 모순되는 점이 있기 때문이다. 예를 들어, 조선에서 이민 온 이들은 계급적인 차이만으로도 그들이 동조하는 대의명분의 실현을 이끄는 의병대 대장과 같은 밥상에서 밥을 먹을 수 없었을 것이다. 그러나 이들은 모두 궁지에 몰렸고, 이로 인해 결속력이 더 단단해졌다. 이들이 일본이 규정한 한계를 벗어난 목적을 달성하기 위해 국제적 용어를 사용할 능력이 없었다는 사실은 20세기 초 오직 국제 사회에서 인정받은 정권만이 국제법의 주체가 될 수 있었던 역사적 상황을 보여 준다. 21세기 초 국제 사회에서는 세계의 인정을 받은 정권이 규정하는 것과는 다른 방법으로 국제적 용어를 사용해 자신의 주장을 하는 수많은 사례가 발생했다. 일본 황군의 성노예들부터 세상을 떠도는 2천 2백만의 난민들을 이끄는 무명의 지도자들에 이르기까지 평등, 독립, 주권과 같은 용어들이 불의에 저항하는 이들에게 희망을 불어넣어 준다는 사실은 부인할 수 없다.[355] 그러나 누가 이 용어들의 의미를 규정할 수 있는지—혹은 규정할 수 있다고 인정받는지—는 문제로 남아있다. 다음 장에서는 이 문제에 대한 답을 제시하는 대신, 이와 관련해서 근대 일본이 내부적으로 법을 재구성한 게 어떻게 일본제국을 합법으로 규정하는 일본의 능력과 상호작용을 했는지 살펴보겠다.

---

[355] 매일 업데이트 되는 유엔난민고등판무관실 웹 사이트를 참고할 것. www.unhcr.ch

제5장

사명.
사법권을
손에 넣어라

제국주의의 국제정치로부터 메이지 정부는 다음과 같은 사실을 깨달았다. 일본이 계몽적 착취자로서 대한제국에서 완전한 합법성을 인정받으려면 보호국의 법률을 새로 써야 한다는 사실이다. 1910년 대한제국을 병합하기 전, 대한제국에 적용될 새로운 법을 제정하지 않은 상태에서, 일본은 적어도 일본이 그러한 의도와 계획을 갖고 있다는 뜻을 국제적 용어로 전달해야 한다는 사실을 깨달았다.[356] 간단히 말하면, 일본은 대한제국 병합을 합법화하는 사명을 달성하기로 했다.[357] 대한제국의 병합을 국제 사회로부터 합법적인 행동으로 인

-----

[356] 이와 관련된 영국, 프랑스, 미국의 예는, 티모시 미첼, 『이집트 식민지화』(Colonizing Egypt), 뉴욕, 케임브리지 대학교 출판부, 1988. 버나드 콘, 『식민주의와 그 지식의 형태. 인도의 영국인들』(Colonialism and Its Forms of Knowledge: The British in India), 프린스턴, 뉴저지, 프린스턴 대학교 출판부, 1996. 데이비드 프로차스카, 『알제리를 프랑스화하기. 식민지의 인명희생』(Making Algeria French: Colonial Bone), 시카고, 시카고 대학교 출판부, 1990. 샐리 앵글 메리, 『하와이 식민지화. 법의 문화적 힘』(Colonizing Hawaii: The Cultural Power of Law), 프린스턴, 뉴저지, 프린스턴 대학교 출판부, 1998.

[357] 이철우, 「일본 식민 통치하의 한국에서 근대화, 합법화, 권력」(Modernity, Legality, and Power in Korea under Japanese Rule), 신기욱과 마이클 로빈슨, 『식민 통치하에서

정받으려 한 일본의 노력을 살펴보면, 병합의 과정에서 비록 잊혀지기는 했으나 여전히 명백하게 존재하는 요소가 나타난다. 열강들은 1907년 대한제국을 불법으로 규정했지만 1913년 일본이 대한제국의 치외법권을 폐기하고 조선에 거주하는 자국민들에게 일본이 자체적으로 만든 법규를 적용하자 일본의 그러한 결정을 합법으로 인정했다.

20세기에 접어들었을 때 일본에 서구의 치외법권의 잔재들은 일본의 민법에, 특히 기업관행에 남아있었다. 열강들이 포괄적인 치외법권을 적용하고 유지하라는 요구를 한 이유는 일본의 형법에 초점을 둔 이들의 시선에서 비롯되었다.[358] 서구 열강들은 처형된 범인들의 머리가 막대기에 꽂힌 모습을 보고 고개를 돌렸다.[359] 이 처참한 광경을 보면서, 유럽과 미국에서 온 소위 문명화된 상인과 여행객들은 자신의 조국이 전함을 몰고 와 끊임없이 일본을 위협한 덕분에 자신들의 안전이 지켜진다는 사실을 망각

한국의 근대화』(Colonial Modernity in Korea), 케임브리지, 매사추세츠, 하버드 대학교 출판부, 1999, 21-51쪽. 이철우는 대부분의 역사문헌들이 일본이 일방적으로 한국의 사법체계를 '근대화' 했다는 점을 지적하지만 법적인 형식 자체의 근대화는 문제삼지 않는다고 지적한다(35쪽).

[358] 서로 다른 방법으로 진지하게 '시선'을 분석한 두 가지 연구 자료를 참고할 것. 앤 맥클린톡, 『임페리얼 레더. 식민주의 통치하에서 인종, 성별, 성』(Imperial Leather: Race, Gender, and Sexuality in the Colonial Context), 뉴욕, 루틀리지, 1995. 앤 로라스톨러, 『인종과 욕망의 교육. 푸코의 '성의 역사'와 식민주의 질서』(Race and Education of Desire: Foucault's 'History of Sexuality' and the Colonial Order of Things), 더럼, 노스캐롤라이나, 듀크 대학교 출판부, 1995.

[359] 이러한 종류의 사진들이 특히 인기를 끌었다. 그 한 예로, 펠릭스 비토의 사진이 수록된 쓰요시 오자와, 『막부 말기: 사진의 시대』(幕末: 写真の時代), 도쿄, 지쿠마 쇼보, 1993을 참고할 것.

했다.

1850년대에는 미국이나 유럽 제국주의자들은 '문명화되지 않은 사람들'을 '야만적이고', '비기독교적이고', '식인종 같다고' 쉽게 판단했고 정작 자신들의 팽창주의 모험에 동반된 대대적인 폭력 행위는 잊어버렸다. 그로부터 반세기 후 일본은 서구 열강이 내세운 담론의 용어와 관행을 그대로 실천하고 있었다. 다른 많은 사례에서도 보았듯이 국제사회가 조선을 처음에는 중국, 러시아, 마지막으로 일본의 노리개 이상으로 보지 않았다는 사실은 일본에게 이득이 되었다. 예를 들어, 1897년 고종이 자국의 주권을 선언하고 자신을 황제라 칭했을 때 국제 사회는 별 관심을 보이지 않았다. 반대로 1907년, 헤이그 사건으로 전 세계가 대한제국에 관심을 집중한 이유는 오로지 대한제국에서 일본이 한 행동에 대해 찬사를 보내기 위함이었다.

아래에서 다룰 논의와 관련해 무엇보다 중요한 사실은, 국제사회가 1890년대에 일어난 대한제국의 사법적 구조조정에 대해 그리 관심을 기울이지 않았다는 사실이다. 이 사법 체계의 변화를 통해 허위가 한성의 새 고등법원에서 판사가 되어 국제적 용어로 판결을 내리기 시작했는데도 말이다.[360] 국제사회의 이러한 무관심으로 제국주의자들은 계속 대한제국이 문명국이 아니라는 생각을 고수했다. 대한제국이 범인을 다루는 '야만적인' 방법들 살인자들을 산 채로 땅에 목까지 묻고 머리를 발로 차 벌레의 먹이가 되도록 하는 처형방식은

......
[360] 제 4장에서 논의 됨.

제국주의자들의 이러한 논리를 더욱 강화했다.[361] 국제사회는 '문명화'된 법률이 세계의 '이단'을 계몽하거나 적어도 유순하게 만들어 준다고 믿었고 이 때문에 일본은 대한제국 통치를 공개적으로 과시할 수 있었다. 이 장에서는 일본이 대한제국의 사법체계를 어떤 식으로 바꿨는지 살펴보겠다. 이 과정을 통해 세계는 일본을 합법적인 제국주의 열강으로 인정했고 열강들은 대한제국 내에서 자국인이 누린 치외법권을 폐기하고 자국민이 일본의 법 적용을 받도록 했다. 그러나 이와 더불어 일본 식민주의자들은 조선인들을 처벌할 때는 태형과 같은 '비문명적인' 방법을 쓰는 게 정당하다고 주장했다.[362] 다른 시각으로 보면, 영국의 「더 타임스」가 1907년 일본이 고종을 폐위했을 때 실은 기사는 이러한 모순적인 일본의 행동과 관련해 국제적인 여론이 어떤 반응을 보였는지 말해준다. 「더 타임스」는 "대한제국에서의 일본의 입장을 쉽게

......
[361] 당시 가장 유명했던 기행문 작가들 가운데 한 사람인 이사벨라 버드 비숍(Isabella Bird Bishop, 1831-1904)이 그러한 관습들에 대해 기록한 책은 『한국과 그 이웃들. 한국에서 최근 발생한 변화와 현 상태에 대한 설명을 곁들인 여행기』(Korea and Her Neighbors: A Narrative of Travel with an Account of the Recent Vicissitudes and Present Condition of the Country), 런던, 케이건 폴, 1897. 수많은 다른 유럽인, 미국인 여행객들이나 정치 관찰자들과 마찬가지로 비숍도 일본을 거쳐 한국으로 갔고, 따라서 당연히 그들은 두 나라를 비교했다는 점을 염두에 두기 바란다. 비숍의 1878년 저서 『일본에서 인적이 드문 길』(Unbeaten Tracks in Japan)(가장 최근에는 2001년에 재출판 되었다)을 참고하라.

[362] 에드워드 J. 베이커는 자신의 글에서 일본 식민 통치의 이러한 편향적인 특징을 지적하고 있다. 「일본의 한국 병합과 통치 하에서 사법 개혁의 역할, 1905-1919」(The Role of Legal Reforms in the Japanese Annexation and Rule of Korea), 『하버드 대학교 법학대학원. 동아시아 법 연구. 한국』, 『전환기 한국 연구』(Studies on Korea in Transition) 하버드 기획 논문, no. 9, 케임브리지, 매사추세츠, 하버드 대학교 출판부, 1979로부터 재출판 됨. 이철우, 「근대화, 합법화, 권력」, 31-33쪽도 참고할 것.

이해할 수 있다"라고 했다.[363]

1907년 헤이그 특사들의 호소가 처참하게 묵살당하면서 일본은 대한제국에 대한 통치를 더욱 강화했다. 특히 국제 사회는 일본이 새로 착수한 사법체계 구조조정에 찬사를 보냈다.[364] 앞서 언급한 바와 같이 런던 발 언론보도들은 일본의 대한제국 사법계 침탈을 다음과 같이 변명했다. "이토 통감이 취한 첫 번째 조치는 기존의 어설픈 사법체계를 정의를 구현할 수 있는 능력 있는 법정으로 바꿔서 생명과 재산을 보호하는 게 목적이다."[365] 그러나 장애물이 출현했다. 일본이 대한제국의 사법권을 손아귀에 넣자, 때때로 '외국의 외국인들 foreign foreigners'이라는 다소 어색한 표현으로 지칭되던 미국인, 프랑스인 등등은 자신들도 대한제국 국민들처럼 일본을 '순수하고 능력 있는' 통치자로 인정해야 할지, 아니면 자신들이 오랫동안 유지해온 치외법권을 계속 인정하라고 일본에 요구해야 할지 의문을 갖게 되었다. 일본의 법률 이론가, 국가이론가들은 '외국의 외국인들'이 대한제국 내에서 치외법권을 유지하게 되면 열강들이 일본의 통치를 전적으로 인정하지 않으리라는 사실을 알고 있었다. 1882년 미국은 일단 조선의 사법체계가 '미국의 법에 부합'하게 되면 자국민이 조선 내에

- - - - -

[363] 제 1장에 인용되었음.

[364] 1907년 7월 말, 이토 히로부미 통감과 이완용 총리대신은 협정에 서명하고 대한제국의 모든 사법권을 일본에 이양했다. 『일본외교문서』(日本外交文書), vol. 40, 492-493쪽.

[365] 「더 타임스」(런던), 1907년 7월 29일.

〈그림 6〉 대법원, 한성, 1907

서 누리는 치외법권을 폐지하겠다고 조선에 약속했다.[366] 따라서 미국은 일본이 식민지 팽창의 전리품으로 얻은 대한제국에서 일본이 주권을 갖고 있는지를 판단하는 데 중요한 역할을 했다. 결국 일본은 열강들을 설득해 대한제국에서의 치외법권을 포기하게 만들었고 국제적인 법률 용어로 대한제국에 대한 통치권을 공고히 했다.

    일본의 대한제국 사법권 침탈에 대해 논하기 전에 메이지 정부가 1910년 한일병합 전에 배포한 사진 두 장을 살펴보면 일본이 품고 있던 보다 폭넓은 담론을 통한 전략을 이해하는 데 도움이 된다. 일본의 식민정권이 만든 『개혁에 관한 1907 보고서』에는 일본의 대한제국 통치의 합법성을 전 세계에 보여 주는 사진이 포함되어있다. 몇 장의 사진들은 그림 6—한성에 있는 새 대법원

......

[366] 1882 슈펠트 조약, 조선통감부 『조선의 개혁과 진보에 관한 연례보고서, 1907-1910』 (Annual Report on the Reforms and Progress in Korea, 1907-1910), 서울, 일본통감부, 1908-1910, 28쪽에 인용됨.

제5장 사명, 사법권을 손에 넣어라

과 같은—새로운 법원 건물을 담아 일본의 열성적인 정책이 어떤 결실을 거두었는지 과시하고 있다.³⁶⁷

'유럽식' 외관을 갖춘 건물의 사진을 보고 있으면 대한제국의 일본 통치에서 '일본식'인 것은 찾을 수가 없다. 하지만 당시 도쿄를 잘 아는 사람에게는 그러한 건물구조가 놀랄만한 일이 아니었다. 유럽과 미국의 영향을 받은 건축양식은 20세기에 접어들면서 일본 관공서 건물의 설계 양식의 기준이 되었다.³⁶⁸ 당시 한성에서도 반일 친일을 막론하고 개화파들은 지극히 한국적이지 않은 건축물 건설을 지원했다. 중국으로부터의 독립을 기념하기 위해 1898년 프랑스의 개선문을 본 따 설계한 독립문은 당시에는 수도의 북서부 스카이라인을 압도했다. 지금은 보잘 것 없어 보이지만 말이다. 미국, 프랑스, 영국, 러시아를 비롯한 열강들은 자신의 힘을 과시하기 위해 한성에서 치외법권을 누렸고 한국적이지 않은 화려한 외관의 공관을 짓는 데 거금을 쏟아 부었

-----

³⁶⁷ 1899년 대한제국 법원 조직법은 고등법원(the High Court)을 파기원(破棄院, the Court of Cassation)으로 개칭했는데 이는 메이지 정부가 일본에서 1880년대에 일본의 법 조직을 재정비하면서 사용한 명칭을 따른 것이다. '파기'라는 용어는 현재 영어에서 실제로 사용되지 않지만, 상소법원을 일컫는 말이다.

³⁶⁸ 엔데-베크-만이라는 독일 회사에서 일한 쓰마키 요리나카는 도쿄에 거대한 파기원 건물을 건설하는 일을 맡았다. 그는 일본 식민 정권이 경성에 이 건물과는 다른 양식으로 파기원을 짓기 불과 10여 년 전에 황궁 건너편에 일본 파기원 건물을 완공했다. 메이지 초기의 젊은 건축가들과 마찬가지로 그는 처음에 조사이아 콘더(Josiah Conder)와 수학했고, 코넬대학교와 베를린에서 학문을 더 닦았다. 댈러스 핀, 『메이지 다시 보기. 일본에 세워진 빅토리아 양식의 건축물』(Meiji Revisited: The Sites of Victorian Japan), 뉴욕, 웨더힐, 1995.

다.³⁶⁹ 수도 한성의 남산 언덕에 지은 거대한 유럽식 건물 안에 자리 잡은 일본통감부는 단층의 한옥들을 굽어보았다.

한성에 이러한 이국적인 건축물들이 많이 들어섰지만 그 가운데서 프랑스의 영향을 받은 신 르네상스 양식의 거대한 대법원 건물은 왕궁 근처에 세워져 주변 경관과 잘 조화를 이루지 못하고 이질적인 풍경을 만들어냈다. 철학자 질 들뢰즈Gilles Deleuze가 이 건물에 대해 평가를 내렸다면, 이 건물은 다른 건물들과 조화를 이루기 위해 지켜야 하는 모든 비율을 파괴하고 있으며, 지배자가 통치권을 확고히 하는 동시에 과시하려 할 때 얻는 그러한 종류의 관심을 끌었다.³⁷⁰ 그러나 일본 정권이 발표한 『보고서』에 실린 이 사진은 일본이 경관을 '훼손'한다는 우려를 불식시켰을지 모른다. 사진에서 그 건물의 주변에 있는 건물들은 모두 삭제되었기 때문이다. 그러나 일본식민정권이 이 사진에서 건물이 튀어 보이지 않도록 조작했는지 여부가 중요한 게 아니다.

⋯⋯

[369] 궨돌린 라이트(Gwendolyn Wright)는 프랑스 식민지 시대 건축에 대한 연구에서 정치 권력과 건축물을 통한 힘의 과시의 상호작용에 대해 분석하고 있다. 궨돌린 라이트, 『프랑스 식민지 도시건설에 나타난 디자인 정치』(The Politics of Design in French Colonial Urbanism), 시카고, 시카고 대학교 출판부, 1991. 미국의 필리핀 식민 통치에서 나타난 관련 주제에 대해 대니얼 버냄(Daniel Burnham)이 한 분석을 보려면, 토머스 H. 하인즈, 『시카고의 버냄. 건축가이자 도시설계사』(Burnham of Chicago: Architect and Planner), 시카고, 시카고 대학교 출판부, 1979, 197-216쪽을 참고할 것. 론 로빈, 『미국의 소유지. 미국이 해외에 건설한 건축물의 정치적 수사, 1900-1965』(Enclaves of America: The Rhetoric of American Political Architecture Abroad, 1900-1965), 프린스턴, 뉴저지, 프린스턴 대학교 출판부, 1992도 참고할 것.

[370] 들뢰즈는 도시가 시민들과 사물들을 조직화하는 것의 의미를 '집합'(assemblages)이라고 주장한다. 질 들뢰즈, 펠릭스 가타리, 『철학이란 무엇인가?』(What Is Philosophy?), 뉴욕, 컬럼비아 대학교 출판부, 1994. 존 라이크만, 『건축』(Constructions), 케임브리지, 매사추세츠, MIT 출판부, 1998도 참고할 것.

이 『보고서』를 작성한 사람들—그리고 그 후에 보고서를 작성한 사람들—은 이러한 사진을 통해 건물이 '어디서나' 볼 수 있는 식민주의적 특성을 갖고 있다는 뜻을 전달하고 일본이 대한제국에서 기울이는 노력이 보편적인 행위라는 점을 강조했다.

그 다음 해에 공개된 『보고서』는 좀 더 작은 사진들을 실었는데, 이 사진들이 시사하는 핵심은 일본이 대한제국의 사법권 장악을 보편적인 용어로 설명했다는 점이다.[371] 막 개관한 대법원을 새로 찍은 사진그림 7과 일본이 한성에 새로 지은 교도소 건물의 사진 사이에 '전'과 '후'의 사진을 끼워 넣어 일본 사법권 하에서의 재판과정을 보여준다. '전' 사진—일본이 대한제국을 통치하기 전—은 자문관들을 거느린 법관이 닫힌 방문 뒤에 앉아 귀를 기울이고 있고 그의 발밑에 서있는 누군가가 두루마리에 쓰인 죄목을 읽어 내려가는 모습이다. 그의 발아래에 서있는 여덟 명의 관리들이 죄인/피고 두 명을 둘러싸고 있고 죄인들은 머리를 조아리고 흙바닥에 웅크리고 앉아있다. 사진에 찍힌 남자들은 대부분 그들의 신분을 보여 주는 두루마기를 입고 갓을 쓰고 있다.[372]

......

[371] 조선 통감부의 보고서를 볼 것. 조선통감부, 『조선의 개혁과 발전에 관한 연례보고서, 1908-1909』(Annual Report on Reforms and Progress in Korea 1908-1909), 서울, 일본 통감부, 1909년 12월.

[372] 이 사진은 최근에 발간된, 과거를 추억하게 만드는 책 『이씨 왕조의 생활방식과 관습』(Lifestyles and Customs in the Yi Dynasty)이라는 책에도 실려 있다. 『사진으로 보는 조선시대. 생활과 풍속』, 서울, 서문당, 1993, 202쪽을 참고할 것. 식민 시대 자료들이 여러 가지 다양한 용도로 이용되는 것을 보면, 이 시기에 대해 서로 다른 다양한 주장들이 제기된다는 사실을 엿볼 수 있다.

〈그림 7〉 1909년 일본이 대한제국 내에서 실시한 사법절차를 보여 주는 사진, 1909

이 광경과 나란히 실린—'후'를 보여 주는— 사진은 햇빛이 들어오는 환한 방을 담고 있다. 이 사진은 '과학적으로 정제된 법이 대한제국에 도입되다'라고 부르짖는 듯하다. 짙은 색깔의 양복을 입은 판사 여섯 명이 긴 목재 벤치 뒤에 앉아 있다. 이름이 표시되지 않아 이 판사들의 국적은 알 수 없지만, 일본의 법규는 자격을 갖춘 조선인들이 판사로 근무하도록 허용했다. 그러나 피고가 '조선인'임은 분명하다. 판사들 앞에 서 있는 남자 다섯 명은 조선의 평민들이 입는 흰 한복을 입고 있다. 한 사람을 제외하고 모두 긴 머리를 상투 모양으로 틀어 올렸다. 이와는 대조적으로 판사들은 양복을 입고 보편적이고 불편부당한 판결을 내릴 듯이 보인다. 조선인들 근처에는 경찰관 세 명이 서있고 법정 서기는 판사와 피고들 사이에 옆으로 앉아서, 머리 위에서 판사들이 하는 말을 기록하고 있다. 같은 쪽 아래에 실린 새로 지은 교도소 건물 사진은 식민정권이 이미 조선인들에 대해 사법권을 행사하고 있다는 사실을 강조한다. 2년 전 한일병합이 체결되면서 치외법권 문제가 대두되었고, 이러한 사진들은 식민통치에서 통용되는 용어로써 일본의 입장을 같은 제국주의 국가들에게 전달하는 역할을 했다.

근대 일본법의 아버지

1870년대와 1880년대에 도쿄에서 메이지 정부에게 법률자문을 하던 프랑스인은 마침내 일본을 치외법권이라는 제약으로부터 풀어 줄 방법을 생각해냈다. 그가 어떤 해법을 썼는지 살펴보면 종종 간과되는, 법률 용어와 권력의 관계가 분명히 드러난다. '전 세계로부터 계몽된 지식을 받아들인다'라는 메이지 초기의 목표에 발맞춰, 1873년 법무상 에토 신페이는 젊은 관리들을 파리에 파견했고, 그들은 현지에서 민법과 형법에 관한 구스타브 봐소나드의 강연을 들었다. 일본 관료들은 그의 강연에 깊은 인상을 받은 나머지—아니면 뭐가 뭔지 몰라서—바로 봐소나드에게 일본의 새 법률 제정에 자문역할을 해 달라고 요청했다. 애초에 3년 일 하기로 한 봐소나드는 20여 년 동안 도쿄에 머물렀고 '일본 근대법의 아버지'로 법률역사에 자리매김하게 되었다.[373] 그는 형법을 손보는 일에 우선 착수했고, 1870년대 후반에 프랑스의 1810년 나폴레옹 법전을 기초로 한 법률 체계와 절차를 마련했다. 앞서 설명한 바와 같이 법률학자 미쓰쿠리 린쇼는 봐소나드가 일본에 오기 전에 나폴레옹 법전을 일본어로 번역하느라 애를 먹었다는 기억을 떠올렸다—메이지 정부가 들어서기 전에는 이 법전을 이해하는 데 필요한 '주석, 용어집, 이해를 도와줄 선생'이 없었다. 그러나 봐소나드가 도쿄에 오자마자 미쓰쿠리를 비롯한 법무성 관리들은 자주 그의 조언을 구했다. 이 젊은 법률학자들이 봐소나

······

[373] 오쿠보 야스오가 쓴 책의 제목은 『일본 근대법의 아버지-봐소나드(Boissonade)』(日本近代法の父-ボワソナアド), 도쿄, 이와나미 신서, 1977. 가장 최근에는 도쿄 중심가에 있는 호세이 대학이 그의 업적을 기렸다. 이 대학은 새로운 고층빌딩을 완공하고 '봐소나드 타워'라고 이름 붙였다.

〈그림 8〉「구스타브 봐소나드」
일본 근대 법의 아버지

드가 작성한 일본의 신 형법 최종안을 번역했고, 이 법은 1880년 선포되고 1882년에 효력이 발생했다.

1870년 봐소나드에 대해 묘사한 내용을 보면 봐소나드는 근대 비교법 학자이지만 언어적 재능은 없었다. 그는 영어를 읽기는 해도 말하지는 못했다 "Lit L'anglais, le parle peu".[374] 봐소나드는 라틴어

......

[374] 「대중교육부가 요구한 G. 봐소나드의 개인통지서」(Notice individuelle de G.Boissonade demandée par le Ministere de l'Instruction publique)가 언급된 자료는 야스오 오쿠보, 「구스타브 봐소나드, 일본 근대법의 아버지 (1825-1910)」(Gustave Boissonade, père français du droit japonais moderne (1825-1910), 『프랑스와 외국법의 역사 연구』, 시리즈 4, 1981, 49쪽.

와 아마도 그리스어는 할 줄 알았을지도 모른다 그의 부친은 프랑스에서 가장 저명한 고전 학자였다. 당시 프랑스에서 법조계에 몸담으려면 시험을 통과해야 하는데 이 시험에는 고전에 대한 지식이 포함되었기 때문이다. 봐소나드의 언어 지식의 깊이와 넓이는 사소한 문제로 지나쳐서는 안 된다. 봐소나드가 메이지 정부에서 유럽의 법률 용어의 의미와 용법에 대해 가르치고 자문을 한 20년 동안 이 '일본 근대법의 아버지'는 일본어를 잘 구사하지 못했다. 그러나 이를 봐소나드의 결점으로 보기 보다는 당시 일본에서 외국어 연구가 얼마나 널리 퍼져 있었는지를 가늠해주는 증거로 봐야 한다. 도쿠가와 정권이 축출된지 겨우 10년 만에 봐소나드와 같은 외국인 자문관들이 자신의 모국어로 메이지 시대 학생들과 정치인들에게 고리타분한 법률 개념을 가르쳤다. 이전에는 일본에서 학습이 금지되어 숨어서 배우던 유럽 언어들—심지어는 이단으로 까지 여겨지던 언어들—이 근대의 실용적 지식을 습득하는 데 필요한 유용한 도구가 되었기 때문이다.

법무성과 외무성은 서로 목적은 다르지만 공히 봐소나드를 채용했다. 그러나 봐소나드는 명령이 떨어지기만을 기다리며 단순히 책상물림만 하지는 않았다. 메이지 시대의 정치인, 관료, 학생들은 유럽의 법률적 정치적 사상에 대한 당대와 역사적 이슈에 대해 폭넓게 그의 자문을 구했고, 그는 이에 대해 매우 독선적인 의견을 내놓았고 때로는 자문을 구하지 않았는데도 자발적으로 자기 견해를 밝히기도 했다. 그가 1874년 일본에 도착하자마자 외무상 오쿠보 도시미치는 중국과의 분쟁에 대해 그에게 자문을 구했고, 봐소나드는 공식 수행단과 함께 베이징으로 가는 선상에서 국제법에 대한 강연을 했다.[375] 당시 정한론 논쟁이 일자 이토 히로부미는 일본이 대한제국에서 어떤 정책을 펼쳐야 할지에 대해 봐소나드의 자문을 구했다. 프랑스 법을 공부하는 학생들의 권유로 봐소나드는 법무성의 사법 연수원에서 강의를 하기 시작했고, 여기서 그가 가르친 과목들은 후에 도쿄제국대학 법학부의 기본 교육 커리큘럼이 되었다.

이러한 자유로운 분위기에 힘입어 봐소나드는 일본정부에게 가장 비판적인 조언을 했다. 그는 메이지 정권이 일본에서 수감자들을 고문하는 관행을 당장 폐지하지 않는다면 '서구 열강들'은 일본에서 누리는 치외법권을 포기하지 않으리라고 주장했다. 소장 법률학자들은 봐소나드의 조언을 지지하면서 일본이 완전한 '독립'국으로 인정받으려면 공개적으로 고문하는 관행을 없애야 한다고 주장했다. 봐소나드의 충고는 더할 나위 없이 분명했다. 1875년 4월 15일, 봐소나드는 법무성 대신 오키 다카토에게 직설적인 내용의 편지를 썼다. "감옥 안에서는 날마다 끔찍한 광경이 벌어지는데 이를 숨기려하지도 않소. 이런 광경은 법무성 건너편 사법연수원 바로 옆에서 벌어지고 있소—마치 이러한 행동이 법과 정의에 전혀 위배되지 않는다는 듯이 말이오… 이런 반인륜적이고 이성을 모욕하는 관행을 철폐하지 않는다면 나는 법무성

......

[375] 오쿠보 야스오, 『일본근대법의 아버지-봐소나드(Boissonade)』(日本近代法の父-ボワソナアド), 도쿄, 이와나미 신서, 1977, 77쪽.

을 떠날 수밖에 없소."[376] 한 달 후 봐소나드는 자신의 편지에 아무런 대답도 하지 않는 오키에게 최후통첩을 보냈다. 일본 정부가 교도소 수감자들에 대한 고문 관행을 철폐하지 않는다면 즉시 일본을 떠나겠다고 했다.[377] 봐소나드는 고문은 일본의 국익에도 반하는 관행이라고 강조했다. 메이지 정권이 '유럽 각료들에게 고문 관행을 폐지하겠다고 약속했기 때문에, 이 약속을 이행하기 전에는 일본은 외국인에 대한 사법적 관할권을 이양받기 위한 진지한 협상을 개시할 수 없기 때문이었다.'[378] 일본 황제는 이에 대한 답변으로 임의로 고문을 하는 관행을 엄격히 제한하기로 결정했고, 1879년 일본은 수감자들을 고문하는 관행을 공식적으로 철폐했다. 다른 여느 자문관들과 마찬가지로 봐소나드는 일본이 문명국 반열에 오를 싹수가 보인다고 생각하면서도 분야마다 문명화된 정도가 다르다는 점을 분명히 밝혔다. 프랑스 국민들은 자신들이 생각하는 문명화 기준에 못 미친다고 생각하면 절대로 일본법을 따르지 않을 것이었다. 메이지 정치인과 법률학자들은 일본 내에 외국인들을 위한 치외법권 공간이 존재하는 한 일본은 국제법에 입각한 완전한 주권국이 될 수 없다는 사실을 알고 있었다.

-----

[376] 기카와 쓰네오, 『봐소나드씨와 나눈 서신들』(Notes des Correspondances avec Monsieur Boissonade), 도쿄, 호세이 대학교, 1978, 32쪽.

[377] 위의 책, 43쪽.

[378] 위의 책.

봐소나드는 일본이 이러한 문제들을 개념적으로 정리하는 데 혁혁한 공을 세웠고, 그가 '일본 근대법의 아버지'로 불리는 데 성공한 까닭은—오늘날까지도 봐소나드는 일본인들이 호감을 갖는 인물로 기억되고 있다—그가 자신을 메이지 근대화에 필수적인 요소로 만들었기 때문이다. 그는 자신이 일본의 법을 근대화함으로써 일본에 문명을 전수하는 역할을 한다고 자신 있게 주장했다. 예를 들어 이전 도쿠가와 정권은 '야만인을 축출하라'고 부르짖었기 때문에 치외법권이 존재했고 이는 신성불가침한, 일본의 국가적 정체성을 제한한다는 사실을 강조했다.[379] 메이지 민족주의자들은 이러한 치외법권 폐지를 국제적 용어를 사용해 주장하는 방법을 터득했다. 새로운 용어들에 대한 지식이 늘어나면서 일본은 치외법권 논쟁을 자신에게 이로운 방향으로 이끌 수 있는 능력이 생겼다. 일본은 치외법권이 독립국인 일본에 대한 주권 침해라고 주장했고, 봐소나드는 그러한 일본의 행동을 부추겼다. 1882년 봐소나드는 1,000쪽에 달하는, 새로 제정된 일본 형법 절차에 대한 비평서를 출간했다. 이 방대한 저서의 서문에서 그는 새로운 법적 절차를 일본이 스스로 문명화하는 과정에서 일어날 수밖에 없는 진화라고 묘사했다. "형법 집행의 절차를 수립하

------

[379] 야만인들의 용어에 대한 원주민 문화 보호주의자들의 반응에 대해 자세히 알고 싶다면, H. D. 하루투니언, 『보이는 것과 보이지 않는 것』(Things Seen and Unseen), 시카고, 시카고 대학교 출판부, 1987을 볼 것. F. C. 존스, 『일본에서의 치외법권과 치외법권 폐지라는 결과를 낳은 외교관계, 1853-1899』(Extraterritoriality in Japan and the Diplomatic Relations Resulting in Its Abolition, 1853-1899), 뉴 헤이븐, 코네티컷, 예일 대학교 출판부, 1931, 47쪽도 참고할 것.

는 데 있어서, 또한 민법의 집행 절차에 있어서도 마찬가지로, 우리가 추구한 가장 주요한 목표는 사법 분야에서 일본이 완전한 독립을 누리도록 하는 것이었다. 이 법률을 도입함으로써 우리는 이 목표를 달성했다. 동시에 이 시대를 표방하는 정의의 원칙과 자연적 이성을 새 법에 불어넣어 치외법권이 필요할만한 여지나 그러한 주장을 할 만한 빌미를 모두 제거했다."[380] 봐소나드의 이러한 노력이 생각한 대로 결실을 거둔다면 문명세계 역시 일본을 근대 문명국으로 대접해야 했다. 그러면 치외법권은 불필요하게 된다.

봐소나드가 자신을 일본 근대화의 필수적이지만 객관적인 참여자로 본 점은 자신이 보편적인 지식을 일본에 유입했다는 믿음과 연관되어있다. 국제법 용어들과 마찬가지로 봐소나드가 메이지 법학자들과 학생들에게 가르친 프랑스 형법은 보편성을 가정했고, 봐소나드는 일본의 새 법률에서 '프랑스적인' 요소를 줄이려 했음을 강조했다. '프랑스 법률은 유럽과 미국에서 널리 모방되어 온 바, 프랑스 국민으로서 긍지를 느끼지만, 여러 가지 면에서 오늘날 프랑스 법은 더 이상 근대 학문의 수준에서, 실용적인 필요를 충족시키지 못한다는 점을 인정해야 한다… 우리는 결함이라고 생각되는 부분들을 수정 보완 했고, 급격한 변화를 주지 않도록 주의를 기울이는 동시에 맹목적으로 기존의 관행을 답습

---

[380] 구스타브 봐소나드, 『일본제국의 형사소송법 제정 작업과 평가』(Projet de Code de Procédure Criminelle Pour L'Empire du Japon Accompagné d'un Commentaire), 파리, 에르네 토랭, 1882, xvi.

하지 않도록 했다.'³⁸¹

봐소나드에게는, 구체적인 설명이 필요 없는 보편적인 규범은 언어학자 롤랑 바르트Roland Barthes가 자연발생적인 '지평선'이라고 일컬었을 법한 것이었고, 봐소나드의 감독 하에서 제정된 일본의 새 법률은 그러한 지평선에 자연스럽게 섞여 들어갔다.³⁸² 그는 이 점에 대해 구체적으로 설명하면서 일본에 새 법률이 제정된 상황에서 치외법권의 철폐가 필요한 이유를 정당화했다. "게다가, 언젠가 이 새로운 법률이 일본에 거주하는 외국인들에게 적용될 경우 일본만의 독특한 특성이 지나치게 반영되지 않는 게 좋다. 무엇보다도 새 법률은 전통적인 편견과 체계적인 비판으로부터 자유롭고, 아주 드문 경우를 제외하고는 국가들이 예외 없이 준수해야 하는, 보편적인 국제법을 따르고 있다는 점이 고무적이다."³⁸³ 봐소나드는 메이지 정부가 세계의 문명국들에게 철저히

* * * * *

[381] 구스타브 봐소나드, 『일본제국의 형사소송법 제정 작업과 평가』, 파리, 에르네 토랭, 1882, xii-xiii. 2001년 9월 11일 사태에 이어 부시 행정부가 군사재판을 밀어붙인 일에 대해 오가는 찬반 논쟁에서도 이와 유사한 논조가 보인다고 할 수 있다. 예를 들어, 예일대학교 법학교수이자 인권이론가인 헤럴드 고는 법정을 신설하는 대신—그는 이 조치를 지지하지 않았다—미국은 기존의 미국연방법원에서 재판을 진행해야 한다고 주장했다. '미국 법정이 보편적인 정의를 실현할 수 있다는 사실을 보여 주는 게 어떤가?(Why not show that American courts can give universal justice?)' 헤럴드 홍주 고, 『뉴욕타임스』, 2001년 11월 23일. 그의 글은, 아리예 나이어, 「심판대에 선 군사법정」(The Military Tribunals on Trial), 『뉴욕 리뷰 오브 북스』, 2002년 2월 14일에서도 인용되었다.

[382] 롤랑 바르트는 언어란 서로 분명하게 구분되는 스타일들이 수직적으로 구현되는 지평선이라고 묘사했고, 따라서 봐소나드는 자신이 일본을 이 지평선에 섞여 들어가 구분되지 않게 만들었다고 생각했다. 롤랑 바르트, 『영도의 글쓰기』(Writing Degree Zero), 뉴욕, 파라, 스트라우스, 앤드 지로, 1990.

[383] 구스타브 봐소나드, 『일본제국의 형사소송법 제정 작업과 평가』(Projet de Code de Procédure Criminelle Pour L'Empire du Japon Accompagné d'un Commentaire), 파리,

보편적이라고 여겨지는 담론에 참여할 자격이 있다는 사실을 증명할 수 있다고 주장했다. 봐소나드의 이러한 오만에 가까운 자신만만함은 차치한다고 하더라도, 그는 일본을 깎아내리는 제약을 종식시키고 싶어 했던 것으로 보인다. 그는 유럽이나 미국 독자들에게―그들이 이해할 수 있는 용어를 사용해― 일본이 서구 열강들에게 익숙한 용어로 법률을 제정했으니 이제 일본에서 치외법권 지역을 해체해도 안전하다는 점을 주장하고 싶었다.

무법천지 대한제국 그리고 합법적인 대한제국

일본 관리들은 대한제국을 병합하기 전에 일본이 새로운 사법체제 정립에 성공했다는 인식을 심어 주려고 애썼다. 일본이 대한제국에 대한 통치를 점점 강화하면서 일본 여론지도자들은 병합 이전의 대한제국을 국내외에 무법지대로 각인시키는 데 총력을 기울였다. 당시 국제적인 관행을 따른 이러한 조치를 통해 일본은 대한제국에도 형법이 일부 존재하기는 하지만 자의적으로 적용되고 극도로 위험하므로 법이 없느니만 못하다는 인상을 심어 주었다. 그러나 일본이 1905년 보호국 지정 협정을 맺자마자 일본 법률가들은 이제 일본법이 대한제국에 적용되므로 외국의 외국인들은 안심해도 된다고 주장하기 시작했다. 1907년 일본이 대한제

......
에르네 토랭, 1882, xiii.

국의 사법권을 확보하자, 일본이 대한제국을 계몽하는 역할을 한다고 주장하던 이들은 대한제국의 법률이 일본의 법률과 일치한다고 주장했다. 식민지주의 논리에 따르면, 일본이 통치하는 대한제국은 일본처럼 합법적인 국가로 규정할 수 있었고, 열강들이 치외법권을 철폐하면 '문명화' 된 지역이라는 결론을 내릴 수 있었다.

일본의 식민지 팽창주의자들은 일본이 대한제국에서 사법 영역의 문명화에 얼마나 진전을 가져왔는지 설명하면서, 이제 계몽적 착취자들이 대한제국을 문명으로 이끌고 있으므로 문명국들은 아무 걱정 없이 대한제국에서 사업을 하거나 볼일을 볼 수 있다고 주장했다. 1907년에 발표한 『대한제국에서의 개혁과 성과에 관한 보고서』는 사진을 게재하는 데 그치지 않고 당시에 일어난 일들을 간략하게 묘사했다. 보고서 작성자들은 '대한제국과 다른 나라들 사이에 조약이 체결된 초기에 존재했던 역사적 여건을 보면 문명국들이 자국의 공관 관할구역을 가능한 한 확대하려 했다고 해도 무리는 아니었다'라고 적었다.[384] 그들은 이제 일본의 법률가들이 대한제국에서 '변화의 물결'을 일으키고 있으므로 문명국들이 우려해야 할 이유는 '현격히 감소했다'고 주장했다. 18세기 말 영국이 인도에 대해 갖고 있던 견해에 대한 버나드 콘Bernard Cohn의 평가는 그로부터 한 세기 후에 일본이 대한제국에 대해 내린 평가에 대해 시사하는 바가 있다.

……

[384] 『조선의 개혁과 발전에 관한 연례보고서, 1908-1909』(Annual Report on Reforms and Progress in Korea 1908-1909), 서울, 일본통감부, 1909년 12월, 27쪽.

인도에도 '법'이라는 게 존재한다고 인정하지만, 이 '법'이라는 것은 유럽의 법과는 다른 것으로 보인다… 무갈—인도 정치 체계는 절대적이고 자의적인 권력을 본딴 것으로, 어떤 정치적 사회적 제도의 견제도 받지 않고, 오직 황제 개인이 절대 권력을 행사하며, 명예나 재산도 오직 전제군주의 의지로부터 파생된다… 정의는 법이 아니라 사람들이 판단하며 판사로서 법을 집행하는 이들은 권력과 지위를 누리는 자들의 영향을 받는다. '전제군주'가 인도를 통치한다는 개념은 19세기와 20세기에 영국이 인도를 통치하는 이념적인 근간을 형성한 몇몇 통치 체계 가운데 하나로 다시 등장했다. 요점만 간단히 말하면 다음과 같다. 인도인들은 법률과 법규의 제약을 받지 않고 거칠고 즉각적으로 정의를 구현할 수 있는 '강인한 권력자'의 통치를 받는 게 최선이다. 인도인들, 그들의 법률과 그들의 절차, 그들의 법규, 위증을 하고 증인을 매수하는 인도인들의 경향은 정의의 실현을 늦출 뿐이다.[385]

대한제국을 통치하던 일본의 식민 정권에 따르면, 일본도 영국이 겪은 바와 같은 어려움을 겪었다. 민법 절차는 기껏해야 최소한으로 필요한 정도만 존재했고 형법은 말할 필요도 없다고 일본 식민주의자들은 생각했다.

조선인들은 동양의 다른 지역에서 말하는 그런 개인의 권리

---

[385] 버나드 S. 콘, 『식민주의와 지식의 형태. 인도의 영국인들』(Colonialism and Its Forms of Knowledge: The British in India), 프린스턴, 뉴저지, 프린스턴 대학교 출판부, 1996, 63-65쪽.

에 대한 개념이 전혀 없다. 따라서 이러한 잘못된 행정체제가 오랜 세월 동안 지속되어 왔기 때문에 관리들은 국민의 개인적 권리를 존중하는 데 익숙지 않으며, 국민들은 관리들이 착취를 해도 감히 불만을 제기하지 못한다. 간단히 말해서, 개인의 권리를 보장하는 민법은 사실상 존재하지 않았다… 판사와 검사들은 법률적 지식과 훈련이 완전히 부족한 상태에서 잘못된 판단을 일삼았다… 지금까지 조선에 존재해 온 교도소 행정은 차마 입에 담기도 힘들 정도이다. 가장 흔한 처벌 방법은 태형, 수감, 감금이었다. 형법에는 태형에 대한 지침사항이 자세히 수록되어 있는데, 종종 극심한 태형을 받아 죽지 않으면 평생 불구가 되는 사례가 허다했다.[386]

영국 식민주의자들이 인도의 사법 영역을 '그들의 법정, 그들의 절차, 그들의 법규'라고 하며 폄하한 주장을 그대로 따라한 콘의 주장을 모방한 일본 통치자들은 일본을 대한제국과 다른 위치에 있다고 규정하고 일본의 '순수하고 제대로 정비된 법률 체계'로 대한제국을 훌륭하게 통치할 수 있다고 주장했다. 보고서는 더욱 중요한 점은 이제 조선인이 아닌 사람들도 자신들의 안전을 확신할 수 있다고 설명했다.

보고서 영문판은 이렇게 그동안 대한제국에서 벌어진 상황을 설명한 글들, 특히 법률전문지 「호리츠 신문」法律新聞에 실린 내용

---

[386] 『조선의 개혁과 발전에 관한 연례보고서, 1908-1909』(Annual Report on Reforms and Progress in Korea 1908-1909), 서울, 일본통감부, 1909년 12월, 22-25쪽, 28쪽.

을 충실히 반영했다.[387] 1900년 편집자 다카기 마스타로는 「호리츠 신문」을 주간지로 창간했지만, 곧 발행 횟수를 한 달에 여섯 번으로 늘렸고 1945년까지 간행했다.[388] '에도의 수호자'라고 불린 다카기는 의회에서 도쿄 니혼바시 지역을 대표했다. 그가 발행하는 신문이 주로 다루는 주제는 대중언론이 소화하기에는 너무 전문적인 내용이었고, 따라서 그는 지속적으로 구독할 중요한 독자층이라는 틈새시장을 확보하고 있었다. 이 신문에는 법무성의 발표와 개혁에 대한 글이 정기적으로 실렸다. 이 신문이 특히 대한제국의 병합에 중요한 역할을 한 이유는 일본제국이 팽창하면서 점령지역에서 사법개혁을 하는 일본 변호사, 판사, 학자들의 활동을 수시로 보도했기 때문이다. 따라서 이 신문이 갖는 역사적 가치는 부분적으로는 해외에서―이 책과 관련해서는 대한제국에서― 일본법을 수립하는 데 관여한 인적요소를 다루었다는 데 있다고 볼 수 있다. 일본의 새로운 외교 기법을 설명하는 일에 관여한 번역관들의 이름을 기록한 외무성 문서처럼, 「호리츠 신문」은 국제관계의 변화에 관여한 이들의 실체를 밝혔다. 예를 들어 1908년 5월과 6월 이 신문은 일본이 새롭게 관할하게 된 대한

---

[387] 릿쿄 대학교에 소장되어있는 「호리츠 신문」(法律新聞)을 열람할 공간을 제공해준 이가라시 아키오 교수와 도서관 사서들에게 감사드린다.

[388] 기요미즈 다카시, 다카기 마스타로, 『법학세미나』(法学セミナー), 1972년 11월. 사에키 시게토, 「고 다카기 마스터로」, 『현대변호사대관』(現代弁護士大観), vol. 1, 도쿄, 출판 불명, 1932.

제국 대법원에 고용된 판사들의 이름을 실었다.[389] 이들 가운데는 와카야마, 마쓰에, 아키타, 나하 지역의 대법원장들 이름도 포함되어 있었다. 근대 일본 역사상 유명한 인물은 아니지만, 대한제국에 근대법을 전파하러 간 일본인들 가운데는 야마가타 출신의 판사 사사키 게노스케, 나가노의 검사 후지와라 사부로, 오사카 항소법원의 이시가와 다다시도 있었다.[390]

특히 주목할 만한 점은 1907년 협정에서 일본이 사법개혁을 공식적으로 선언하기 전에 이미 이 신문은 여러 기사에서 일본이 대한제국 사법 체계를 재정비하기 시작했다고 보도했다는 사실이다. 1906년 봄, 도쿄의 법무성은 우메 겐지로와 구라토미 유자부로를 대한제국에 보내 각각 민법과 형법을 새로 쓰게 했다. 법무성은 우메를 아주 신뢰했다. 1860년 마쓰에에서 태어난 우메는 도쿠토미 겐지로의 작품 『추억의 기록』思出の記 1900-1901과 같은 소설에 등장하는 인물처럼, 전형적인 메이지 시대 초기 학생이었다.[391] 가난하지만 명석한 그는 도쿄외국어학교 프랑스어과를 속성으로 졸업했고 법무성의 사법연수원에서 봐소나드의 가르침을 받았다. 도쿄제국대학의 법학과 교수로 채용되기 전 교육성은 그

---

[389] 「호리츠 신문」(法律新聞), 1908년 5월 25일.

[390] 「호리츠 신문」(法律新聞), 1908년 6월. 1907년 12월 20일, 1907년 12월 27일, 1908년 2월 29일자도 참고할 것.

[391] 도쿠토미 겐지로, 『추억의 기록』(想い出の記), 도쿄, 민유샤, 1901. 도쿠토미 겐지로, 『눈 위에 새겨진 발자국』(Footprints in the Snow), 러틀런드, 버몬트, 칠스 터틀 앤드선스, 1970도 참고할 것.

를 리용 대학에 유학 보냈고, 그곳에서 뛰어난 박사논문에 주는 베르메이유상을 수상해 도쿄 법무성과 교육성의 자긍심을 한껏 높여주었다.[392] 우메는 일본 정부가 자신에게 준 명령을 충실히 받들어 대한제국 전역을 돌며 사법 절차와 관행을 수집해 나폴레옹 법전에 기반을 둔 새로운 사법체계의 기초를 마련했다.[393]

한편, 법무성이 구라토미 유자부로를 임명한 사실은 일본이 새로운 식민지에서 이용하기 시작한 또 하나의 제국주의 관행을 보여준다. 구라토미는 상류층 특유의, 규율을 어기는 성향이 있었다. 대한제국으로 파견되기 두 달 전 도쿄 변호사협회와 일본 변호사협회는 합동으로 히비야 폭동 사건담당 수석검사로서 그가 큰 오류를 범했다며 징계를 내렸다.[394] 이 두 협회는 대한제국에서 새로운 형법체계를 수립하는 임무를 구라토미에게 맡기면서 이를 구라토미가 저지른 실수에 상응하는 징계로 여겼을지도 모른다.

대한제국의 형법체계에 관한 「호리츠 신문」 기사의 논조는 대체적으로 대한제국의 형법 체계와 일본의 형법 체계를 수시로 그

- - - - -

[392] 호세이 대학교가 출간한 책을 볼 것. 호세이 다이가쿠시 시료인카이, 『법률학의 여명과 호세이대학』(法律学の夜明けと法政大学), 도쿄, 호세이 대학교 출판국, 1993, 317-321쪽.

[393] 우메와 그의 대한제국 개혁목표에 관한 기사는 그가 서울에 도착한 후부터 1910년 사망할 때까지 거의 매일 「호리츠신문」(法律新聞)에 실렸다. 일본 식민지 정권은 1912년 우메의 업적을 책으로 엮어냈다. 『관습조사보고서』(慣習調査報告書). 우메가 식민 통치하에서 민법을 개정하는 데 어떤 영향을 미쳤는지에 대한 간략한 설명은, 이철우, 『근대화, 합법화, 그리고 권력』(Modernity, Legality, and Power), 25-31쪽을 볼 것.

[394] 「호리츠 신문」(法律新聞), 1906년 6월 15일.

러나 넌지시 비교함으로써 메이지 시대 후기의 사법체계가 얼마나 성숙했는지를 보여주었다. 기자들은 대한제국의 관행을 '야만적'이고 '비문명화'된 관행이라고 묘사했고, 계몽적 착취라는 국제적 담론을 빌어 대한제국의 그러한 여건이 개선되려면 '문명화' 절차가 필요하다는 점을 강조했다. 예를 들어, 1870년대에 봐소나드는 당대 유럽법률이론에서는 참수형 관행을 비난했다는 점을 분명히 하면서도 교수형은 문명화된 처형방법으로 받아들여진다고 설명했다. 1905년 봄 「호리츠 신문」에는 대한제국의 야만적인 처형 관행을 장황하게 묘사하는 다음과 같은 기사가 실렸다. "우리와 친밀한 우호관계를 맺고 있는 조선에서는, 문명화 된 20세기에 들어선 지금까지도 사람들이 돼지처럼 목을 베이고 있다."[395] 이 기사가 보도된 1905년 5월은 교수형이 일본에서 통상적인 처형방법으로 쓰인지 30년 정도 됐을 때였다.[396] 참수를 하는 야만적인 한국인들에 대한 기사는 조선에서도 때때로 교수형이 집행된다고 인정했지만, 36명의 죄수가 집단으로 교수형을 당하고 한 명은 다른 죄수들이 보는 앞에서 참수형을 당한 사건을 보도하면서 언급한 지엽적인 내용에 불과했다.[397] 이러한 종류의 내용을 실은 기사들을 보면, 죄수들은 허름하고 작은 독방에 수감되었

*****

[395] 「호리츠 신문」(法律新聞), 1905년 5월 15일, 1905년 5월 25일.

[396] 전기의자 개발에 관한 논의가 당시에 이 신문에 등장하기 시작했고, 때때로 미국이 만든 기구를 찍은 사진이 기구의 구조에 대한 자세한 설명과 함께 등장하기도 했다.

[397] 「호리츠 신문」(法律新聞), 1905년 5월 15일.

고, '조선의 법에 따르면 절도를 여러 번 하면 사형을 받았다'[398]고 보도했다. 대한제국의 상황을 보도한 기자들은—타이완과 중국 본토의 상황을 보도한 기자들과 마찬가지로— 얼마 전까지만 해도 일본에도 비슷한 관행이 존재했었다는 사실을 독자들에게 일깨워 주는 일에는 관심이 전혀 없었다. 현재의 처형 방법이 상식적인 것으로 받아들여졌기 때문이다. 「호리츠 신문」에 따르면, 일본의 법률 전문가들은 후쿠자와 유키치가 1885년에 주창한 '탈아론 脫亞論, Leave Asia'을 실천하고 있었고, 다만 이들이 일본에 문명화 된 법률체계를 완성한 게 20세기 초일 뿐이라는 주장을 했다.[399]

「호리츠 신문」의 기자들은 일본 법률이론가들이 유럽의 범죄인류학—특히 골상학 骨相學—을 일본의 새로운 형법개념에 적용시켰다고 보도했다. 봐소나드가 도쿄로 떠날 당시 유럽에서는 유럽의 식민지 '원주민들'의 야만적인 행동들을 유럽인의 시각으로 보도한 기사들이 넘쳐났다. 이러한 식민지에서 원주민들은 야만적인 행동을 보였고, 도시지역에서는 산업화가 낳은 빈민들이 퇴행적인 행동을 보였다고 보도했다. 사회학자들은 프랑스 사회 철학자 H. A. 프레지에 H. A. Frégier가 생각해낸 '위험한 계급 dangerous

---

[398] 위의 글.

[399] 1880년대에 후쿠자와가 조선에 대해 어떤 견해를 갖고 있었는지 보려면, 기네후치 노부오, 『후쿠자와 유키치와 조선: 시사신문 사설을 중심으로』(福沢諭吉と朝鮮:時事新聞社説を中心に), 도쿄, 사이류샤, 1997.

classes'에 공감을 표했다.⁴⁰⁰ 소위 전문가라는 사람들은, 이중에도 특히 의학전문가들은 범죄자들을 '교화하는repairing' 일에 관여하게 되었다.⁴⁰¹ 특히 프랑스에서는 사회가 '범죄의 경중에 따라 처벌수위를 결정하는 관행에서 벗어나 범죄자 개인의 심리와 환경을 고려해 처벌수위를 결정하는 방향으로 나아가고 있었다.'⁴⁰² 범죄적 일탈에 대한 논의가 언론에서 활발하게 이루어졌고 범죄자를 재판하는 과정을 보러 많은 군중들이 몰려들었다. 스스로를 범죄자가 아닐 뿐만 아니라 범죄자를 교화하는 과정에 참여한 사람으로 규정하면 문명인—즉, 원주민도 아니고 식민통치의 대상이 되지도 않는 사람—으로 인정받았다. 범인을 '범죄자 개인의 심리와 상황'에 따라 교화하는 관행은 문명사회를 '위험한' 사람들이 사는 머나먼 식민지와 구별해 주었다.⁴⁰³

......

⁴⁰⁰ 레이첼 퓨크스, 『파리에서 빈곤한 임신부로 살기. 19세기 생존 전략』(Poor and Pregnant in Paris: Strategies for Survival in the Nineteenth Century), 뉴 브론즈윅, 뉴저지. 러트거스 대학교 출판부, 1992, 38쪽.

⁴⁰¹ 잰 골드스타인, 『위로하고 분류하기. 19세기 말 프랑스의 정신과 의사직종』(Console and Classify: The French Psychiatric Profession in the Late Nineteenth Century), 뉴욕, 케임브리지 대학교 출판부, 1990. 대니얼 픽, 『퇴행의 얼굴들. 유럽의 질환, 1848-1918』(Faces of Degeneration: A European Disorder, c. 1848- c. 1918), 뉴욕, 케임브리지 대학교 출판부, 126-128쪽. 수전 손, 「'영국인의 개종과 세계의 개종'은 불가분의 관계. 산업화 초기 영국에서 선교 제국주의와 계급의 언어」('The Conversion of Englishmen and the Conversion of the World Inseparable': Missionary Imperialism and the Language of Class in Early Industrial Britain), 프레더릭 쿠퍼, 앤로라 스톨러, 『제국에서의 갈등. 부르주아 세계에서의 식민지 문화』(Tensions of Empire: Colonial Cultures in a Bourgeois World), 버클리 와 로스 엔젤레스, 캘리포니아 대학교 출판부, 1997, 238-262쪽.

⁴⁰² 캐서린 피셔 테일러, 『형법 정의가 구현되는 무대. 파리 제 2 제국에서의 법원』(In the Theater of Criminal Justice: The Palais de Justice in Second Empire Paris), 프린스턴, 뉴저지, 프린스턴 대학교 출판부, 1993, 65쪽.

⁴⁰³ 사형제도는 이러한 신념들과는 극히 모순된다. 그러나 법적인 사형 집행은 소위 문명

예를 들어, 1906년 「호리츠 신문」의 한 기사는 잘려나간 사람의 머리에 '이로하_{알파벳·伊呂波}' 문자로 표시한 그림을 실었다.⁴⁰⁴ 그림 옆에는 각 문자가 무슨 뜻인지, '은밀함', '성적 본능', '현실감'과 같은 인간의 특질을 말하는 설명이 붙어있고, 관련 기사는 형법과 관련해서 인간의 뇌 구조를 파악하는 게 중요하다는 점을 강조하고 있다. 역사학자 우메모리 나오유키와 대니얼 보츠먼_{Daniel Botsman}은 말하기를, 도쿠가와 시대의 철학자 나카이 리켄이 18세기에 주장한 '장기 수감'은 범인들을 개인의 특성에 따라 교화할 필요가 있음을 주장한 것으로 이는 메이지 시대의 범죄이론을 예견한 이론이었다.⁴⁰⁵ 범인의 심리를 알아야 한다는 유럽의 이론에 영향을 받은 메이지 시대의 범죄이론은 인종 및 성별에 따라 범죄유형을 구분하는 이론에 심리학을 혼합하고 여기에 나름대로 독특한 새로운 요소들을 추가해 범죄자를 교화하는 새로운 처방을 내렸다. 예를 들어, '원시적인 유형'을 교화하려면 식민지화에 대한 지식이 필요했다.⁴⁰⁶ 대한제국의 사법체계를 개혁한 일본

······
국에서는 실내로 옮겨져 집행되면서 선택된 소수만이 참관할 수 있다.

⁴⁰⁴ 「호리츠 신문」(法律新聞), 1906년 7월 15일.

⁴⁰⁵ 우메모리 나오유키, 「생산적인 조직의 발견. 도쿠가와 일본에서 근대적 공간과 주관성의 계보에 관한 연구」(The Discovery of the Productive Body: Studies on the Genealogy of Modern Space and Subjectivity in Tokugawa Japan), 출판되지 않은 논문, 시카고 대학교, 1993, 29-32쪽. 대니얼 보츠먼, 「처벌과 이익. 도쿠가와 사법제도에 대한 나카이 리켄의 비평」(Punishment and Profit: Nakai Riken's Critique of Tokugawa Justice), 아시아학협회 연례회의에서 발표된 논문, 시카고, 1997년 3월.

⁴⁰⁶ 당시 일본 지방 전역에 새로 보급된 경찰체제에 대해 알려면, 오비나타 수미오, 「근대 일본의 경찰과 지역사회」(近代日本の警察と地域社会), 도쿄, 지쿠마 쇼보, 2000을 볼 것.

인들은 일본의 변호사와 법률학자들, 일본을 자신들이 개화하러 온 지역과 구분해 주는 법률체계를 도입했다. 그리고 일본식 제국주의의 이러한 측면은 재삼 강조되어야 한다. 세계가 일본과 한국을 같은 부류의 사람들로 보는 상황에서 일본이 대한제국을 식민지화하는 일을 가능하게 해 주었기 때문이다.

대한제국의 사법체계 개혁 임무를 맡은 일본인들은 일본 독자들에게 자신들이 광범위하게 기울이고 있는 노력에 대해 점점 더 많이 알리기 시작했다. 예를 들어 일본 신문기사에는 대한제국의 '사법개혁진보당'이 125개 법정과 9개 교도소8개 지방법원과 관련된 8개 교도소와 외딴 섬으로 유배를 보내기 위한 1개 교도소를 설립—모두 대한제국을 병합하기 전에 이루어졌다—했다는 내용이 실렸다. 게다가 일본인들이 한국인들과 협력해 법조문을 새로 썼고 그 과정에서 한국 사법 친선 협회韓國法曹懇話會를 소집했다는 기사도 가끔 실렸다.[407] 1909년 8월—공식적으로 대한제국을 식민지화하기 정확히 1년 전—형법 개혁을 담당한 구라토미 유자부로는 장황한 기고문을 일본 언론에 보내 '대한제국 사법 체계 개요'를 설명했다.[408] 그는 점잖은 어조로 일본과 한국 관리들이 합심해서 '광무 3년' 1899에 수립된 한국의 사법체계를 개혁했다고 강조했다. 그는 당

---

[407] 이 조직의 창립회의를 찍은 훌륭한 (그러나 암울한) 사진이 「호리츠 신문」(法律新聞), 1907년 11월 10일자에 실렸다. 동수의 일본인들과 한국인들이 흰 테이블보로 덮이고 이름표와 맥주가 놓인 긴 탁자 양 옆으로 늘어서 있다.

[408] 「호리츠 신문」은 구라토미의 글 전문을 실었고 다른 신문들에 일부가 실렸다는 사실도 언급했다. 「호리츠 신문」, 1909년 8월 5일, 「도요시보」(東洋時報)와 「오사카 마이니치」(大阪毎日)도 참고할 것.

시의 사법개혁을 대한제국 역사가 당연히 걸어야 할 방향이라고 묘사하고 과거 대한제국의 사법부는 '개인의 권리'를 보호하는 데 '실패'했다고 비판하면서 바로 이러한 개인의 권리보호가 일본이 대한제국의 사법체계를 개혁하는 주된 이유임을 분명히 했다.[409]

그러나 구라토미는 또한 일본인에게 적용되는 법률과 한국인에게 적용되는 법률 사이에 존재하는 몇 가지 다른 점은 계속 유지되어야 한다는 점을 강조했다. 특히 구라토미는 새 법률에서 조선인 죄수들에 대한 태형은 그대로 유지했다고 설명했다. 이러한 결정은 당연히 일본의 식민통치자들에게 이득이 되는 결정이었다. 구리토미는 이러한 차이점이 있다고 해서 우려할 일은 아니며 대한제국의 새로운 사법체계는 전체적으로 볼 때 일본의 사법체계와 잘 조화된다고 설명했다. 물론 당시에는 식민통치자들이 자신들의 지배력을 강화하기 위해서 식민지 통치에 유용한 예외 규정—고문 관행을 유지하는 것—을 두는 일이 흔했다. 역사학자 요시미 요시아키는 이러한 예외규정을 '거대한 허점giant loop-holes'이라고 불렀다.[410] 요시미 자신도 이러한 '거대한 허점'을 면밀히 분석해 일본(그리고 다른 제국주의자들)의 식민통치를 받는 국민들이 여성과 어린이의 인신매매를 금지하는 국제법의 적용을

---

[409] 「호리츠 신문」(法律新聞), 1909년 8월 5일.
[410] 요시미 요시아키, 『종군위안부자료집』(從軍慰安婦資料集), 도쿄, 오쓰키 서점, 1992, 36쪽.

받지 않도록 했다.[411] 태형과 마찬가지로, 조선인을 소위 위안부로 알려진 성노예로 부리는 관행도 일본의 식민지 문명화 표준 절차에 따른 조치라며 국제법 용어를 이용해 합법화했다.

따라서 1909년 대한제국의 사법체계는 일본과 국제 사회에 수용되었다. 대한제국의 법체계는 이제 유럽이 정한 '3심제도'三審制度에 따라 운영되었다.[412] 대한제국의 새로운 사법체계가 어떻게 구성되었는지는 〈표 1〉에 자세히 나와 있다. 당연히 대한제국의 새로운 사법체계에 관여하는 일본인 비율이 한국인 비율보다 많았다. 그러나 직위의 비중에 따라 비율을 계산해보면 일본이 대한제국의 법체계가 일본법과 합치되는 판결이 내려지도록 하는 동시에 판결의 집행은 조선인들이 스스로 하도록 한 의도가 드러난다. 새로운 사법 체계 하에서 한국인 판사의 비율은 3분의 1에 불과했다.[413]

......

[411] 요시미 요시아키, 『종군위안부자료집』(從軍慰安婦資料集), 도쿄, 오쓰키 서점, 1992, 33-36쪽. 이러한 사례는 현재에도 존재한다. 예를 들어 중국은 최근 인권을 유린한다는 국제 사회의 비판을 누그러뜨리기 위해 무진 애를 썼고, 그 결과 WTO 가입 자격을 얻었다. 인권을 존중한다는 것을 과시하기 위해 중국이 취한 조치 가운데 하나는 최근 중국 여성과 어린이들을 인신매매하는 일당을 공개처형한 일이다. 그러나 두만강 유역에서 탈북 여성들을 인신매매하는 일당들은 법의 '거대한 허점'을 찾아냈다.

[412] 3심 제도는 다음과 같이 운영된다. 우선 지역과 지방법원이 사건을 재판한다. 지역 법원은 200엔 이하의 경범죄나 민사소송을 다룬다. 지방법원에서 시작된 사건은 지방 항소심법원으로 이송된다. 그러나 지역에서 지방법원으로 이송된 사건들은 곧바로 항소심 법원과 대법원으로 이송된다.

[413] 대만과 한국의 사법조직을 비교하면서 에드워드 아-테 첸은 다음과 같이 말했다. 대만에서 '일본 식민 통치자들의 최우선적인 목표는 대만 국민들을 신속하고 효율적으로 위협해 겁먹게 만드는 일이었다. 한국에서는 병합 전부터 일본이 지배자의 위치에 있었기 때문에 일본 사법체계를 본 따 한국의 사법 체계를 개조할 수 있었다.' 한국인들은 자격만 된다면 판사나 검사로 일할 수 있었지만, '대만 사람들은 이에 상응하는 대우를 받지

〈표 1〉 한국 사법 체계, 1908

직위	국가 별 인원 수		
	일본인	한국인	총 인원
판사	116	66	182
검사	46	12	58
수석 서기	4	0	4
서기	153	141	294
번역부	4	0	4
통역관	18	49	67

출처: 「호리츠 신문」, 1909년 8월 5일 자.

일본이 사법제도를 개혁한 의도가 무엇인지는 교도소 구조에서도 드러난다표 2 참조. 교도소장의 숫자가 8명인 점으로 미루어 볼 때 유배지에 있는 교도소에 대한 내용은 공식적인 기록물로 남기지 않으려 했음이 분명하다. 또 한 가지 주목할 점은 한국인 교도관 숫자가 일본인보다 많았다는 사실이고, 따라서 한국인 죄수들에게 매질을 하라는 명령을 수행하는 이들은 한국인 교도관들이었다. 일본이 시행한 검열법에 의해 정보유통을 엄격히 제한했음에도 불구하고 에드워드 베이커Edward Baker는 일본이 운영하는 교도서 내에서 한국인 죄수들을 고문하는 관행은 식민

......

못했고, 대만에서 판사로 재직한 대만인은 세 명에 불과했다.' 불평등하고 서열화 된 권력구조가 식민 통치 체계를 규정했으므로 일본 정권은 한국인 판사들을 종속적인 위치에 머물게 했다. 그럼에도 불구하고 이토와 사법체계 개혁의 주체들은 한국인들을 일본이 생각하는 합법적 한국이라는 개념에 편입시키려 했다. 첸, 「제국을 통합하려는 시도, 법적인 관점」(The Attempt to Integrate the Empire: Legal Perspectives), 레이먼드 마이어스, 마크 R. 피티, 『일본 식민 제국, 1895-1945』(The Japanese Colonial Empire, 1895-1945), 프린스턴, 뉴저지, 프린스턴 대학교 출판부, 1984, 268쪽.

통치 기간 내내 이루어졌을 뿐만 아니라 이러한 관행은, 베이커의 짓궂은 표현을 빌자면, '정책 목표'가 되었다고 폭로했다.[414]

베이커에 따르면, '태형은 극도로 잔인한 처벌방법이었다. 피해자들은 엎드려 묶인 상태에서 대나무 막대기로 둔부에 90차례나 매를 맞았다… 사망한 사례도 많았다. 1913년부터 1920년 사이에 태형을 당한 사람들 수는 60만 명에 달하는 것으로 추측된다. 공식집계에 따르면 일본이 발표한 수치, 1912년과 1913년에 즉결심판을 받은 83,128명 한국인 가운데 38,397명이 태형을 받았다.'[415]

베이커의 주장을 뒷받침하는 글은 1921년에 샌프란시스코에 사는 한국인 헨리 정이 일본식민통치를 격렬하게 비난한 글이다. 그는 일본이 태형을 '오래된 조선의 관행'이라고 주장하며 태형을 정당화하고 있다고 주장했다.[416] 교도소에는 한국인들이 상당수 근무하고 있었기 때문에 일본인 교도소장은 손쉽게 한국인 교도관을 시켜 한국인 죄수에게 태형을 가했고, 이를 증거로 내세워 태형은 '오래된 한국의 관행'이라는 인상을 줄 수 있었다.

-----

[414] 에드워드 J. 베이커, 『일본의 한국 병합에서 사법개혁이 한 역할』(The Role of Legal Reforms in the Japanese Annexation), 32쪽. 이철우, 『근대화, 합법화, 그리고 권력』 (Modernity, Legality, and Power), 31-34쪽.

[415] 에드워드 J. 베이커, 『일본의 한국 병합에서 사법개혁이 한 역할』(The Role of Legal Reforms in the Japanese Annexation), 32쪽.

[416] 헨리 정, 『한국을 변호함. 한국 독립운동에 대한 일본의 탄압을 보여 주는 증거 모음집』(The Case for Korea: A Collection of Evidence on the Japanese Domination of the Korean Independence Movement), 뉴욕, 플레밍 H. 레벨, 1921, 74쪽.

〈표 2〉 한국 교도소, 1908

직위	국가 별 인원 수		
	일본인	한국인	총 인원
소장	8	0	8
수석 교도관	31	8	39
통역관	0	8	8
교도소 상근 의사	3	0	3
비상근 의사	5	0	5
비상근 성직자	1	0	1
비상근 약사	1	0	1
교도관	151	160	311
관리인, 여성교도소	2	0	2
비상근 관리인, 여성교도소	1	0	1

출처: 「호리츠 신문」, 1909년 8월 5일 자.

 이토 히로부미가 자비로운 통치를 했다고(즉, 이토는 대한제국을 병합할 의도가 전혀 없었다고) 주장하며 그에게 경의를 표하는 사람들은 이토가 통감으로 일하는 동안 한국의 형법에서 고문을 허용했다는 사실과 그가 남긴 이러한 잔재가 식민통치기간 내내, 그리고 그 후에도 사라지지 않았다는 사실을 간과한다는 점을 언급할 필요가 있다.

 당시 일본 언론을 통해 태형에 대한 보도를 접한 일본인들은 자신들도 태형을 받을 위험이 있는지 걱정할 필요가 없었다. 일본은 아직 대한제국을 병합하지 않았고 따라서 일본인과 외국의 외국인들은 대한제국의 새 법률을 적용받지 않았기 때문이다.

「호리츠 신문」에 논설을 기고한 한 필자는 다음과 같이 주장했다. '일본이 주도해서 치외법권을 폐지해도 미국을 비롯한 다른 나라들은 이를 번복하지 못할 시기가 도래했다.'[417] 이 기사를 쓴 사람은 일본이 성공적으로 대한제국의 사법체계를 개혁한 것을 '조선인을 일본인과 동화되도록 하는 과정'이라고 규정하며 자신의 직업에 자부심을 느낀다고 설명했다.[418] 일본이 대한제국을 병합하기 전이더라도 치외법권을 철폐해야하고 또 철폐될 수 있다고 믿었다는 사실은 바로 일본이 대한제국을 통치하는 행위가 국제적으로 합법적인 행위라는 게 일반적인 여론이었음을 보여준다.

심판대에 오른 합법성

여기서 잠시 시간을 건너뛰어 일본의 대한제국 식민통치 첫 10년에 대한 국제 사회의 평가를 살펴보는 게 도움이 된다. 1919년 3월 1일 독립운동이 일어나자 비로소 국제 사회는 다시 한번 1907년에 대한제국에 보였던 것과 같은 관심을 보였다. 일본 식민 통치자들이 독립운동에 매우 폭력적으로 대응하자, 캐나다 언론인 프레더릭 맥킨지는 다음과 같이 일본의 통치를 비판했다.

---

[417] 「호리츠 신문」(法律新聞), 1909년 7월 20일.

[418] 위의 글.

일본이 대한제국을 병합한 1910년부터 한국인들이 독립운동을 일으킨 1919년까지의 기간 동안 한국은 물질적으로 발전했다. 그러나 이 기간 동안 일본이 보여준 통치 방법은 역사상 최고로 실패한 통치, 러시아가 핀란드, 폴란드에서 행한 통치방법이나 오스트리아-헝가리가 보스니아에서 실시한 통치방법보다도 더 실패한 통치이다. 훌륭한 통치를 하려면 통치자들이 통치 대상에 대해 측은지심을 가져야 한다. 통치 대상에 대해 맹목적이고 어리석은 경멸감을 보이면 훌륭한 통치는 불가능하다. 일본은 한국인을 동화시키고, 그들의 국가적 이상을 파괴하고, 그들의 전통을 뿌리 뽑고 그들을 일본인으로 바꾸려 했다. 그러나 일본은 한국인을 일본인보다는 열등한 일본인, 통치자인 일본인에게는 없는 장애를 가진 일본인으로 만들려고 했다.[419]

한 식민지에서 피지배자들이 겪은 경험을 다른 식민지 피지배자들이 겪은 경험과 비교 평가하는 일은 적절치 않다. 비교평가란 그 속성상 한 지역에서 겪은 경험이 다른 지역에서 겪은 경험보다 덜 잔혹하다는 인상을 주게 되기 때문이다. 한국인들이 겪은 경험이 하와이나 체첸이나 알제리인들이 겪은 경험보다 더 잔혹했는지는 논의의 초점이 아니다. 다만 일본이 식민통치를 한 이 첫 10년에 주목해야 한다는 점을 말하고 싶다. 이 시기의 통치는

---

[419] 프레더릭 맥킨지, 『자유를 쟁취하기 위한 한국의 투쟁』(Korea's Fight for Freedom), 뉴욕, 플레밍 H. 레벨, 1920, 183-184쪽.

유례없을 정도로 잔혹했기 때문이다.[420]

1919년 대한제국에서 일어난 독립운동에 일본이 잔인하게 대응하자 국제적으로 비판여론이 일었고 이는 다이쇼 시대 1912-1926 정치인과 외교관들을 당혹하게 만들었다. 이들은 당시 국제연맹 國際聯盟, League of Nations 헌장에 인종평등 조항을 포함시켜야 한다고 주장하며 국제사회에서 일본이 어느 정도나 힘을 쓸 수 있는지 시험하는 중이었다. 도쿄의 일본 관리들이 캐나다 언론인이 쓴 기사를 읽었을 가능성은 거의 없지만, 만약 읽었다면 이들 가운데 일부는 이 언론인의 기사 내용에 대해 적어도 부분적으로는 동의했을지도 모른다. 한국인 시위자들에 대해 탄압을 계속하던 일본은 일본 총리대신 하라 게이 다카시의 주도로 1905년 보호국 지정 이후 처음으로 한국에서의 공식적인 일본통치 체제를 바꾸었다. 1919년 8월, 하라는 한국을 통치하는 일본 총독은 일본 황제에게만 보고한다는 조항을 바꿔 의회의 견제도 받도록 했다. 그는 식민지 총독 하세가와 요시미치를 일본으로 소환하고 개정된 법률을 공포했다. 그 전해 가을 도쿄의 하라 내각이 식민지 총독 데라우치 마사다케의 내각을 계승했었다. 새로 임명된 자칭 '민주적인 liberal' 총리는 한국 통치방법이 1차 대전 후 국제적 정서

---

[420] 이 시기는 또한 협력이라는 문제를 면밀히 살펴본 시기이기도 한데 이 점은 카터 에커트가 그의 저서에서 강력히 주장했다. 카터 에커트, 『제국의 후예. 고창 김씨와 한국 자본주의의 식민지적 근원, 1876-1945』(Offspring of Empire: The Koch'ang Kims and the Colonial Origins of Korean Capitalism, 1876-1945), 시애틀, 워싱턴 대학교 출판부, 1991. 힐디 강, 『검은 우산 아래서. 식민지 한국의 함성, 1910-1945』(Under the Black Umbrella: Voices from Colonial Korea, 1910-1945), 이타카, 뉴욕, 코넬 대학교 출판부, 2001.

및 그가 일본 제국 본토에서 부르짖은 특정한 통치방식'다이쇼 민주주의'과 상충된다는 점을 감지했다. 그러나 민간인도 총독에 부임할 수 있다는 새로운 조항이 있음에도 불구하고 하라 총리는 전직 해군사령관 사이토 마코토를 총독으로 임명해 식민통치의 새로운 시대, '문화 통치'의 시대를 열었다.[421]

대한제국 전역에서 대규모 저항운동이 일자 일본에서는 데라우치 총독과 하세가와 총독 집권각각 1910-1916년과 1916-1919년 시기의 지나친 무력억압에 대한 비난이 팽배했다. 이 두 사람의 철권통치와 '무단 통치武斷統治'가 일본에 대한 한국인들의 반감과 분노를 샀고 마침내 3.1 독립운동이 발생했다는 여론이 팽배했다. 그러나 독립운동이 발발하기 전에는 요시노 사쿠조 같은, 맥킨지 부류의 일본 언론인들조차 일본의 대한제국 식민통치를 비판하는 경우는 드물었다. 3.1운동이 일어난 후에 요시노는 거리낌 없이 '전임 총독'이 펼친 정책을 비난했다. 정책이[422] 바뀌자 요시노는 희망에 찬 논조로 '신임 총독이 일본 총리의 휘하에 놓이게 됐고 이는 조선 통치와 관련해서 그 어떤 변화보다도 가장 큰 진전'이라고 주장했다.

---

[421] 1920년대에 대한 자세한 설명은, 신 과 로빈슨, 『일본 식민 통치하에서 한국의 근대화』(Colonial Modernity in Korea)를 참고할 것. 마이클 로빈슨, 『식민지 한국에서 문화적 민족주의, 1920-1925』(Cultural Nationalism in Colonial Korea, 1920-1925), 시애틀, 워싱턴 대학교 출판부, 1989도 볼 것. 1998년 오부치 게이조 일본총리와 김대중 한국대통령이 '문화 정책과 교류'를 선언했을 때 우려 한 사람들은 아마도 역사학자들 뿐이었을 것이다.

[422] 요시노 사쿠조, 「중앙공론」(中央公論), 1919년 9월, 마쓰오 다카미치, 『요시노 사쿠조 선집』(吉野作造選集), vol. 9, 도쿄, 이와나미 서점, 1995, 115쪽에 수록됨.

정당을 민주주의적인 토론의 경로라기보다는 사회적 통제의 수단으로 본 이토 히로부미는 1905년에 조선통감은 오직 일본 황제에게만 보고한다는 조항을 만들었다. 그로부터 거의 15년 후 정당절차의 민주주의를 옹호하는 요시노 사쿠조는 대한제국 식민 통치 방법의 전환을 모든 변화 가운데 최고의 변화로 꼽았다. 그러나 각 식민통치자들이 내세운 접근방식은 대한제국과 구체적 연관이 있다기보다는 일본의 국내정치를 훼손하는 문제라고 본 시각과 더 관련이 있다. 다양한 일본 신문들과 의회는 대한제국의 상황이 극단으로 치달아 한국인들이 '폭동을 일으키게 된 점은 일본의 잘못이 아니라고' 보았다.[423] 잘못은 극단적인 성향의 개인들에게 있었다. 이제 새로 제정된 일본법 하에서는 신임 총독이 일본 제국에 소속된 나라를 자의적으로 통치하지 못하게 됐으므로, 일본은 모든 일이 잘 해결되리라 보았다.[424]

내가 1919년 이 시점을 언급하는 이유는 1919년 군중의 저항이 폭발하고 나서야 일본인들이 끔찍한 폭력이 자행된 10년을 거리낌 없이 비판했기 때문이다. 그 이전에 1910년 즈음해서 무자비한 폭력을 합법화하는 조항들이 실행됐을 때는 서구 열강들조

---

[423] 에벤 요시노는 한국의 독립운동을 묘사하는데 '소조'(riot)라는 단어를 써서 저항에 전혀 공감하지 않는다는 뜻을 내비쳤다.

[424] 1945년 이후 일본의 제국주의를 변명하는 이들은 '소수 군국주의자'들이 무고한 일본인들을 파멸의 길로 이끈 결과로 전쟁이 일어났다는 주장을 했는데 이와 아주 비슷한 주장들이 여전히 나오고 있다. 이러한 주장을 하는 이들은 전쟁 후 가장 커다란 진전은 전후 일본이 법적으로 군대를 보유하지 못하게 되어 결국 평화를 존중하는 국가가 된 점이라고 주장한다.

차 일본의 대한제국 통치는 합법적이라고 판단했고 대한제국에서 치외법권을 폐지해야 한다는 일본의 주장에 동의했다. 이러한 과정은 현 미국 중앙정보국의 표현 '역풍blowback'과도 묘하게 닮았다. 차머스 존슨Chalmers Johnson은 이 표현을 최근 발간한 저서의 제목으로 효과적으로 이용했다.[425] 존슨에 따르면, '역풍'이란 미국정부가 미국 국민들에게 알리지 않고 비밀리에 집행한 정책들이 낳은 뜻밖의 결과를 말한다. 언론이 '테러분자' 혹은 '마약밀매조직 우두머리' 혹은 '깡패 국가' 혹은 '무기 불법거래상'의 악랄한 행위라고 보도하는 사건들은 종종 미국이 이전에 수행한 작전들이 낳은 역풍으로 드러났다. 1910년 공식적으로는 예외 없이 국제 사회는 '황색인종의 책무yellow man's burden'—백인의 시각으로 철저히 인종차별적인 뜻이 내포된 표현—라는 사명을 떠안은 일본에 찬사를 보냈다. 일본은 대한제국의 국명을 바꿔 한자 문화권 내에서는 '조선朝鮮'으로 국제적 용도의 문서에는 '한국Korea'이라고 표기했다. 이와 더불어 일본은 식민지 최고통치조직의 지위를 총독Governor General, 總督으로 승격시켰다. 국제적 용어에서 '총독' 직함은 (예를 들어 인도, 알제리, 필리핀에서처럼) 식민지화가 완결됐다는 의미로 쓰였다. 1910년 9월 1일, 데라우치는 경성에서 순종의 '황제의 지위를 격하해' 왕으로 만드는 정교한 예식을 주관했다. 도쿄의 재무부는 여전히 한국과 일본의 무역과 한국에

-----
[425] 차머스 존슨, 『역풍. 미국 제국주의의 대가와 결과』(Blowback: The Costs and Consequences of American Empire), 뉴욕, 메트로폴리탄 북스, 2000년 9.11 사태 이후를 예견한 존슨의 혜안은 섬뜩할 만큼 정확하다.

대한 일본의 투자를 '해외foreign' 무역과 투자로 표현했지만, 조선총독은 한국의 달력을 일본 황제의 연호와 일치시켰다. 1912년 1월 1일을 기해 일본은 심지어 한국의 표준시간대까지도 일본의 시간대와 동일하게 만들었고 이는 오늘날까지도 유지되고 있다.

1910년 8월 이후 일본인과 한국인은 이론적으로는 한국 내에서 똑같은 법의 적용—물론 '거대한 허점'이 법에 존재했다—을 받았다. 그러나 일본이 한국의 합법적인 통치자로 인정받으려면 한국 내의 다른 외국인들도 일본의 법을 따르게 만들어야 했다.[426] 한일병합 초기에는 일본 언론과 대중적인 문학작품들은 종종 한국인을 '사촌'이나 '이복형제 배다른 형제'라고 일컬었다. 한국에 거주하는 일본인은 여전히 '일본인' 혹은 '본토인'으로 불렀다. 일본인들은 '외국인'이 아니었지만 외국의 외국인들은 여전히 외국인으로 불렸다.

1910년 8월 29일, 데라우치 마사다케와 이완용이 한일병합조약에 서명하기 일주일 전, 일본정부는 조약에 명시된 조항들에 대한 설명문을 발표했다.[427] 한반도의 물리적 공간은 이제 일본의 일부가 되었고, 한국이 다른 열강들과 맺은 조약은 모두 '무효'가 되었다. 더군다나 '한국에 거주하는 외국인들은 모두 일본 사

---

[426] 에드워드 베이커는, 1912년 일본 총독은 자체적으로 '허점'을 만들어, 새 법의 억압적인 요소들만-민법이 아니라 민사문제에 관한 조례, 형법이 아니라 형사문제에 관한 조례-한국인들에게 적용되도록 했다. 에드워드 J. 베이커, 『일본의 한국 병합에서 사법 개혁이 한 역할』(The Role of Legal Reforms in the Japanese Annexation)을 참고할 것.

[427] 「한국병합에 관한 선언」(韓国併合に関する宣言), 1910년 8월 29일. 외무성, 『일본외교연표』(日本外交年表) 341쪽.

법권 관할이 되었다.' 한국인을 '일본인'으로 재규정하지는 않았지만, 일본인은 법적으로 더 이상 '외국인'이 아니었다. 주일 미국대사 토머스 J. 오브라이언Thomas J. O' Brien은 8월 29일 회담에서 나온 기록이 무슨 뜻인지와 관련해 더 자세한 설명을 요청했다. 1910년 10월 6일 외무상 고무라 주타로는 미 대사에게 장황한 답변서를 보내 다음과 같이 강조했다. "일본의 근대 사법체계가 한국에서 본격적으로 제 기능을 하기 시작했고 외국인들이 원고, 피고, 또는 피의자로 지목되는 모든 사건을 일본 본토에서와 마찬가지로 유능한 법원 조직과 자격 있는 판사들이 담당하게 된다."[428] 고무라의 설명을 듣고 외국인에 대한 사법권을 일본이 갖는다는 주장을 공식적으로 찬성하는 열강은 하나도 없었지만, 이의를 제기하는 열강 또한 없었다.

한국에서의 일본 법적용을 합법적이라고 인정하게 된 결정은 1870년대에 봐소나드가 일본에 보낸 최후통첩을 받아들여 일본이 고문 관행을 폐지하고 형법의 적법한 절차를 수립했다고 국제사회가 인식한 사실과 매우 밀접한 연관이 있다. 데라우치 총독을 암살하려 했다는 음모—한국 역사에서 '105인 사건'으로 알려져 있다—가 드러나자 국제사회는 치외법권 문제에 주목할 수밖에 없었다.

1911년 가을, 일본총독은 총력을 기울여 '뻔한 피의자들'을

---

[428] 고무라가 오브라이언에게 보낸 답변서, 『일본 외무성 특수조사 문서』, 서울, 고려서림, 1989, 721-735쪽. 인용된 것은 공식적인 번역본이다.

잡아들이기 시작했고, 그 전해 12월 총독을 암살하려 했다고 알려진 (또는 완전히 날조된) 사건을 조사하기 시작했다. 당시 데라우치는 한국 북부 지역을 돌며 자신이 한국의 새 통치자라는 사실을 과시하고 있었다. 1909년 10월 대한제국의 민족주의자 안중근이 하얼빈역에서 이토 히로부미를 암살한 사실이 널리 알려진 이후로, 한국은 반일 음모자와 첩자들이 들끓는 나라라는 인상을 심어주는 일은 어렵지 않았다. 그러나 1909년 사건에서는 사진 기자들이 연기가 피어오르는 권총을 쥐고 있는 안중근을 포착한 사진이라도 있었다. 그로부터 2년 후 데라우치가 암살당할 뻔했다는 주장과 관련되어 제시된 증거라고는 열 살짜리 아이의 가방에서 발견된 2인치 길이의 주머니칼뿐이었다. 한국인 수백 명이 투옥되어 고문을 당하고 매를 견디지 못해 죽는 경우도 생겼다고 해도 이 사건은—이와 유사한 다른 사건들이 으레 그랬듯이—조용히 묻혀버렸을 텐데 데라우치가 사건을 조사하면서 미국인 장로교 선교사들이 연루됐다고 하자 이 사건은 세간의 관심을 끌었다. 피의자들 중 일부가 '외국의 외국인'—구체적으로는 백인 외국인—이라는 주장이 나오면서 이 사건은 국제적인 사건으로 비화되었다.[429]

-----

[429] '한국 음모 사건'에 관한 자료는 필라델피아에 있는 미국 장로교 해외선교 이사회 문서보관소(미국의 장로교, 해외선교 이사회, 「한국 음모 사건. 일본의 식민지 정부. 서신, 보도자료, 기타 자료 선집, 1912」(The Korean Conspiracy Case. Japanese Colonial Government 1912: Selected Correspondence, Reports and Miscellaneous Paper, 1912), 장로교 역사협회, 필라델피아.)에 소장되어 있다. 총독의 번역관들은 일본 정권이 교환한 모든 서신들을 일본어로 번역했고, 한국의 고려서림은 1986년 이 모음집을 재출판 했다.

체포된 이들 가운데는 기독교로 개종한 한국인들과 북부 지역에서 기독교계 학교에서 일하던 목사들이 상당 수 있었는데, 일본 정권은 이들을 통치의 걸림돌이 될 가능성이 농후한 사람들로 보고 있었다. 1911년 9월부터 1912년 초겨울 사이에 데라우치의 경찰은 한국인 수백 명을 조사했는데, 무턱대고 체포당한 남학생에서부터 지방깡패, 윤치호에 이르기까지 다양했다. 이 가운데 윤치호[1865-1946]—경성에 있는 YMCA 부회장—는 벤더빌트 대학 출신으로 니토베 이나조와 같은 국제협조론주의자였다. 결국 일본경찰은 한국인을 백여 명 이상 체포했다. 적어도 네 명이 감옥에서 숨을 거두었다. 일본 경찰은 비 기독교인들도 다수 체포했는데 이들은 어떤 식으로든 한 번이라도 일본의 한국 통치를 비판한 사람들이었다. 이 유형의 '음모자'들 가운데 주목할 만한 인물들은 대한매일신보 발행인 양기탁[1871-1938], 민족주의 잡지 태극학보 발행인 장응진, 진보적인 신민회 지도자 차이석[1881-1945], 농민자치회 회원 안태극, 시장 유동열 등이다. 특히 유동열은 일본 식민 통치에 적극적으로 저항했고, 일본제국주의를 비판한 이유로 식민통치시대 내내 여러 차례 반복적으로 투옥됐다. 유동열은 한국전쟁 초기에 지금의 북한으로 사라져 버렸다. 그는 이승만에게 환멸을 느끼고 김일성과 합류했을 가능성도 있지만, 남한의 역사문헌은 대체로 6.25전쟁 당시 북한 공산주의자들에게 납치되었다고 기록하고 있다.[430]

......
[430] 이 정보를 제공해준 한석중에게 감사한다. '6.25'라는 표현은 한국전쟁이 시작된 날

소위 암살 모의에 대한 언론보도 내용은 미심쩍은 부분이 많았다. 여기서 이러한 대규모 체포의 발단이 된 사건을 살펴보는 일이 중요하다. 데라우치에 대한 암살모의가 있었다는 보도가 나오자, 경성에 있는 미국 영사 조지 스키드모어George Skidmore—주일 미국 대사—는 미국은 이미 한국이 완전히 일본의 통치 하에 놓였다는 점을 인정했다는 사실을 분명히 밝혔다. 암살모의 사건이 전개되면서 스키드모어는 미국정부는 해당 사건에 대해 공식적인 책임이 없다고 선을 그었다. 고베에 있는 「저팬 위클리 크로니클」 소속 일본인 기자들과 외국인 기자들은 한국에 있는 일본 식민통치 정권이 미국 장로교 선교사 몇 명을 '음모에 가담한 공범'으로 심문했다는 사실을 입수했다. 「저팬 위클리 크로니클」의 기자 로버트 영Robert Young은 「오사카 마이니치」大阪毎日에 기고한 글에서 조지 맥큔이라는 선교사가 체포되었다면서, 다음과 같이 추측했다.

> 미국 정부는 미국시민을 체포한 데 대해 항의를 하지 않으면 치외법권 폐지를 인정하는 꼴이 된다. 이렇게 되면 일본이 한국에서 치외법권을 누리는 나라들과 의논도 하지 않고 치외법권을 폐지하는 행위가 정당화된다. 처음 체포가 이루어졌을 당시 미국정부는 일본 정부의 치외법권 폐지를 인정하지 않았었다. 그 이후로 미국정부는 한국 병합과 이에 수반하는 결정들을 인정한 것으로 보도되어 왔지만, 이와 관련해 어떤 공식

……
짜를 의미한다.

적인 발표도 나온 적이 없다.[431]

미국 영사는 미국인들이 치외법권을 주장하지 못하도록 함으로써 암묵적으로 일본의 주장들을 인정하는 모양새가 됐다.

스키드모어는 또한 일본총독이 취한 조치가 적법하다는 게 미국 정부의 공식적인 입장임을 분명히 밝혔다. 당시 데라우치 총독이 일기에 적은 내용을 보면 경성주재 미국대표가 자국 선교사들이 미국정부의 공식적인 개입 없이 문제를 해결해 주기를 바랐다는 주장을 뒷받침해 준다. 데라우치는 일기를 이따금 쓰는 정도였지만 1911년 10월에 미국 영사와 협의를 한 사실은 간단히 기록했다.[432] 1912년 초에 그가 쓴 일기를 보면 어떤 공식적인 미국 정부 대표도 배석하지 않고 '외국' 선교사들을 만났는데, 이게 미국정부가 선호한 방식이었다고 밝히고 있다. 그로부터 몇 주 후에 기록한 일기에는 '외국 선교사들과 만나기로 약속했고' 사건조사가 합법적으로 진행되도록 보장한다는 내용의 서한을 선교사들에게 보내는 것으로 약속을 갈음했다고 적혀있다.[433]

'새 정권이 들어선 이후로 기존의 절차는 폐지되었고 피조사자들은 이제 새로 도입된 절차에 따라 대우를 받고 있소…

---

[431] 「저팬 위클리 메일」, 1912년 2월 29일.
[432] 야마모토 시로, 『데라우치 마사다케 일기, 1900-1919』(寺內正武日記), 교토, 도메이샤, 1970, 525쪽.
[433] 위의 책, 527쪽.

한 사람을 면밀히 조사하는 데 들어가는 시간을 고려한다면, 특히 통역에 소요되는 시간을 고려한다면, 이 절차에 전혀 문제가 될 만한 특이사항은 없다는 사실을 쉽게 알게 될 것이오. 내 휘하에서 이 사건을 담당하는 당국은 법이 그들에게 부여한 의무를 충실히 이행해 모두가 정당한 판결을 받게 될 것이라 장담하오. 따라서 혹여 처벌을 받게 되는 이가 나온다고 하더라도 이는 오직 공정한 재판을 통해 유죄가 입증되었기 때문임을 믿어도 좋을 것이오.'[434]

데라우치는 외교적인 완곡어법이나 수사修辭에 능숙한 기질을 보인 적은 결코 없지만 그는 미국 선교사들의 주장이 미국의 정책을 대표하지 않는다는 사실을 알았고 그럼에도 불구하고 자신의 정권하에서 진행되는 사법절차와 수단에 대해 소상히 설명했다.

하지만 데라우치의 경찰은 데라우치만큼 선교사들을 정중하게 대하지 않았고, 선교사들의 가택을 철저히 수색했다. 1912년 1월 15일, 지방경찰은 경성과 평양의 수석검사들을 수행해 평양 외곽에 있는 조지 맥큔의 집에 들이닥쳤다. 일본총독의 개인비서 대만의 미래 총독 아카시 모토지로 장군이 이들과 동행했고 경찰에게 맥큔의 소지품을 철저히 수색하라고 지시했다.[435] 그 다음날 수사관들은 선교사들이 사는 집 마당을 파헤치기 시작했고 선교

---

[434] 미국 장로교회 해외선교 이사회, 서신 no. 13, 「한국 음모 사건」(The Korean Conspiracy Case).

[435] 「저팬 위클리 크로니클」, 1912년 6월 13일.

사들은 다시 스키드모어에게 호소했다. 이번에는 처음으로 미국 시민의 자격으로 다음과 같이 항의했다. "우리는 당신이 가택수색에 책임이 있다고 봅니다. 그리고 미국 시민으로서 우리의 생명은 당신 손안에 있습니다. 우리가 투옥되어 발생하는 어떤 결과에 대해서도 당신에게 책임이 있습니다."[436]

미국 영사는 자신의 소견으로는 선교사들이 치외법권을 보장받을 수 있는 지역 바깥에 거주했기 때문에 데라우치의 부하들이 수색을 한 행위는 합법적이라고 대답했다. 그리고 자신이 아는 한 경찰은 법에 따라 한국 죄수들을 다루었고 그렇지 않다는 직접적인 증거는 없다고 했다. 미국 정부는 선교사 한두 명에 대한 조사—외국 정권에 대해 반정부적 행위를 했다는 혐의이긴 하나—에 항의하는 게 미국의 상업적 특권을 위태롭게 할 만한 가치가 있지는 않다고 본 게 분명하고, 따라서 선교사들이 영사 관할 하에 법적인 보호를 주장하지 못하도록 했다.[437] 1912년 미국은 한국이 완전히 일본의 통치하에 놓였다는 점을 인정했고, 식민지화 된 경성에 주재하던 미국 외교관들은 식민통치 정권에

---

[436] 기타 자료, 미국 장로교회 해외선교 이사회, 「한국 음모 사건」(The Korean Conspiracy Case).

[437] 이만큼 참혹한 결과가 나온 사건은 아니지만, 이 사건과 1980년 12월 2일 엘살바도르에서 미국 수녀 세 명과 민간인 한 명이 살해된 사건과 관련해 미국이 취했던 공식적인 입장 사이에 유사성을 있다는 점을 간과할 수 없다. 미국 정부는 엘살바도르 좌익 투사들과 정치인들이 정권을 잡지 못하도록 하기 위해서 1980년대 내내 엄청난 금액의 돈을(대략 70억 달러) 엘살바도르에 쏟아 부었는데 이를 정당화하기 위해서, 국무성은 엘살바도르 정권은 이 여성들의 강간과 처형 사건과 아무 관련이 없다는 공식적인 입장을 고수했다. 살해범들이 최근 '상부의 명령'을 받고 저지른 일이라고 증언했지만, 국무성은 이 살해범들의 주장에 대한 진실성에 대해 계속해서 의문을 제기하고 있다. 「뉴욕타임스」, 1998년 4월 3일.

대한 비판을 삼가고 아직 한국에서 누리고 있는 미국의 상업적 특권을 유지하는 데 힘썼다.

스키드모어는 선교사 연루 사건이 조용히 지역 내에서 해결되기를 바랐지만 미국 선교사들은 미국에 있는 친구들과 동료들에게 편지를 보내 자신들과 한국인 동료들이 겪고 있는 시련에 대해 하소연을 했다. 다른 사람도 아니고 하버드 대학의 유명한 총장 (그리고 한 때 케냐의 총독으로 근무했던) 찰스 엘리엇 Charles Eliot이 경성으로 와서 참관인 자격으로 재판에 참석했다. 일본인 판사와 검사들이 한국 피고인들과 그들을 변호하는 변호사들을 무시하는 광경을 보고 아연실색한 엘리엇 총장은 도쿄로 가서 일본정부와 황제에게 유감을 표했다. 9월 초 엘리엇 총장은 자신의 친구이자 뉴욕에 있는 장로교 해외선교 이사회 사무총장인 아서 저드슨 브라운 Arthur Judson Brown에게 서한을 보냈다.

'나는 도쿄에 도착한 후, 그리고 예비 조사가 아직 진행되는 동안, 사건의 피의자인 한국인 기독교도들에 대한 처우와 관련해 저명한 일본인들과 여러 차례 대화를 했소. 그들과의 대화에서 두 가지 사항을 지적했소. 첫째, 한국에서 제시된 증거만으로 단 한 사람의 선교사가 조금이라도 음모에 관여했다는 주장을 믿을 미국인은 한 명도 없다. 둘째, 일본 경찰의 예비 조사 방법은 수정되어야 한다. 그리고, 특히 예비 조사 전 과정에 피고 측 변호인이 배석해야 한다. 피고 측 변호인은 절차에 참여할 수도 하지 않을 수도 있지만 배석은 반드시 해야 한다. 일본이 피의자에 대한 예비조사 절차를 합법적으

로 수정한다면 서양 국가들 사이에서 일본의 위상이 개선될 것이라고 얘기했소.'[438]

엘리엇 총장은 적법절차의 중요성에 대해 설명했다. 그는 '서양 국가들'을 대신해서 한국인 기독교도들을 옹호하는 발언을 하면서, 일본이 합법적인 국가로 인식 되려면 일본이 통치하는 제국 전체에서 합법적인 행동을 보여 줘야 한다는 점을 분명히 밝혔다.

1912년 여름 경성 지방법원의 재판에 대한 보도가 미국 뉴욕에 도달했고, 브라운은 공식적인 차원에서 장로교 해외선교 이사회의 입장을 밝히기로 결정했다. 그와 네 명의 종교적 지도자들이 워싱턴으로 가서 주미 일본대사 친다 수테미, 태프트 대통령, 국무장관 필랜더 녹스를 만났다. 브라운은 자신들의 입장을 다음과 같이 설명했다. "우리가 워싱턴에 간 이유는 미국 정부에 개입을 요청하기 위해서가 아니다. 기소된 한국인들에 대한 재판이 여전히 진행되고 있고 우리 선교사들이 심각하게 모욕을 당하기는 했으나 그들이 미국 시민으로서 누릴 권리가 묵살됐다는 증거가 나오지도 않았다. 따라서 지금 단계에서는 일본정부가 자국 국민들을 어떻게 다루고 있는지가 문제이며 물론 우리 정부

* * * * *

[438] 찰스 W. 엘리어트가 아서 저드슨 브라운에게 1912년 9월 4일에 보낸 글로서 브라운의 원고 1912년 11월분에 인용되었다. (해외선교이사회, 미국 장로교회, 「한국 음모 사건」(The Korean Conspiracy Case)). 브라운, 『극동의 지배. 한국의 변신과 동양에서 최고 위상으로의 등극』(The Mastery of the Far East: The Story of Korea's Transformation and Rise to Supremacy in the Orient), 뉴욕, 찰스 스크리브너스 선스, 1919, 571-573쪽도 참고할 것.

는 이 상황이 외교경로를 통해 간섭을 해야 하는 상황이라고 보지 않을 것이다."[439]

그러나 9월 말 105인 '음모자들'에 대한 판결이 내려지자 장로교 해외선교 이사회 지도자들은 더 단호한 입장을 밝힐 필요가 있다고 보고 1912년 10월 11일 긴급회의를 소집했다. 브라운은 엘리엇 같은 인사들을 초청했고, 막 귀국한 엘리엇 총장은 회의에서 자신의 견해를 밝혔다. 뉴욕에 있는 한 남성클럽에서 열린 '한국 상황에 관한 비밀회의'에 참석한 인사들 가운데는 미국 정부가 결코 무시할 수 없는, 막강한 영향력을 행사하고 고위인사들과도 친분이 두터운 사람들이 있었다.

> 세스 로우, LL.D.법학사, 전직 뉴욕 시장이자 선교와 정부의 관계에 관한 에든버러 세계회의 미국지부장
> 존 W. 포스터, D.D.신학사, LL.D., 전직 외무장관
> 찰스 W. 엘리엇, LL.D., 전직 하버드 대학 총장
> 아서 T. 해들리, LL.D., 예일 대학교 총장
> 라이먼 애벗 목사, D.D., LL.D., 〈아웃룩〉 편집인
> 제임스 브라운 스콧, 헤이그 평화회의 미국대표단의 국제법 자문[440]

-----

[439] '한국의 상황'(The Korean Situation), 1912년 7월 29일 워싱턴에서, 해외선교 이사회 대표단(미국 장로교회 해외선교 이사회, 「한국 음모 사건」).

[440] 제임스 브라운 스콧은, 카네기 국제평화재단 사무총장이자 『국제법 고전』(Classics of International Law)시리즈 편집자로서, 1936년 헨리 휘튼의 『국제법 원리(Elements of International Law)』재출판을 지원했고 내가 인용한 책도 바로 이 책이다. 당시 스콧은 미국 국제법 학회의 회장이기도 했다.

제러마이어 W. 젱크스, LL.D., 뉴욕대학교 정치경제학 교수 (알프레드 메이한 장군은 병환으로 불참)[441]

이들은 일본대사와 직접 만나 '기소된 한국인들에 대한 일본 경찰의 처우와 1차 재판이 한국에서 한국인들을 통치하는 데 있어서 일본정부와 국민이 표방하는 정신과 목적에 부합하지 않는다고 주장'하겠다는 결의를 다졌다.[442] 이들은 해당 재판이 합법적 절차를 위반한 재판으로 보인다며 강한 유감을 표시했다. 그러나 이들은 일본의 한국 통치는 합법이라고 인정했다. 상업적 특권을 포기하는 위험을 감수하지 않으려 한 미국영사와 마찬가지로, 종교를 중심으로 힘을 모은 이들도 한국에서 선교를 할 수 있는 특권을 보장받기를 원했다. 이들은 일본 식민 정권이 경찰을 이용해 통치력을 강화하려는 야망에 대해 제동을 걸긴 했지만, 선교활동을 할 권리가 보장되면 일본의 통치체제를 벗어나지 않는 범위 내에서 조용하게 선교활동을 하겠다는 뜻을 비쳤다.

그 다음 달 아서 브라운은 데라우치 사건과 관련해 강한 어조의 글을 발표했는데, 공교롭게도 그의 글 제목인 '한국 음모 사건The Korean Conspiracy Case'이 일본 역사문헌에서 이 사건을 일컫는 이름으로 쓰이게 되었다.[443] 봐소나드가 「꼬망떼르」지에 기고

......

[441] 「한국의 상황에 관한 비밀회의」(Confidential Conference on the Situation in Korea) (미국 장로교회 해외선교 이사회, 「한국 음모 사건」).

[442] 위의 글.

[443] 아서 저드슨 브라운, 1912년 11월 20일 (미국 장로교회 해외선교 이사회, 「한국 음모

한 글이나 이토 히로부미 정권이 『보고서』에 실은 내용과 마찬가지로, 브라운은 자신이 '문명 세계'를 대표해서 말한다고 주장했다. 도입부에서 그는 다음과 같이 적었다.

> '한국(일본의 조선)에서 벌어지는 어려운 상황에 문명 세계의 관심이 쏠렸다. 이 상황은 데라우치 총독의 암살을 모의한 혐의로 많은 한국인 기독교도들이 체포되어 재판을 받고 유죄판결이 내려지면서 극에 달했다. 이 사건은 서양 사람들로 하여금 깊은 우려와 의문을 갖도록 만든다.'[444]

한국의 상황이 도덕적으로 심각한 문제를 야기한다는 언질을 하며 고결한 척 브라운은 말을 이었다.

> 국제법과 외교관계의 관점에서 보면 이러한 의문들은 일차적으로 일본이 자국 국민들을 어떻게 대우하는가와 관련이 있지만, 개개인들과 마찬가지로 나라들 간에도 사도 바울이 한 다음과 같은 말이 적용된다. '혼자 사는 사람은 없다.' 인류는 다른 나라 정부가 자국 국민들을 어떻게 취급하든 상관않고 무관심한 단계는 넘어섰다.[445]

......
사건」(The Korean Conspiracy Case)).

[444] 아서 저드슨 브라운, 편집된 원고, 1쪽 (미국 장로교회 해외선교 이사회, 「한국 음모 사건」(The Korean Conspiracy Case)).

[445] 위의 글.

국제법이 합법적인 까닭은 그 조항들이 신이 지켜보는 가운데 실행되기 때문이라는 사실은 개의치 않고, 이 현실참여 성향의 선교사는 사도 바울의 말이 속세의 이 특정한 이론보다 우선한다고 보았다. 브라운은 일본이 국제법 요건들, 자신이 기독교 법보다 하위 개념이라고 보는 법의 요건들을 충실히 이행한다고 규정하고 말았다.

봐소나드와 마찬가지로 브라운은 국제 사회에서 일본의 명예가 훼손되는 상황을 모면할 수 있는 방법을 제시했다. 엘리엇의 편지를 인용하는 동시에 이 편지에 대한 자신의 의견을 제시하면서, 브라운은 "일본이 피의자들에 대한 법적 예비 절차를 수정 보완 한다면 서양 나라들 사이에서 일본의 위상이 높아질 것이다"라고 제안했다. 브라운은 다음과 같이 자세히 설명했다. "일본은 세계에서 가장 선진화 된 나라 가운데 하나로 인정받기를 바라는데, 그렇게 인정받으려면 형법을 수정해서, 방법의 기술적 차이에 근거한 비난이 아니라 인류가 가장 천한 인간들에게조차 요구하게 된 필수불가결한 정의를 근거로 한 비난을 이겨낼 수 있어야 한다."[446] 장로교 해외선교 이사회 사무총장은 사실상 일본 총독에게 한국에서 '필수불가결한 정의'가 실현된다는 것을 '문명세계'에 증명해서 '가장 선진화 된 나라' 가운데 하나라는 지위를 확보하라고 주장했다.

......
[446] 아서 저드슨 브라운, 편집된 원고, 15쪽(미국 장로교회 해외선교 이사회, 「한국 음모 사건」(The Korean Conspiracy Case).

1910년 한일병합 전 이토의 법률보좌관들은 일본이 한국을 통치할 '유능한 적임자'임을 과시할 토대를 마련했다. 1912년 경성 지방법원에서 1차 재판에 열렸을 때 일본을 비롯한 전 세계 많은 이들이 정의가 훼손되고 있다는 인상을 받았지만 그 이후 경성과 대구에서 잇달아 열린 재판을 통해 일본은 정의가 구현된다는 점을 과시하면서 한국을 통치할 적임자임을 합법화했다. 더군다나 재판을 지켜본 참관인들은 일본이 고문 관행을 폐지했다는 확신을 하게 되었다―그 정 반대라는 것을 보여 주는 증거들이 압도적으로 많은데도 말이다. '문명세계'는 일본의 한국 통치를 합법이라고 판결 내렸다.

일본인 판사, 검사, 그리고 피고 측 변호사들은 항소심 법정을 가득 채운 청중 앞에서 일본의 한국 통치가 합법임을 보여 주었다. 1912년 1차 재판을 직접 지켜본 이는 미국 선교사 몇 명뿐이었지만, 항소심에 대한 관심이 높아지면서 밝은 조명이 설치되고 새로 만든 증인석에 관객이 들어찼다. 1차 재판 당시에는 피고 측 변호인들이 한국어 통역이 없다고 불만을 토로했지만, 항소심에서는 총독부에서 통역을 제공했다. 그러나 재판 참관인들이 관심 있게 지켜본 것은 통역관들이 영어를 훌륭하게 구사하는가가 아니라 통역관들이 내뱉는 법률용어들이 문명 세계의 관행에 부합하는지 여부였다. 1885년 이토 히로부미가 텐진 조약 협상을 영어로 진행했을 때와 마찬가지로 청문회에서 쓰인 법률용어 자체가 그 용어들을 어느 나라 언어로 말했는지 보다 훨씬 큰 의미가 있었다. 피고 측 변호인인 일본인들과 법정을 채운 외국인 청중들에게 익숙한 언어로 재판 절차가 진행됐기 때문에, 일본의 한국 통치가 합법임을 만천하에 알리게 됐음을 외국인 청중들은 어렵지 않게 깨달았다.

1913년 3월 법원이 피고 여섯 명에게 장기 복역 선고를 내리고 나머지 아흔 아홉 명에게는 무죄선고를 내리면서 1차 항소심 절차는 마무리되었다. 일 년 전만 해도 일본총독과 미국의 암묵적 용인을 강력하게 비판했던 「저팬 위클리 크로니클」의 기자 로버트 영조차 재판 결과에 다음과 같이 찬사를 보냈다. "우리는 경성 항소 법정이 일본의 사법체계에 대한 국제 사회의 불신을 야기할 만한 커다란 오점을 말끔히 제거했다는 데 대해 찬사를 보낸다."[447]

곧이어 서구 열강들은 그때까지도 포기하지 않고 있었던 치외법권이라는 특권을 버렸다. 1913년 4월 21일, 미국, 영국, 독일, 프랑스, 이탈리아, 벨기에의 외교관들은 한국에서의 치외법권을 공식적으로 폐지했고 그들이 공식적으로 유지하고 있던 치외법권 지역 관할권을 일본총독 관할로 전환했다.[448] 항소심이 진행되는 동안 일본은 정의구현을 세계에 과시했다. 항소심 판결과 열강들의 긍정적인 평가를 통해 일본은 한국의 적법한 통치자로서 공개적으로 인정받게 되었다.

그러나 공교롭게도 일본이 통치하는 한국 내에서 정의가 구현된다는 외부의 인식과 여전히 한국에서 계속되는 고문 관행

-----

[447] 「저팬 위클리 크로니클」, 1913년 3월 27일.

[448] 『일본외교문서』(日本外交文書), 다이쇼 2, no. 1, 297-311.

제5장 사명, 사법권을 손에 넣어라

사이의 관계는 이 항소심 절차 과정에서 표면화됐다.[449] 고문이 의심되기만 해도 국제 사회가 격렬한 반응을 보이던 점에 비추어 볼 때, 증인들의 증언을 들었다면 열강들이 일본의 한국 통치 방식에 찬사를 보내는 데 주저했으리라고 생각할지도 모른다. 피고 측은 항소의 이유를 데라우치의 경찰이 폭력적인 방법으로 검사 측 증거를 확보했기 때문이라고 주장했다. 피고 측은 105명 전원의 판결이 번복되도록 하려고 했다. 변호사들이 피고인들이 고문을 받고 자백했다고 주장했기 때문이다. 스즈키 구미사부로, 마루야마 에타로, 하라 마사카네 등 판사 세 명은 항소심 재판 첫날 윤치호를 호명했다. 판사들의 심문에 대한 윤치호의 답변은 간단했다. 그는 유창한 일본어로 자신은 고문을 당했기 때문에 경찰에게 거짓으로 자백을 했다고 답했다.[450] 다음 '음모자' 김일첨은 통역관을 통해 1차 재판에서는 고문으로 '정신이 혼미'해져서 새빨간 거짓말을 자백했다고 주장했다.[451]

항소심 이틀째 1912년 11월 27일 피고 측의 전략은 분명했다. 판사들이 이용화를 심문하자 그는 경찰이 어떻게 증거를 확보했는지 생생하게 묘사했다. 「저팬 위클리 크로니클」 기자가 그 장면을 다음과 같이 묘사했다. "이용화가 호명됐다. 그는 다부지고 잘 생긴

---

[449] 재판기록이 일본어와 한국어로 재출판 되었다. 국사편찬위원회, 『한민족 독립운동사 자료집. 105인 사건』, 서울, 시사문화사, 1986.

[450] 국사편찬위원회, 『한민족 독립운동사 자료집. 105인 사건』, 407쪽.

[451] 위의 책, 413쪽.

얼굴에 콧수염을 길렀다. 그는 달변가였고 어떤 변호사보다도 자신을 변호하는 데 능하다는 평가를 들었다. 그는 열성적으로 변호를 해서 한국어를 이해하지 못하는 사람들까지도 동정을 할 정도였다."[452]

이용화는 자신의 혐의를 부인하면서 교도관들이 자신을 장시간 고문했다고 주장했다. 교도관들이 그를 때리고, 며칠 동안 굶겼으며, 손가락을 묶어 매달기도 하고 불로 지지고 신체의 구멍으로 정체 모를 액체를 부어 넣었다고 주장했다.[453] 이용화의 증언에 뒤이어 피고인들이 자신들이 겪은 일을 상세히 털어놓았고, 이러한 증언은 재판이 진행되는 동안 열린 51차례의 청문회 내내 이어졌다. 그 전해 여름에 열린 1차 재판 당시에는 변호인들이 피고를 법정에서 변호하기 바로 직전에 가서야 피고인들과 얘기를 나누는 일이 흔했지만, 항소심에서는 피고 측 변호인들이 시간적 여유를 갖고 법정에서 어떤 변호를 할지 미리 피고인들과 논의를 했다. 게다가 피고 측은 피고인들이 안심하고 증언을 할 수 있는 분위기를 조성했다. 피고인들은 '목에 칼이 들이대어진 채로 나무에 거꾸로 매달렸고' '가족들이 살해 협박을 받았다'고 증언했다.[454] 이평제라는 이름의 피고는 특히 생생한 증언을 했다. 그

·····
[452] 「저팬 위클리 크로니클」, 1912년 12월 5일.
[453] 국사편찬위원회, 『한민족 독립운동사 자료집. 105인 사건』, 419쪽.
[454] 최제구의 증언, 국사편찬위원회, 『한민족 독립운동사 자료집. 105인 사건』, 431쪽. 박초형의 증언, 『한민족 독립운동사 자료집. 105인 사건』, 442쪽.

제5장 사명. 사법권을 손에 넣어라

는 데라우치의 경찰이 자신의 엄지손가락 두 개를 등 뒤로 묶어 두 손가락만으로 체중을 지탱하도록 매달았다고 증언했다. 경찰이 이평제에게 매질을 하고 담뱃불로 지진 후에 얼굴에 종이를 덮고 얼음장처럼 차가운 물을 부어 실외에 매달린 채로 놓아두었고 간간이 그의 고관절을 목각으로 때렸다고도 했다.[455]

재판참관인들과 재판에 대한 기사를 읽은 독자들은 일본인 외국인 할 것 없이 죄수들의 증언에 모두 충격을 받았다. 그러나 일본인들은 한국의 식민통치 체제가 '필수불가결한 정의'를 구현한다고 '문명세계'에 과시하는 재판을 진행하면서도 데라우치의 경찰이 실제로 기존의 법 테두리 안에서 임무를 수행했다는 말을 결코 하지 않았다. 그들이 고문을 한 한국인들은 법적으로 '원주민 범죄자 native offenders'라고 규정되었기 때문이다. 그 전해 3월 총독부는 형법상 한국인들에 대한 일정 형태의 고문 관행을 공식적으로 허용한다고 발표했다. 식민 통치 정권은 연례보고서 영문판에서 그 이유를 다음과 같이 합리화했다. "태형은 한국에서 오래전부터 시행되어 온 처벌 방법이므로 적절하게 사용한다면 경범죄의 경우 소액의 벌금이나 단기 구류보다 훨씬 효과적인 처벌 방법이 될 것으로 본다. 따라서 이 관행을 유지하기로 결정했으며, 이는 오직 한국 원주민들에게만 적용된다… 태형을 가하는 방법도 개선해서 인도주의를 최대한 견지하고 가능한 한 불

---

[455] 이평제의 증언, 『한민족 독립운동사 자료집. 105인 사건』, 575-576쪽.

필요한 고통은 야기하지 않는 방법으로 태형을 시행하겠다."[456] 일본 정부의 이러한 언행은 엄청난 파장을 불러올 수 있었음에도 불구하고 피고인 대다수99명에 대한 판결이 번복되자 재판을 지켜보던 국제 사회의 참관인들은 한국까지 먼 길을 온 보람이 있다며 흡족해했다. '유능한 적임자'가 한국에 정의를 구현했다면서.

소위 음모 재판과 관련된 일련의 사건들은―일본 식민정권이 합법적인 방법으로 한국을 통치한다며 대체로 흡족해한 미국 선교사들의 태도와 더불어―특정 정권이 통치지역 내에서 정의를 구현하는지에 대해 외부인들이 얼마나 편파적인 인식을 가질 수 있는지를 여실히 보여준다. 데라우치 총독은 한국인들에 대한 고문을 법조문에 명시해 합법화했다. 한국 죄수들은 그들이 견뎌야 했던 끔찍한 공포에 대해 묘사했다. 그 공포는 한국인들은 폐기물이며 그저 실험대상일 뿐이라는, 많은 일본 식민주의자들이 마음 깊은 곳에 품고 있는 신념이 낳은 결과였다. 일본 식민 정권이 잔혹한 통치를 했음에도 불구하고 서구 열강은 일본이 보여 주는 것만 보고 합법성을 인정했고, 1차 항소심 재판이 마무리 된지 한 달 후 자국의 영사 관할지역에서 누리는 특권을 공개적으로 폐지했다. 전 세계의 합법적인 국가들은 일본의 한국 통치가 국제적 기준으로 볼 때 완전히 합법적이라고 인정하게 되었다.

......

[456] 『개혁과 진전에 관한 보고서, 1912-1913』(The Report on Reforms and Progress, 1912-1913), 46-47쪽.

맺음말

―――― 지력知力 있는 제국

　일본을 합법적인 제국주의 열강으로 만들려는 메이지 정부 팽창주의자들의 야심 때문에 일본과 일본이 식민지화한 나라들은 모두 엄청난 대가를 치렀다. 식민지 개척자들이 겪은 어려움에 대해 동정심을 느끼자고 하는 말이 아니다. 20세기 초 일본을 소위 일등 국가로 만들기 위해 일본의 지도자들은 일본 내부를 일본이 국외에서 펼친 정책들과 잘 조화를 이루는 방향으로 개조해야 했다. 일본의 국가적 정체성은 오로지 제국주의 열강으로 규정되었고, 열강으로서의 일본은 결국 일본 내에서, 즉 히로시마와 나가사키에서 처절한 패배를 맞게 되었다.
　어떤 행동에 대해 즉각 반사 행동이 발생하는 근대 정치의 여건에서, 한 나라가 제국주의 열강으로 규정되면, 그 열강이 시행하는 특정한 정책관행들이 그 나라의 식민지와 본토에서 동시에 시행되고, 나아가서 전 세계적으로 유사한 관행들이 시행된다. 식민지와 본국에서 시행되는 그러한 정책들은 서로 거울에 비친 듯 똑같지는 않고 지역, 예산, 인성, 또 전쟁이나 반식민지운동과 정서 등 국제적인 여건에 따라 굴절되고 정제된다. 그러나 식민주의 열강들은 예외 없이 자신과 식민지를 구분함으로써 권력을 휘둘렀다. 식민주의 열강들은 상대편, 즉 식민지를 종속적이라고 규정하는 동시에 자신과 식민지간의 관계가 형태를 갖추어감에 따라 그 관계를 관행이자 사실이라고 인식되게끔 만들었다. 그러한 관계는 일본 안팎에서 교육, 의료보장, 종교조직, 군사, 통신망, 박물관, 관료조직, 재정정책 등 근대국가를 특징짓는 다양한 분야—푸코Foucault가 말하는 장치dispositifs—에서 나타났고, 특히 법정, 경찰, 교도소 등에서 가장 강력하게 발현되었다. 21세기 초인 지금 우리 모두가 한 때 과격한 사상으로 여겨진 이 주장—식민주의 열강은 자기 자신 또한 식민지로 만들었다—을 상식으로, 아니면 적어도 설득력 있는 주장으로 받아들이게 됐는지도 모르겠다.

식민지 열강으로서의 일본이 근대 국가 일본의 형성에 어떤 영향을 미쳤는지에 대한 다양한 측면들을 분석한 훌륭한 연구 몇 가지가 최근에 나왔다.[457] 특히 주목해 볼 만한 한 분야는 식민

---

[457] 훌륭한 영문본 저서들은 다음과 같다. 리오 T. S. 칭, 『일본인 되기. 식민지 대만과 정체성 형성의 정치학』(Becoming Japanese: Colonial Taiwan and the Politics of Identity Formation), 버클리와 로스 엔젤레스, 캘리포니아 대학교 출판부, 2001. 스테판 다나카, 『일본의 동양. 과거를 역사로』(Japan's Orient: Rendering Pasts into History), 버클리, 캘리포니아 대학교 출판부, 1993. 바바라 브룩스, 『일본의 제국주의 외교. 영사, 조약 체결 항구, 중국과의 전쟁』(Japan's Imperial Diplomacy: Consuls, Treaty Ports, and War with China), 호놀룰루, 하와이 대학교 출판부, 2000. 루이즈 영, 『일본의 완전한 제국. 만주와 전시 제국주의의 문화』(Japan's Total Empire: Manchuria and the Culture of

지 정책에 관한 연구인데 이는 메이지 정치인들이 어떤 식으로 일본을 합법적인 제국주의 열강으로 규정했는지를 논의한 이 책의 내용과도 잘 맞아떨어진다. 이러한 식민지 정책 연구들은 권력을 구성하는 보다 가시적인 요소들—예를 들어 식민지 정책들을 가르친 학교— 못지않게 근대 일본을 형성하는데 기여한 요소이다. 이 분야는 그 논리상 일본이 식민주의 사고에 대한 충분한 지식을 바탕으로 식민지를 통치했다고 보기 때문이다. 달리 말하자면, 식민지 정책 연구는 일본인에게 일본 제국-국제법상 합법적이라고 규정된 제국-이 당시 지배적인 국제정치 이념에 어떻게 관여했고 어떻게 국제 사회의 인정을 받았는지에 대해 설명해 주었다.

마지막으로 이러한 새로운 연구 분야가 차지하는 위치, 그리고 특히 이 분야를 최초로 연구한 니토베 이나조 교수1862–1933의 사상을 살펴봄으로써 결론을 갈음하겠다. 니토베는 당시에 일본에서 가장 권위 있는 국제주의자였고, 오늘날까지도 (그가 존경한 인물인 우드로 윌슨처럼) 그 명성을 유지하고 있는 사람이지만, 니토베는 식민 정책 연구를 통해 당시 일본인들에게 식민지화와 제국을 지식으로 규정하도록 가르쳤다.[458] 니토베가 일본을 위

......

Wartime Imperialism), 버클리, 캘리포니아 대학교 출판부, 1998.

[458] 니토베 이나조의 경력은 다음과 같다. 사포로 농업대학교, 교토 제국대학교, 도쿄 제국대학교, 다쿠쇼쿠 대학교 교수직. 와세다 대학교, 버클리 대학교, 스탠포드 대학교, 컬럼비아대학교, 미네소타 대학교, 해버포드 대학교, 브라운 대학교, 버지니아 대학교, 일리노이 대학교, 제네바 대학교, 브리티시컬럼비아 대학교 객원교수 및 명예교수. 그는 도쿄 제 1 고등학교 교장을 역임했고 도쿄 여자대학교를 창립하기도 했다. 니토베에게 일찍이 국제적인 명성을 안겨준 책은, 『부시도. 일본의 영혼』(Bushido: The Soul of Japan)(니토베 이나조, 『부시도. 일본의 영혼』, 필라델피아, 리즈 앤드 비들, 1900)이다. 대부분의 도서관에는 뉴

해 개척한 이 연구 분야는 자기 나라가 시행하는 정책에 대해 이해하고자 한 일반 국민들뿐만 아니라 공직에 진출하려는 젊은 관료들이 공부해야 할 필수 분야였다.[459] 이러한 연구를 통해서 '보호국'이나 '병합'과 같이 일본의 제국을 규정한 국제 용어들이 학문적으로 설명되고 권위를 지니게 되었다. 1910년 일본이 한국을 병합했을 때 즈음 도쿄의 일류 대학들, 직업학교들, 고등학교들은 모두 식민 정책 분야를 가르쳤고 이를 통해 일본인들은 한일병합이 제국주의 정치라는 보다 넓은 국제적 문맥에서 어떤 의미를 갖는지 배웠다. 이러한 새로운 분야의 지식을 가르침으로써 일본은 미국이 필리핀을 통치하고 프랑스가 베트남을 통치하는 방식과―반드시 동일하지는 않지만― 유사한 방법으로 팽창하는 일본제국이 식민지를 통치한다는 상식을 전파했다.[460] 제국주의 열강들은 식민지화라는 지배의 학문을 실천하면서 서로서로 식민지화 행동을 합법화하고 지속시켰다.

이 분야가 지금 중요한 이유는 아주 간단하다. 식민 정책 연구 분야의 잔재가 현재 국제관계 연구라는 형태에서 엿보이기 때

욕, 조지 퍼트냄스 선스가 1905년 발간한 10쇄 개정판이 소장되어 있다.

[459] 니토베 이나조가 쓴 글들은 스물두 권에 달하는 책으로 엮어져 나왔다. 니토베 이나조 전집 편집 위원회(新渡戶稻造 全集 編集 委員會), 『니토베 이나조 전집』(新渡戶稻造 全集), 도쿄, 교분칸, 1960-1982. 그가 영어로 쓴 글과 일본어로 발표한 저명한 글들의 영문 번역본들을 모은 다섯 권짜리 선집도 출간되었다. 시게루 남바라, 『니토베 이나조의 작품집』, 도쿄, 도쿄 대학교 출판부 1972.

[460] 폴 바클레이, 「일본과 미국의 식민지화 사업. 대만과 필리핀에서의 인류학적인 전형화」(Japanese and American Colonial Projects: Anthropological Typification in Taiwan and the Philippines), 박사학위논문, 미네소타 대학교, 1999.

문이다. 권력이 어떻게 작동하는지를 보다 복합적으로 이해하고자 하는 이 책의 목적을 진지하게 받아들인다면 식민 정책 연구라는 역사학의 한 분야가 20세기 초 일본 제국이라는 보다 큰 틀 속에 어떻게 맞아들어 가는지를 살펴보는 게 책을 갈무리하는 데 도움이 된다. 당시에 적용된 많은 가정들이 오늘날 우리가 사는 세계에도 만연하고 있기 때문이다.

한국의 처지를 파악하기

얼핏 보면 니토베 이나조는 일본의 한국 병합에 있어서 그리 중요한 역할을 한 인물이 아닌 것처럼 보인다. 한국의 식민지화와 관련한 일본의 법적 기록물에는 그의 이름이 등장하지 않는다. 일본이 한때 식민통치를 했던 타이완에서 그가 '설탕산업의 아버지'로 알려졌다는 게 그가 남긴 잔재라고 할 수 있을 정도이다. 그러나 식민 정책 연구의 아버지로서 니토베는 한국 병합을 국제적 용어로 이론화한 가장 중요한 이론가이다.

식민 정책 연구를 '사람을 심고 가꾸는 planting people' 과학이라고 정의한 그의 사상은 20세기 초 일본의 정치사상과 실천에서 원칙이 되었다. 그레이트 게임의 정치와 규범을 그 핵심과 주변에서 두루 섭렵하며 배운 니토베의 식민 정책 학문에서는 국제적 이론이라는 인상이 풍긴다. 그러나 니토베 자신이 정립한 일본의 제국주의 형성 이론에 근거해야만 국제적 이론으로 보이는 이 이론에 일본의 식민지가 등장한다.[461] 니토베는 식민지 정치를 전반적으로 설명하면서 미국과 영국의 식민통치 사례와 더불어 홋카이도, 타이완, 한국, 만주 등을 일본이 통치했다는 사실을 계산해 넣으면서 세계 속에서 일본의 위상을 설명한다. 식민지를 국제정치사상의 구성요소로 여김으로써 니토베는 세계에 대한 새로운 담론 방식과 일본의 제국주의 팽창에 관한 새로운 형태의 지식을 일본에 소개했다.

메이지 시대 초기에 젊은 시절을 보낸 니토베는 일본을 국제적으로 인정받는 문명국 대열에 합류하도록 만들겠다고 다짐했는데, 니토베에게 문명국이란 여러 개의 식민지를 소유한 동시에 다른 열강이 식민지화할 수 없는 나라를 의미했다. 1880년대 중반 존스 홉킨스 대학원에 재학 중이던 니토베는 저명한 허버트 백스터 애덤스Herbert Baxter Adams에게 국제정치학을 배웠고 스스로를 계몽된 사회라고 규정하는 나라들이 내세우던, 야만인을 문명화해야 한다는 사명에 매료되었다. 그 결과 그는 일본을 세계

......

[461] 1927년 니토베 이나조가 제네바에 있는 국제연맹에서의 임무를 다하고 귀국했을 때, 그의 제자이자 사상적 계승자인 야나이하라 다다오가 니토베에게 도쿄 대학교에서 가르친 식민지 정책 과목들의 강의 노트를 출판할 것을 권유했다. 야나이하라를 비롯해 니토베의 제자들은 일본 전역의 국공립과 사립 대학교에서 식민정책을 가르치는 교수가 되었고, 그들은 니토베의 강의 자료들을 모아 자신들이 가르치는 과목의 교과서로 쓰고자 했다. 니토베는 이 제안을 거절하고 야나이하라에게 책을 공동저술하자고 제안했다. 야나이하라는 스승의 제안을 거절하면서 오직 니토베 자신만이 그 자신의 생각을 분명하게 밝힐 수 있다고 주장했다. 그럼에도 불구하고 야나이하라를 비롯한 니토베의 제자들은 니토베에게서 배운 강의 노트들을 모아 책으로 출간했다. 이 책은 니토베가 사망한 후 재출판 되었고, 식민지화에 대한 니토베의 사상을 집대성한 책으로 평가받고 있다. 야나이하라의 일화와 식민지에 관한 니토베 이나조의 글들은 젠슈 헨슈 인카이, 『니토베 이나조 전집』(新渡戶稻造 全集), vol 4, 7-10쪽, 17-167쪽에 다시 실렸다.

속에서 계몽된 사회로 자리매김하도록 만들겠다고 결심했다.[462] 1885년 그는 일본 북부 삿포로에 사는 친구에게 쓴 편지에서 조국을 변화시키는 데 일생을 바칠 각오를 밝혔다. 이를 위해 우선 그는 식민 통치 관료들의 위대한 교육자이자 자신이 존경하는 토머스 아놀드Thomas Arnold가 영국에서 그랬던 것처럼 자신도 교육 분야부터 변화시키겠다고 다짐했다. "아놀드 박사처럼 나도 삿포로의 아놀드 박사가 될 수 있지 않을까?… 그렇게 되는 게 내가 진정으로 바라는 바이고 진실로 그렇게 되기를 기도한다."[463]

일본이 식민지를 확보하자 니토베는 기쁨을 감추지 못했고 학생, 정치인, 일반 대중들에게 한 나라가 식민지를 통치하게 되면 국제정치이론에서 계몽된 나라로 규정된다고 설명했다. 그의 주장에는 애국심이 넘쳤다. "최근 어떤 기사를 읽었는데 그 기사를 쓴 사람은 어떤 이는 국제주의자로 또 어떤 이는 민족주의자로 구분했다. 나도 그렇게 분명히 구분할 수 있었으면 좋겠다… 훌륭한 국제주의자는 훌륭한 민족주의자여야 하며 그 반대도 성립된다. 바로 용어 자체가 그런 의미를 내포한다."[464] 니토베에게는 일본이 식민 열강으로 부상하고 있다는 사실은 일본의 정치

---

[462] 애덤스는 자기 밑에서 수학한 이국적인 학생의 글이 자신이 편집한 존스 홉킨스 대학교 출판부의 역사와 정치학 연구 책에 실리도록 했다. 니토베 이나조(오타 유조), 『미국과 일본의 교류』(The Intercourse between the U. S. and Japan), 볼티모어, 존스 홉킨스대학교 출판부, 1891.

[463] 1885년 미야베 킹고에게 보낸 편지, 일본 삿포로 청년회관에 전시되어 있다.

[464] 니토베, 남바라의 책에 인용되었다. 『니토베 이나조의 작품집』, vol 4. 120.

가 보다 넓은 의미의 국제적 관행—그리고 도덕적으로 선한 관행—의 일부로 규정될 수 있다는 뜻이었다. 그가 가르친 도쿄대학 학생들은 후에 니토베가 1910년대에 식민 정책 과목을 가르칠 때 항상 흑판에 다음과 같은 글귀를 써넣고 강의를 시작했다고 회고했다. '식민지화는 문명을 전파하는 일이다'植民は文明の傳播.[465]

도쿄대학 법학과에서 니토베를 위해 식민지 정책 과목을 신설하려는 움직임이 일자 1906년 니토베는 처음이자 마지막으로 한국을 방문했다. 일본이 새로 확보한 보호국에 대한 니토베의 견해는 홋카이도에 있는 사포로 농업학교에서 그가 배우고 가르친 식민지 관련 응용 학문과 미국과 독일에서 연구하고 교토에서 강의를 한 국제정치이론의 색채를 띠었다.[466] 간단히 말해서, 니토베는 한국인들을 실제로 자기 두 눈으로 보기도 전에 한국인들에 대해 알고 있다고 믿었다. 당시에 국제적으로 수용되었던 이론에 근거해서 니토베는 한국인들은 일본 식민주의자들이 자신들을 개화시켜 주기를 기다리고 있다고 보았다.[467] '죽어가는 나

・・・・・
[465] 니토베 이나조 전집 편집 위원회(新渡戶稻造 全集 編集 委員会), 『니토베 이나조 전집』(新渡戶稻造 全集), vol 4, 7-10쪽에 인용되었다.

[466] 1905년 니토베는 교토 대학교에서 식민지 정책을 전공으로 두 번째 박사학위를 받았다. 일본의 제국대학교 가운데 한 군데에서 정교수 직을 얻으려면 이 학위를 받아야 한다고 고토가 니토베에게 촉구했기 때문이다. 니토베는 해외(Halle)에서 박사학위를 받았지만, 고토는 교육부가 자신의 제안을 거절할 빌미를 주고 싶지 않았다. 유감스럽게도 박사학위 논문은 지금까지 전해지는 것이 없다. 다나카 신이치는 니토베의 이전 학력과 경력으로 볼 때 박사학위 논문은 요구되지 않았을 것이라고 주장한다. 다나카 신이치, 「니토베 이나조와 조선」(新渡戶稻造と朝鮮), 『계간 삼천리』(季刊三千里), no. 34, 1983, 출판 불명.

[467] 디페시 차크라바티는 누가 '역사'를 쓸 준비가 되었는지에 관한 존 스튜어트 밀의 선언에 대한 비평에서 이 문제를 다음과 같이 묘사했다. '밀의 역사주의적 주장은 아메리

라에 대한 소고'와 '시들어가는 한국'과 같은 그의 표현들을 보면 그가 철저히 신봉하게 된 국제질서가 어떤 것인지 분명히 나타난다.[468] 니토베가 한국인 노동자들을 묘사한 글을 보면 미국의 여행기 작가 이사벨라 버드 비숍Isabella Bird Bishop이 묘사한 한국, 또는 예일 대학 정치학자이자 열렬한 일본 옹호자인 조지 트럼불 래드George Trumbull Ladd가 묘사한 한국, 또는 진보적인 언론인 조지 키넌George Kennan, 시니어이 묘사한 한국을 연상케 한다. "그들은 전혀 일할 의지가 없다. 남자들은 흰 옷을 입고 쭈그리고 앉아 긴 담뱃대를 빨면서 과거를 꿈꾸고 현재는 생각조차 하지 않으며 미래에 대한 희망도 없다."[469] '쭈그리고 앉아 있는' 모습이나 '나태한' 모습은 니토베가 공감한 국제적 담론, 진보와 활력을 국가 생존을 결정하는 기준으로 본 담론과 잘 맞아떨어졌다. 니토베는 한국의 남서부 전라도 지방을 여행하면서 목격한 풍경들을

카 원주민들, 아프리카인들, 그 밖의 '야만적인' 나라들을 역사의 상상 속의 대기실에 가두어 버렸다.' 차크라바티, 『주변부로 밀려나는 유럽. 탈식민지시대의 사상과 역사적 차이』(Provincializing Europe: Postcolonial Thought and Historical Difference), 프린스턴, 뉴저지, 프린스턴 대학교 출판부, 2000, 8쪽

[468] 니토베 이나조 전집 편집 위원회(新渡戸稲造 全集 編集 委員会), 『니토베 이나조 전집』(新渡戸稲造 全集), vol. 5, 78-82쪽.

[469] 위의 책, 79쪽. 이사벨라 L. 버드 비숍, 『한국과 그 이웃들. 한국에서 최근 발생한 변화와 현 상태에 대한 설명을 곁들인 여행기』(Korea and Her Neighbors: A Narrative of Travel with an Account of the Recent Vicissitudes and Present Condition), 런던, 케이건 폴, 1897, 조지 트럼불 래드, 『한국에서 이토 후작과 함께. 개인적 경험과 역사 비평』(In Korea with Marquis Ito: A Narrative of Personal Experiences and a Critical Historical Inquiry), 뉴욕, 찰스 스크리브너스 선스, 1908, 조지 키넌, 「한국. 퇴행적인 국가」(Korea: A Degenerate State)와 「일본은 한국에서 무슨 짓을 했는가?」(What Japan Has Done in Korea?), 『더 아웃룩』, 1905, 출판 불명.

'목가적'이라고 규정했고 자신이 목격한 한국 농부들은 "20세기의 농부들이 아니고, 10세기나 심지어는 1세기에 산 농부들로 보이지도 않는다. 그들은 선사시대 사람들 같았다"라고 단정했다.[470] 곧 식민지화 될 한국은 정체되어 있거나, 니토베의 말을 빌리자면, "곧 죽음이 삼켜 버릴 죽은 전통을 움켜쥐고 놓지 않으려 하고 있었다."[471]

일본 제국주의 팽창을 열렬히 옹호한 니토베에게는 1910년 한국의 공식적인 합병은 그가 존스 홉킨스에서 국제정치이론을 공부할 때부터 그토록 염원해 온 문명국가들의 대열에 일본이 공식적으로 합류하게 됐음을 의미했다. 당시 국제 사회를 통틀어 팽창주의자들은 하나같이 자국의 식민지 확보를 기정사실이라고 묘사했다. 그들은 식민지 공간과 그곳에 거주하는 사람들을 자국이 완수해야 할 국가적 사명의 대상으로 보았고 이러한 영토들이 어떤 방식을 통해 세계 지도에서 다른 색깔로 칠해지게 되었는지에 대한 복잡한 이슈는 거론하지 않았다. 1910년 9월, 한국을 병합하고 몇 주 지나서, 도쿄에 있는 제일 고등학교—도쿄대학 입학생을 많이 배출한 학교— 교장의 자격으로 니토베는 가을 학기 첫 조회에서 학생들을 대상으로 다음과 같은 연설을 했다.

[470] 니토베 이나조 전집 편집 위원회(新渡戸稲造 全集 編集 委員会), 『니토베 이나조 전집』(新渡戸稲造 全集), vol. 5, 81쪽.

[471] 위의 책, 82쪽.

지난 8월에는 잊지 못할 일들이 많이 일어났다. 엄청난 홍수가 나라를 휩쓸어 3천만 엔이 넘는 피해가 발생했다… 또 한 가지 잊을 수 없는 사건은 한국 병합이다. 이런 일은 일생에 한 번 있을까 말까 하다. 하룻밤 사이에 우리나라는 독일, 프랑스, 스페인보다 큰 나라가 되었다. 많은 사람들이 이 사건에 대해 이렇다 저렇다 얘기를 할 것이다. 하지만 어떻게 보든지 간에 분명한 사실은 갑자기 우리나라 인구가 천만 명이 늘었다는 사실이다.[472]

한국의 인구를 일본의 인구와 능숙하게 합친 뒤 니토베는 동심원 이미지를 연상시키며 연설을 이어갔는데, 이 때 그가 언급한 동심원 이미지는 후에 대동아공영권 大東亞共榮圈, Greater East Asia Co-Prosperity Sphere 선전을 할 때 일본의 영토가 팽창하는 모습을 보여주는 이미지로 인기를 끌었다.

호쿠탄 지점에서 노토 반도를 중심으로 반경 180리의 원을 그리면 홋카이도, 큐슈, 한국이 원 안에 들어오고 경계선이 두만강까지 닿는다. 원의 반경을 320리로 늘리고 중심을 북위 40도, 동경 135도로 옮기면 만주 남부와 랴오둥 반도가

---

[472] 니토베 이나조, 「교장연설」(校長演說) 1910년 9월 13일, 다나카 신이치, 「니토베 이나조와 조선」(新渡戶稻造と朝鮮), 93쪽에 인용 됨. 제 2차 세계대전이 발발하자 일본의 거대 출판사 가운데 한 곳에서 이 연설문을 발췌해 니토베에 관한 에세이집 재출판 본에 수록했다. 호카이도 대학교 경제학자 다나카 신이치가 야나이하라 타다오의 저서 『우리나라의 위인들』(Our Nation's People of Merit·我の尊敬する人物) 여러 판본을 검토한 결과 이와나미 출판사는 1940년부터 1944년까지 발간한 판본에는 연설문을 수록했지만 1948년에 다시 발간하면서부터는 누락했다는 사실을 발견했다.

원 안에 들어오고 원의 경계가 카라후토 북위 50도에 미친다. 그리고 그 원의 반경을 380리로 늘리고 그 중심을 조금만 옮기면, 하얼빈과 북 만주의 치치하르가 자연스럽게 원 안에 포함된다."[473]

몇 구절 되지 않은 짧은 연설에서 니토베는 일본의 한국 병합을 설명하면서 식민지 정치의 논리를 분명히 보여 주었다. 니토베는 수십 년에 걸쳐 이루어진 영토강탈, 강간, 강제 주권포기 등등 식민지화의 특징들을 평범한 정치적 수사에 자연스럽게 담아냈다. 니토베는 다음과 같이 설명했다. "우리나라는 외국을 침략하려는 생각을 한 것은 아니지만, 우리나라가 훨씬 커졌다는 게 현실이다."[474] 식민지화가 아무런 악의도 없는 행동인 양—오늘 날 국제관계 이론 분야의 상당부분을 이런 주장이 차지하듯이 당시 식민지화 담론에서도 흔히 나타났던 방식이다—묘사하면서 한국 병합이라는 현상이 인간이 관여하지 않고 자연 발생한 것처럼 설명하지만, '우리'일본인들라는 단어는 일본이 제국주의 국가들 대열에 합류했다는 새로운 의미를 부여했다.

간단히 말하자면, 니토베는 일본의 미래 지도자들에게 일본이 당연히 달성하게 될 합법적인 제국주의 국가로서의 위상이 어떤 모습인지를 설명해 주었다. 결국 일본이 한국을 병합할 때 즈음

---

[473] 「니토베 이나조와 조선」(新渡戸稲造と朝鮮), 93쪽에 인용 됨.
[474] 위의 책, 93-94쪽.

맺음말

국제사회는 이미 수년 동안 일본이 만주에서 '특별한 이득'을 누리도록 인정해 준 적이 있었고, 북방진출은 그가 생각하는 팽창주의 사상에 자연스럽게 등장했다. 그는 학생들에게 일본의 새로운 위상에 대해 설명했다.

> 우리나라는 많은 유럽 국가들보다 더 강력한 열강이 되었다. 학생제군들 또한 훨씬 중요한 역할을 하게 되었다. 한 달 전의 일본과 오늘의 일본은 완전히 다른 나라이다.[475]

니토베는 자신이 말한 동심원이 정치이론을 설명하는 장치 이상의 가치를 지니게 되리라고는 꿈에도 생각하지 않았다.

한일병합 직후인 1911년 니토베는 일본 식민 정책의 대가로서 이 연설문을 바탕으로 쓴 에세이에 「'식민지'라는 용어에 관하여」라는 제목을 붙여 출간했다.[476] 니토베가 생각하기에 일본은 식민 열강들과 더불어 국제정치를 능숙하게 펼쳐 나갔지만 여전히 자신을 열강이라고 공식적으로 규정하기를 주저하고 있었다. 니토베는 일본이 '식민지'라는 용어의 정확한 의미에 합당하는 식민지를 확보함으로써 국제 사회에 공식적으로 자국을 열강으로 규정하게 된다고 생각했다. 그는 그때까지만 해도 생소했던 개념들을

-----

[475] 위의 책.

[476] 니토베 이나조, 「식민지기 메이지에 대해서」(植民なる明治につきて), 법학회잡지(法学会雑誌), vol. 29, no. 2, 1911. 니토베 이나조 전집 편집 위원회(新渡戸稲造 全集 編集 委員会), 「니토베 이나조 전집」(新渡戸稲造 全集), vol. 4, 346-353쪽.

일본 자생적인 관행처럼 내면화했고, 일본이 말하는 이러한 개념의 쓰임새가 중국의 개념과는 구분되도록 하는 데 세심한 주의를 기울였다. 유럽에서 온 이 단어가 처음에 중국어로 번역되었는지 일본어로 번역되었는지에 대한 의구심이 들지 않도록 하기 위해서였다. "나는 프랑스어-중국어 사전과 영어-중국어 사전들을 많이 참고했다. 중국어에는 최근에 가서야 'colony'라는 단어가 등장했고 아직 널리 쓰이지 않고 있다."[477]

20세기 초 유럽에서 온 단어 'colony'와 그 개념은 아시아에서 공통적으로 쓰인 한자漢子에서는 여전히 생소한 단어였다. 니토베는 중국이 이 단어의 뜻을 모르며 일본이 간지漢字 세계 지식층에게 이 단어의 의미를 규정해 주었다고 주장함으로써 일본을 한자문화권에서 중국보다 우위에 올려놓았고 일본을 자신이 추앙하는 제국주의 국가와 연관시켰다. 니토베의 주장에 따르면, 일본 전역에서 일본인들은 '식민지화의 개념'을 잘 알고 있었다. "우리나라 사람들이 그 단어에 대해 늘 생각하면 식민지화의 개념에 대해 더 잘 알게 된다. 오늘날 국가의 자부심과 힘은 해외팽창을 통해 얻게 되고 식민지화라는 개념은 우리나라 국민들 뇌리에 뿌리를 내렸다."[478]

니토베는 자신의 에세이를 통해 자신이 생각하기에 유럽언어에서 'colony' 개념의 의미를 가장 적절하게 설명한 사례를 일본

- - - - -

[477] 위의 책, 349–350쪽.
[478] 위의 책, 353쪽.

정부가 채택해야 한다고 주장했다.

> 우리나라 국민들은 'colony'라는 단어를 영국인과 네덜란드 인들로부터 처음 들었다… 1855년과 1858년 사이에 출간된 도이프-하루마 일본어-네덜란드어 사전에서 이 단어를 찾아 보니 네덜란드 단어 'zie Volkplanting'에 해당하는 일본어가 없었다. 도이프를 도와 사전을 만들던 일본인들이 '쇼쿠민'植民 인간을 심고 가꾸다이라는 단어를 생각해내지 못했다는 게 좀 이상하지 않은가? 그들에게 충분한 지식이 부족했던 것일까? 아니면 그냥 회피했던 것일까… 전에는 쓰인 적이 없는 단어여서였을까?… 1862년부터 'colony'라는 단어가 다쓰노스케의 영-일 사전에 등장했다.[479]

일본어에서 '쇼쿠민'은 두 개의 다른 뜻이 있다. 바로 '사람을 심고 가꾸다'to plant people, 植民와 '인구를 증가시키다'to increase people, 殖民이다. 일본 식민지 정책의 옹호론자로서 니토베는 '사람을 심고 가꾸다'의 뜻을 가진 단어를 표준화된 용어로 선정하라고 다음과 같이 정부에 권했다.

......
[479] 니토베 이나조 전집 편집 위원회(新渡戸稲造 全集 編集 委員会), 『니토베 이나조 전집』(新渡戸稲造 全集), vol. 4, 350쪽. 언어학자 야나부 아키라는 도이프-하루마 사전이 네덜란드 단어(유럽식 개념) '나뚜르'(natur)를 어떻게 다루었는지 논했다. 야나부 아키라, 『번역의 사상: '자연'과 NATURE』(翻訳の思想 '自然'と NATURE), 도쿄, 지유마 가쿠이 분코, 1995. 이토 히로부미는 1860년대 초 영국으로 은밀하게 도피할 때 호리의 사전을 갖고 갔다. 이토 히로부미, 『이토 후작의 경험』(Marquis Ito's Experience), 데이조 구라마타 번역, 나가사키, 외국어 주소, 1904.

그러나 일반적인 쓰임새와 상관없이 쇼쿠민植民이 방언에서는 쓰이고 있지만 공식적으로는 쓰이지 않고 있다. 한국, 타이완, 가라후토 같은 지역들이 언급될 때마다 '일본 제국에 새롭게 추가된 지역'이라고 불린다. 새로 점령한 이 지역들을 기존의 표현으로 명명하는 것만으로 충분한가? 새로운 단어, 쇼쿠민지植民地를 사용하는 게 더 낫지 않을까?[480]

니토베는 '사람을 심고 가꾸다'라는 뜻의 단어가 당시 유럽에서 통용되던 colony의 의미를 더 잘 포착하고 일본의 정책을 국제 사회에 훨씬 더 잘 이해시킬 수 있다고 주장하면서, 일본 제국주의 팽창 정책을 잘 이해시켜야 할 지역을 유럽 언어를 사용하는 지역이라고 규정했다. 형식이 중요했다. 그리고 일본이 합법적인 제국주의 국가가 된 이상 니토베는 자신의 조국이 국제 사회에서 가장 잘 이해될 수 있는 용어들을 사용하기를 원했다.

일자리를 창출한 식민지

20세기가 시작되면서, 국제사회를 겨냥해 정책을 만들던 일본 정책수립자들은 식민지 지역 내에서 관리로 일할 학생들을 교육시킬 필요가 있다는 사실을 깨달았다. 1898년 도쿄에 막 설립된 대

---

[480] 니토베 이나조 전집 편집 위원회(新渡戸稲造 全集 編集 委員会), 『니토베 이나조 전집』(新渡戸稲造 全集), vol. 4, 346-347쪽.

만협회에서 협회 회장이자 전직 대만 총독 가쓰라 다로는 일본이 새로 확보한 식민지 통치와 관련해 언어교육의 중요성에 대해 논의했다.[481] 협회 회원들은 당장 협회와 관련된 학교 설립을 위해 기금을 모금하기 시작했지만, 2년 후 한 회원은 도쿄의 임페리얼 호텔에서 열린 협회 모임에서 "정부 관리들과 일반 국민들이 여전히 식민지에 대한 지식이 부족하다"라고 하며 통탄했다.[482] 그는 '식민지 학교' 설립에 대한 구체적인 계획을 설명하면서 특화된 언어교육(중국어와 대만의 방언들, 영어, 러시아어, 한국어), 정치학, 경제학, 외교사, 식민지 역사, 법학으로 구성된 교과과정을 제안했다.

1900년 9월 15일, 고등학생 연령의 학생 100명이 도쿄의 후지미초에 모였고, 가쓰라는 대만협회 학교의 개교식을 주관했다. 수업은 이틀 후 시작됐다. 교사진에는 우메 겐지로가 포함됐는데, 이 학교에서 그가 개설한 과목들 덕분에 그는 1906년 한국으로 파견되었고, 한국에서 4년 동안 이토 히로부미 휘하에서 민

---

[481] 구사노 후미오, 『다쿠쇼쿠 대학 80년사』(拓殖大學八十年史), 도쿄, 다쿠쇼쿠 대학 창립 80년 기념사업사무국(拓殖大學 創立 八十年 記念事業事務局), 1980, 66쪽(60주년 기념본도 참고할 것). 1897년 4월 18일, 후쿠시마 야스마사, 미즈노 준, 오쿠라 기하치로, 요코야마 마고이치로, 나가타 다다이치는 도쿄의 시바 공원에 있는 모미지칸에 모여 대만협회를 창설했다. 이틀 전 협회조직자들은 「아사히 신문」에 공지사항을 내고 대만에 거주한 적이 있고 '대만에 대한 추억을 서로 나누고 우호관계를 다지기를 희망하는 군인, 정치인, 학자, 기업가, 신문기자들의 가입을 바란다는 내용을 실었다. 그 다음 해에 협회 조직자들 가운데 일부는 협회의 목표를 보다 분명하게 정해 대만과 관련된 일본 정부의 정책에 더욱 초점을 맞춰야 한다고 주장했다. 그로부터 거의 일 년 후인 1898년 4월 2일, 대만에서의 일본 정책을 논의하는 데 관심이 있는 미즈노, 오쿠라를 비롯해 거의 60여 명(역사학자 다구치 우키치를 포함)은 협회 산하 타이완 소사이어티(대만협회)를 결성했다. 이들은 고지마치에 지역사무소를 설치하기로 합의했고 7월에 전직 대만 총독(그 밖에도 여러 가지 정치적인 업적을 남겼다) 가쓰라 타로를 초대 회장으로 선출했다.

[482] 구사노 후미오, 『다쿠쇼쿠 대학 80년사』(拓殖大學八十年史), 67쪽.

법을 개정했다.[483] 그리고 전쟁을 열렬히 옹호한, 도쿄대학교 경제학자 가나이 노보루는 미래의 식민지 관료들과 기업가들에게 회계학과 재무관리를 가르쳤다.[484]

그로부터 5년 후, 일본정부가 한국을 보호국으로 지정한 직후, 가쓰라 다로는 니토베 이나조, 고토 신페이와 협의 끝에 일본제국이 지향하고 있는 팽창주의 정책에 힘을 실어주기로 했다. 그는 자신이 이끌던 대만협회를 동양협회로 개칭했다. 이토 히로부미, 데라우치 마사다케, 하라 게이(모두 당시에 한국을 통치하고 있었거나 미래에 통치하게 될 총독)를 비롯해 니토베와 고토를 포함한 협회 회원들을 대상으로 한 연설에서 가쓰라는 새로 이름 지은 동양협회에는 동양협회 기술학교도 포함된다고 강조했다. 그러나 몇 년 후 협회 이사회는 협회 이름을 또 한 번 바꿨다. 이번에는 다쿠쇼쿠 拓殖·식민지 개발 대학이라는 뜻 대학으로 명칭을 바꾸었고 이 이름은 니토베가 그 학교에서 교편을 잡았을 때도 계속 유지되었으며, 오늘날까지 그 명칭이 그대로 남아있다.[485]

---

[483] 위의 책, 83-84쪽. 호세이 다이가쿠 『법률학의 여명과 법정대학』(法律学の夜明けと法政大学), 출판 불명, 출판년도 불명.

[484] 가나이는 사회경제적 계획을 옹호하고 사회정책학회(社会政策学会)를 조직했다. 1900년초 그를 비롯해 도쿄 대학교 동료 교수 다섯 명과 가쿠슈인 대학교 교수 한 명은 「아사히신문」에 실린 공개서한에서 러시아의 만주 진출에 대항해 러시아와 전쟁을 일으켜야 한다고 주장했다. 이들 일곱 사람은 1905년 가쓰라가 러시아와 체결한 평화조약에 담긴 조항들에 대해 강력히 항의했다. 야스오카 아키오, 『일본근대사』(日本近代史), 도쿄, 게이린 쇼보, 1996, 315쪽. 법학자 다카하시 사쿠에이(그의 업적은 아리가 나가오의 업적과 함께 논의되었다)도 서명했다.

[485] 마이클 A. 슈나이더, 「전환기의 식민지 정책 연구: 다쿠쇼쿠 대학의 니토베 이나조, 오카와 슈메이, 도고 미노루」(Colonial Policy Studies in a Period of Transition: Nitobe

협회와 학교의 명칭을 '동양'으로 바꿀 당시, 협회 회원은 1,855명에 달했고, 오사카, 나고야, 고베, 교토에 지역사무소가 설립되었다. 1905년에는 학생 수가 264명이었고 이미 220명의 졸업생을 배출했다.[486] 고토 신페이는 일본의 인재들을 양성하기 위해 도쿄대학에 니토베의 강의를 개설하려고 애쓰는 동시에 동양협회의 다른 회원들과 함께 미래에 식민지에서 관료로 일할 인재들을 위해 별도의 교육이 필요하다고 강조했다. 가쓰라가 협회 이름을 바꾸고 한 달 후 고토는 협회 소속 학교 졸업생들이 미래 일본 제국에서 그들이 담당할 역할이 얼마나 중요한지 역설했다. 그는 다음과 같이 주장했다. "우리 학생들이 졸업할 때 즈음이면 필요한 외국어를 능숙하게 구사하고 타자기도 잘 다룰 수 있게 된다. 그들은 무역회사도 어려움 없이 잘 운영해나갈 것이다."[487] 고토가 품고 있던 궁극적인 목표가 무엇이든, 식민지에 대한 지식과 미래에 직장을 확보하는 일을 연관시킨 고토의 주장을 통해 메이지 후기에 식민지 개념이 일본 사회의 일부로 점점 확실히 자리 잡았다는 사실을 알 수 있다. 식민지 운영을 원활하게 하는 데 필요한 기술을 갖추면 뛰어난 인재가 아닌 학생들이라도 일자

......

Inazo, Okawa Shumei, and Togo Minoru at Takushoku University」, 『다쿠쇼쿠 대학 80년사 연구』(拓殖大学八十年史研究), no. 3, 출판 날짜 불명, 출판 불명. 슈나이더, 「일본 식민제국의 미래, 1914-1931(The Future of the Japanese Colonial Empire, 1914-1931)」, 박사학위논문, 시카고 대학교, 1996.

[486] 『다쿠쇼쿠 대학 80년사』(拓殖大学八十年史), 156쪽.

[487] 위의 책, 117쪽.

리를 얻을 기회가 향상될 수 있었다.[488]

1907년 봄 가쓰라는 이토와 만나 한성에 분교를 설립하는 방안을 논의했다. 대한제국을 통치하는 일본통감은 학교 설립에 필요한 건물과 반 에이커_{약 2024㎡} 조금 넘는 부지를 제공했고 같은 해 10월 첫 입학생을 받아들였다. 수업과 야구 연습이 곧바로 시작되었다. 도쿄에 있는 학교 행정관들은 한성에 설립한 분교에 한국학을 전공으로 선택한 본교 3학년 학생들의 1년 해외연수 과정을 만들었다. 수강과목은 도쿄에서 승인한 교과과정을 반영해, 상법, 공법과 민법, 공공재무, 국제법, 회계 등이 포함되었다. 분교는 이미 한성에 거주하고 있는 일본 학자와 전문가들을 채용했고, 한국학 과목과 한국어 집중 수업 과목도 개설했다. 동양협회 창립회원 가운데 한 사람인 가도타 마사노리는 개교식에서 학생들을 도쿠가와 정권을 무너뜨리고 메이지 시대를 열었던, 막부 말기_{幕末} 시대의 '목적 있는 인간/행동하는 인간'에 비유했다. "도쿄 출신인 제군들은 혼자서는 한국 사정에 통달하거나 한국어에 통달할 수 없다. 하물며 이곳의 관습이나 인종간의 화합은 말할 필요도 없다. 제군들은 힘을 합쳐 적대감 없이 서로 회합해서 행정과 기업 운영에서 행동하는 인간이 될 것이다. 공공부문이든 민간부문이든 어느 분야에서 일하든 상관없이 말이다."[489]

---

[488] 피터 두스가 『주판과 칼. 일본의 한국 침략』(The Abacus and the Sword: The Japanese Penetration of Korea)에서 다룬 하이카라(High-collar) 식민주의자들을 참고할 것. 버클리 앤드 로스 엔젤레스, 캘리포니아 대학교 출판부, 1995, 245-363쪽.

[489] 『다쿠쇼쿠 대학 80년사』(拓殖大学八十年史), 120쪽.

동양협회의 한성 분교는 일본의 식민 정권이 대한제국의 황제를 폐위시키고, 대한제국 관리들과 사법권을 이양하기로 합의를 본 때와 비슷한 시기에 개교했다. 이 두 사건은 서로 인과관계가 있지는 않았다. 분교 계획은 일본 식민 정권이 통치를 강화할 기회를 포착하기 전에 시작되었다. 그럼에도 불구하고 한성 분교 건립은 일본이 팽창주의를 강화한 시기와 맞아떨어진다. 1907년 10월 가쓰라는 분교를 시찰하러 올 때 미래의 일본 황제 다이쇼가 하사한 기부금을 가져왔다. 일본 황실이 학교에 보이는 감사의 표시이자 식민지화에 필요한 지식을 더 폭넓은 차원에서 제도화한 동양협회의 노력에 대한 감사의 표시였다.

조국을 위한 통역 임무

역사문헌은 대부분 니토베가 일본의 북중국 진출과 연관이 없다고 기술하지만, 일본의 저명한 국제주의자인 그는 1932년 일본의 만주 침략을 논리적으로 옹호했다. 일본이 만주의 여러 도시와 지역들을 점령하고 난 후 여름 동안 니토베는 미국 전역을 순회하며 일본의 행동을 설명했고 미국 CBS 라디오 방송에서 폭넓은 미국 청중들을 대상으로 일본의 행동을 정당화했다.[490] 이 대목

---

[490] 안타깝게도 CBS 라디오 자료실은 이 방송 녹음 자료를 갖고 있지 않았다. 그러나 니토베 자신이 방송원고 전문을 『일본과 평화협정. 평화협정과 관련한 스팀슨 씨의 기록에 대한 일본의 반응을 중심으로』(Japan and the Peace Pact: With Special Reference to

에서 1932년 니토베가 미국에서 수행한 임무와 1907년 헤이그에서 대한제국 특사들이 맡았던 임무를 비교 논의해 보는 게 도움이 된다. 니토베 또한 자신이 청중들에게 그들이 '생각조차 할 수 없는 이야기'를 설명해 납득시켜야 한다는 사실을 깨달았고 대한제국 특사들과 마찬가지로 니토베도 자신의 '이야기'가 합법적이라고 주장했다.

'생각하는' 일본—또는 종종 자신을 스스로 '실용적인 사상가들'이라는 표현으로 지칭한—을 대신해서 말한다고 끊임없이 주장하면서 니토베는 만주에 대한 조국의 군사적 정치적 행동의 합법성을 부르짖었고 그가 사용한 용어들과 주장에는 그가 평생 동안 옹호해온 정책과 이론들이 묻어 나왔다. 그러나 이전에 그가 미국을 방문했을 때와는 달리 그의 전 동료들과 지인들은 그의 마지막 방문을 의구심과 불신의 눈초리로 바라보았다. 니토베는 그 다음 해 사망했다. 그가 죽고 몇 년 후 그의 부인 마리는 다음과 같이 회고했다. "일본에게, 또 개인적으로는 우리에게 암울한 시절이었다. 내 남편과 내가 조국을 이해시키겠다는 사명을 띠고 1932년 미국으로 갔을 때, 미국은 적대적인 생각을 갖고 있었다. 우리 친구들조차 우리를 이해하지 못했다. 그들은 남편이 결코 스스로 용인하지 않을 행동을 옹호하고 선동하려 한다—니토베는 결코 한 적도 없고 하지도 않을 역할—고 생각했

......
Japan's Reaction to Mr. Stimson's Note Regarding the Pact)라는 제목으로 출간했다. 하트포드에 있는 트리니티 칼리지 도서관에 이 책이 소장되어있다.

다."⁴⁹¹ 늘 남편과 함께했던 마리 니토베는 니토베가 도쿄에서 군국주의자들에 대해 비난을 한 처벌로서 육군 장군들이 그를 강제로 미국에 보내 그 자신의 의지와는 무관하게 일본의 이미지를 변호하는 발언을 하게 했다는 소문이 사실이 아니라고 주장했다. 정반대로 그의 라디오 연설, 가을 내내 캘리포니아 대학에서 한 강연들, 그리고 사후에 그의 부인이 그의 입장을 변호한 내용들을 보면 니토베의 행동은 누군가의 강요에 못 이겨서 한 게 아니라 자발적인 것이었음을 알 수 있다. 그의 부인이 주장하는 바와 더불어 니토베 자신도 단호한 결의를 보였다는 사실은 니토베가 미국에 간 이유가 일본의 만주 침략이 국제사회의 규범에 부합한다고 주장하기 위해서였음을 의미한다.

1932년 5월 8일 미국 전역에 중계된 첫 연설에서 니토베는 미국 청중들에게 "중국이 근대적 의미에서 주권국가로 기능하지도 못하고 기능할 능력도 없다는 점을 국제연맹이 인식하지 못한다는 사실이 우려스럽다"라고 설명했다.⁴⁹² 물론 미국은 당시 국제연맹에 가입하지 않고 있었기 때문에 니토베는 자신의 주장이 미국

---

⁴⁹¹ 마리 니토베, 다카기 야사카, 『니토베 이나조의 작품집』, 도쿄, 도쿄 대학교 출판부, 1969, vol. 4, 5. 당시 미국에서 일어난 반(反) 니토베 감정을 명확하게 밝힌 책은, 레슬리 부엘, 「니토베 이나조 박사에게 보내는 공개서한」(An Open Letter to Dr. Inazo Nitobe), 『더 뉴 리퍼블릭』, 1932 5월. 니토베 이나조, 「만주에서 일어난 일의 교훈」(満州での出来事の教訓), 『전집』(全集) 4, 1932년 1월 12일, 393-394쪽과 「신국가의 탄생」(新国家の誕生), 『전집』(全集) 4, 1932년 2월 19일, 421-422쪽.

⁴⁹² 「니토베」, 다카기 야사카, 『니토베 이나조의 작품집』, 238쪽. 이에나가 사부로는 '국제주의자'(Internationalist)인 일본 외무상 시데하라 기주로가 일본의 만주 정책에 관한의 '명백한 팽창주의자'였다고 말했다. 사부로 이에나가, 『태평양전쟁, 1931-1945』(The Pacific War, 1931-1945), 뉴욕, 판테온, 1977, 10쪽.

청중들에게 반미적으로 들릴지도 모른다는 우려를 하지 않고도 국제연맹 회원국들이 파악하지 못한 사실이 무엇인지 미국 청중들에게 설명하고 이해시킬 수 있었다. 그는 국제연맹이 일본을 비난한 사실을 반박하면서, "부분적으로는 회원국들이 감정적으로 반응하고 부분적으로는 극동지역의 실제상황이 어떤지에 대한 지식이 충분하지 못한 이유로 사태의 본질이 흐려지고 있다"라고 주장했다.[493]

국제연맹이 일본을 비난한 게 어불성설이라고 주장하면서 니토베는 자신이 생각하는 제대로 된 법리원칙에 대해 자세히 설명했다. 1932년 즈음해서 세계 식민지 열강들은—미국을 포함해서—수십 년 동안 이미 중국 전역에서 특권을 누리고 조약을 체결해 항구를 개항하고 영향력을 행사해 오고 있었다. 니토베는 외국이 중국에서 누리는 특권이 일본의 진출에 방해가 된다는 까다로운 문제는 건드리지 않고 대신 중국의 내부 혼란 상황에 초점을 맞추었다. 그는 다음과 같이 설명했다. "제네바에서 중국을 대표한다는 정부는 지리적으로 중국이라는 지역의 아주 작은 일부만을 통치하는 난징 정부이다. 이 지역 안에는 난징 정부로부터 독립적인 몇 개의 나라가 존재한다. 국제연맹의 유럽 회원국들이나 남미 회원국들은 이러한 혼란스러운 상황을 충분히 인식하지 못하고 있다. 그들은 실제로 중국을 상대해 본 경험이 거의 없다. 우리는 그렇지 않다. 우리는 중국의 현 상황 때문에 수 년 동

---

[493] 니토베, 다카기 야사카, 『니토베 이나조의 작품집』, 238쪽.

안 고통을 받아왔다."⁴⁹⁴

그로부터 얼마 지나지 않아, 히로히토 황제가 일본의 꼭두각시 푸이를 만주국의 황제로 등극시켜 중국의 '마지막 황제'라 칭한지 한 달 후, 니토베는 25년 전 대한제국과 관련해 이토 히로부미가 했던 말을 떠오르게 하는 발언을 했다. 니토베는 만주를 일본이 수십 년 동안 세심하게 다듬고 완성해 온 대상이며, "중국이 살아남으려면 일본과 협력해야한다. 일본의 미래는 중국의 미래와 연결되어 있다. 두 나라 국민을 하나로 묶어주는 것은 만주이다"라고 말했다.⁴⁹⁵ 그는 일본과 만주의 관계는 전 세계에서 통용되는 표준적 정치 관행을 따른 것이라고 주장했고 미국 청중들에게 그의 이러한 논점을 강조하기 위해 다음과 같이 아주 적절한 비교 사례를 들었다. "만주국은 일본의 도움을 받아 수립되었다. 아무도 부인하지 않는다." "새로운 국가들이 다른 나라의 도움을 받아 수립되는 경우는 흔하다. 최근에 수립된 파나마의 사례를 어찌 잊을 수 있겠는가."⁴⁹⁶ 니토베는 더 나아가서 자신의 주장을 정당화하기 위해 미국의 전직 대통령이 중재한 1905년 협정을 거론하면서 "루스벨트 대통령은 앞을 내다보는 지도자의 혜안으로 일본이 만주로 확장하는 계획을 승인했다"라고 주장

---

⁴⁹⁴ 위의 책.
⁴⁹⁵ 위의 책, 252쪽.
⁴⁹⁶ 위의 책, 249쪽.

했다.[497] 랜싱-이시 협정[1917]을 통해 미국은 일본이 만주에 근접해 있다는 이유로 일본이 만주에서 누리는 '특별한 이권'을 다시 보장해주었고 일본은 미국의 '문호개방 Open Door' 정책을 지속적으로 지지하겠다고 약속했다.

일본과 근접한 만주가 일본의 '특별한 이권'으로 규정되었다는 이유를 들어 니토베는 결국 일본을 비난하라고 국제연맹에 촉구하기로 한 미 국무장관 헨리 스팀슨의 결정을 반박했다. 존 바셋 무어 John Bassett Moore, 니콜라스 머레이 버틀러 Nicholas Murray Butler, 윌리엄 셰익스피어 William Shakespeare의 말을 인용해 일본의 행동을 정당화하면서 그는 자신의 논리를 보다 고차원으로 끌어 올렸다.

> 만주를 단순히 법적인 사례로 보지 말자… 조약의 새로운 해석에 집착하면 변호사들은 자신들이 주장하는 논리에 흡족해하고 이상주의자들은 자신의 양심을 훼손하지 않는다고 흡족해할지 모른다. 하지만 그러한 지적인 만족감 때문에 수백만 명이 생명을 잃고 우리가 중국이라고 부르는 위대한 문명의 와해를 앞당기게 된다… 인류의 이름으로 조금 인내심을 발휘해서 조약을 잘 분석하고 집행하고 현실에 적용가능하고 실용성 있게 만들자. 그래야 극동지역과 세계에 항구적인 평화가 도래한다.[498]

-----

[497] 위의 책, 247쪽.

[498] 위의 책, 252쪽. 이와 관련된 자료는, 아민 라파포르, 『헨리 스팀슨과 일본, 1931-1933』(Henry Stimson and Japan, 1931-1933), 시카고, 시카고 대학교 출판부, 1963.

일본에 귀국하기 직전 니토베는 캘리포니아에서 자신에게 호감을 보이지 않는 청중을 상대로 '상상조차 할 수 없는 이야기'에 대한 마지막 강연을 했다. 그는 이 연설에서 미국 정치인들과 여론지도자들이 부정적인 의미를 부여한 일본의 행동을 자신이 생각하는 진정한 의미의 일본의 행동과 구분하려 애썼다.[499] 그는 다음과 같이 말했다. "유감스럽게도 만주에서 전쟁에 준하는 사태가 발생했기 때문에 일본의 경제적 침투는 제국주의 침략이라는 모욕적인 용어로 묘사되었다. 제국주의 침략이라는 용어는 또 다른 마뜩치 않은 연상 작용을 불러일으킨다… 이 개념은 현재 일본이 만주에서 취하고 있는 입장과는 거리가 멀다."[500]

간단히 말해서 니토베는 일본의 만주 점령을 자신이 평생 간직해온 믿음의 연장선상에서 규정하려 했다. 일본 제국은 문명의 흐름에 따라 합리적으로 세력을 확장했다고 니토베는 믿었다. 그는 이 흐름에 수반된 폭력은 보지 못했다. 이는 아마도 그 방법이 사람들을 심고 가꾸는 국제정치 논리와 잘 맞아떨어졌기 때문일 것이다. 니토베의 호소에 아무도 귀를 기울이지 않았지만, 또 다른 차원에서 그의 언행은 조지 트럼불 래드의 1908년 언행을 연상케 한다. 1908년 래드는 한국을 보호국으로 지정한 일본의 결정에 항의하는 이들의 주장을 모조리 반박하면서 일본이

---

[499] 니토베 이나조, '만주 문제'(1932년 9월 21일에 한 강연), 다카기 야사카, 『니토베 이나조의 작품집』, vol. 4, 221-233쪽.

[500] 다카기 야사카, 『니토베 이나조의 작품집』, 226-227쪽.

미심적은 방법으로 타결한 협정을 '세계평화'라는 보다 폭넓은 대의명분을 위해 지지하라고 촉구했다.[501] 래드는 '세계평화'를 위해서라면 강제협정체결도 정당화되고 황제 폐위도 정당화된다고 생각했다. 그리고 니토베는 일본이 중국을 '구제'하는 게 '세계에 평화를 가져오는 길'이라는 믿음을 포기하지 않았다.

그러나 20세기 내내 래드, 니토베, 그리고 이들의 사상을 이어받은 '실용적인 사상가들'은 점령, 착취, 대량학살을 '평화'라는 용어로, 그리고 점점 더 빈번하게 '안보'라는 용어를 써서 무마해 왔다. 사회비평가 노마 필드Norma Field는 마치 이러한 용어의 남용과 20세기 전반을 심판하려는 듯, 1995년 일본의 종전 50주년에 즈음해 다음과 같이 말했다. "평화, 평화, 평화, 평화, 평화. 이 단어는 수없이 남발되어서 만신창이가 되었고 아무런 의미가 없는 죽은 단어가 되었다."[502]

맺는 말

역사적 문헌에서는 이토 히로부미나 니토베 이나조와 같은 인물들을 일본 스스로도 인정하는, 1930년대 범아시아 제국주의자들

---

[501] 조지 트럼불 래드, 『한국에서 이토 후작과 함께』(In Korea with Marquis Ito), 278쪽.

[502] 노마 필드, 『우리 할머니가 침대 맡에서 해주신 이야기. 전쟁 후 도쿄의 모습』(From My Grandmother's Bedside: Sketches of Postwar Tokyo), 버클리, 캘리포니아 대학교 출판부, 1997, 93쪽.

과 구분해서 숭고한 인물로 떠받드는 경향이 있는데, 이러한 경향 때문에 일본의 식민지가 정치적으로 형성된 방식과 식민지에서 벌어진 억압통치를 구분하려는 시도가 조장되었다. 예를 들어 니토베와 이토를 추종하는 이들은 일본이 제국을 개척한 일과 일본이 전체주의적 정책과 관행으로 통치를 했다는 사실은 분명히 구분되어야 한다는 자신들의 논리를 믿어 달라고 한다.[503]

그러나 20세기 초의 일본과 1930년대와 40년대의 일본을 개념적으로 별개의 것으로 구분하면 일본 제국주의 역사를 국제적인 맥락에서 볼 수 없게 된다는 점을 이해하는 게 매우 중요하다.[504]

......

[503] 아키라 이리에는 니토베를 이런 식으로 기리는 방법을 강력히 주장하고 고수했다. 아키라 이리에, 『태평양을 사이에 둔 불화. 일본과 미국의 팽창주의, 1897-1911』(Pacific Estrangement: Japanese and American Expansion, 1897-1911), 케임브리지, 매사추세츠, 하버드 대학교 출판부, 1972. 아키라 이리에, 『국제사회에서 중국과 일본』(China and Japan in a Global Setting), 케임브리지, 매사추세츠, 하버드 대학교 출판부, 1992. 좀 더 최근의 저서는 아키라 이리에, 『문화적 국제협력주의와 세계질서』(Cultural Internationalism and World Order), 볼티모어, 존스 홉킨스 대학교 출판부, 1997. 이안 니시도 이러한 유형을 따랐다. 이안 니시, 『일본의 외교정책 1869-1942 가스미가세키부터 미야게자카까지』(日本の外交政策 1869—1942—霞が関から三宅坂へ, Japanese Foreign Policy, 1869-1942: Kasumigaseki to Miyakezaka), 런던, 루틀리지 앤드 케이건 폴, 1977. 니시의 저서 『열강들에 대항하는 일본, 1853-1894. 열강 대열에 합류한 일본, 1934-1945, 일본에 대항하는 열강들, 1934-1945』(The Powers versus Japan, 1853-1894; Japan among the Powers, 1934-1945; Japan versus the Powers, 1934-1945)를 보면, 니시는 니토베를 열강 대열에 합류한 일본으로 보는 부류로 분류하고 있다. 이안 니시, 『국제협력주의에 대한 일본의 투쟁. 일본, 중국, 국제연맹, 1931-1933』(Japan's Struggle with Internationalism: Japan, China, and the League of Nations, 1931-1933), 런던, 케이건 폴, 1993도 참고할 것. 이 두 학자의 저서들이 일본 학문의 골격을 대부분 형성했다. 보다 미묘한 차이를 보여 주는 해석은, 다나키 신이치의 「니토베 이나조와 조선」(新渡戸稲造と朝鮮)과 강상중, 『오리엔탈리즘의 저편에 — 근대문화비판』(オリエンタリズムの彼方へ—近代文化批判), 도쿄, 이와나미 서점, 1996.

[504] 이와 유사한 주장을 보려면, 도모코 아카미, 『태평양의 국제화. 전쟁과 평화 속의 미국, 일본, 그리고 태평양 지역 국제관계 연구소, 1919-1945』(Internationalizing the Pacific: The U.S., Japan, and the Institute of Pacific Relations in War and Peace, 1919-1945), 뉴욕, 루틀리지, 2002를 참고할 것.

일본의 초기 식민지와 관련해서 일본의 식민지화 관행이 법적, 인식론적 영역까지 미쳤다는 사실은 좀 더 분석이 필요한 문제이며 앞서 언급한 주장을 좀 더 비판적으로 바라보도록 해준다.

달리 보면, 니토베가 초기 일본 제국을 이끌고자 한 방향은 봉쇄이론을 설계한 조지 키넌^{주니어}이 냉전시대 토대를 세운 방법과 유사하다. 키넌의 이론이 아니었다면 20세기 후반 미국과 전前 소비에트 연방은 전 세계를 파멸 직전까지 몰고 갔을지도 모른다. 그러나 1946년 키넌이 봉쇄이론을 주장하면서 20세기 후반 내내 위험한 대치상태가 계속되었다.[505] 니토베가 아니었으면 20세기 전반 일본, 중국, 러시아, 영국, 미국은 그들이 식민지 목표로 삼은 영토를 확보하기 위해서 전쟁을 벌였을지도 모른다. 그러나 니토베는 처음부터 일본의 제국주의 팽창 정책을 심사숙고 끝에 형성된 정치적인 관행으로 규정했다. 이토 히로부미도 마찬가지로 제국의 합법성을 국제적인 용어로 설명했다.

예를 들어, 지금은 악명높은 정책이었다고 인정되는 일본의 성노예 정책과 관련해 요시미 도시야키는 20세기 초반 일본이 식민지 국민들과 관련해 체결했던 법적인 조약에 초점을 맞추고 있다. 요시미에 따르면, 일본은 아시아태평양 전쟁 동안 일본 제국 전체의 군사, 민간인 인력들을 위해 성노예 체계를 조직화했고, 여성의 성노예화 관행이 국제법에 비추어 합법적인 정책으로 해석되도

---

[505] 멜빈 레플러의 글 「냉전, '이제야 알게 된' 사실은 무엇인가?」(The Cold War: What Do 'We Now Know'?)은 지난 반세기 동안 봉쇄이론이 어떤 영향을 미쳤는지에 대해 설명한다. 레플러, 『아메리칸 히스토리컬 리뷰』, 104, no. 2, 1999, 501-524쪽.

록 하려고 무진 애를 썼다. 19세기 후반 국제법을 준수하는 국제 사회 일원이 되겠다며 일본이 보여준 태도의 연장선상에서 일본은 1904년, 1910년, 1921년, '여성과 어린이 인신매매 방지를 위한 국제 협약'에 서명했다. 이 규정에는 예외조항들이 더 많았을지도 모르지만, 이 협약은 여성과 어린이들을 강제로 사고팔아 매춘행위를 시키는 것을 분명하게 금지했다.

　이 협약에 명시된 인본주의적 이상과는 대조적으로, 이 협약에 서명한 나라들이 각각 통치하는 식민지들을 이 협약의 적용대상에서 면제해 주는 조항들이 협약에 포함되어 있었다. 1910년 협약의 11조와 1921년 협약의 14조—요시미는 이를 '거대한 허점'이라고 불렀다—덕분에 결국 일본정부는 당시 법을 어기지 않고도 그들이 고용한 대표들을 통해 식민지의 여성들을 강제로 성노예로 일하게 만들었다.[506] 1910년 일본이 한국을 세계 지도에서 지워 버린 일이 식민지에 관한 국제법을 위반한 행동이 아니었듯이, 일본이 한국인, 대만인, 중국인, 만주국인, 남양제도인, 인도네시아인, 말레이인, 필리핀인, 싱가포르인, 버마인을 '모집'한 일은 인신매매를 금지한 국제법을 위반하는 행동이 아니었다. 당시 국제법이 규정하고 정치학에서 인정한 바와 같이 식민지 주민들은 인간보다 열등한 존재였다.

　일본의 지난 제국주의 관행 가운데는 여전히 오늘날까지 제

---

[506] 요시미 요시아키, 『종군위안부자료집』(從軍慰安婦資料集), 도쿄, 오쓰키 서점, 1992, 36쪽.

기되는 문제가 남아있다. 일본 제국주의에서 성노예로 일할 것을 강요받았던 이들과 이들을 지지하는 사람들이 일본을 유엔에 제소해서 일본 정부로부터 보상을 받으려고 하고 있기 때문이다. 요시미는 이 문제가 국제사법재판소에 제소되어 과거의 법적인 '허점'이라는 어려움에 봉착해 보상받기 어렵게 되면, 다른 법이나 기술적인 측면을 통해 일본이 당시에 다른 법을 위반했음을 보여주는 방법도 가능하다고 제안했다.[507] 최근에 국제법상 강간을 전쟁 범죄로 규정하기로 한 국제적 합의를 바탕으로 위안부 설치를 불법으로 규정하고 이를 운영했던 일본정부를 유죄라고 선언하는 방법도 있다.[508] 그러나 법적으로 그러한 판결을 내리는 경우 그 정반대의 여건이 지배적이었던 시대, 전혀 다른 이야기가 '상상 가능한' 일이었던 시대의 역사를 어떻게 기술할 것인가 하는 문제가 제기된다.

이 책 초반에 언급했듯이, 한국의 역사학자들과 일본을 비롯한 여러 지역의 동료 역사학자들은 1910년 일본이 한국을 병합한 법적 조치는 날조되었고 강요되었고 따라서 무효라고 주장한다. 따라서 일본 식민통치 시대의 전체를 다시 기술해야 한다고

---

[507] 예를 들면, 요시미는 일본이 1932년 국제노동기구의 '강제노동금지협약'에 서명했으므로 위안부들에게 성 노동을 강요한 것은 국제기준 위반으로 볼 수 있다고 주장했다. 국제노동기구의 협약을 국제연맹이 인정하지 않았다는 사실을 피고 측 변호인들이 증명할 수 있는지 여부는 또 다른 문제이다. 일본이 국제연맹으로부터 탈퇴했다는 사실 또한 그러한 협약이 구속력을 갖지 못함을 뜻한다.

[508] 국제적인 문맥에서 강간을 전쟁 범죄로 보는 글은, 줄리 피터스, 안드레아 울퍼, 『여성의 권리, 인권, 국제적 페미니스트 시각』(Women's Rights, Human Rights: International Feminist Perspective), 뉴욕, 루틀리지, 1995.

주장한다. 이러한 주장의 연장선상에서 그들은 과거 자체를 불법으로 규정해야 한다고 촉구하고 있다. 유감스럽게도 이 학자들이 이러한 입장을 취하는 이유는 요시미가 맞닥뜨린 좌절감과 똑같은 좌절감에 직면하고 있기 때문이다. 간단히 말해서 일본의 제국주의 행태를 규정하는 표준척도—당시에 만연한 관행을 따랐을 뿐이라는 역사적인 변명론—가 과거의 참혹한 현실을 보여주기 위해 또 다른 문서나 조약을 찾아내 사후 논리를 개발할 수 있는 가능성을 가로막고 있기 때문이다.

제 1차 세계대전이 발발하자 역사학자 시드니 페이Sidney Fay는 국가적 담론이 선과 악을 역사적인 진실로 성역화하는 강력한 힘을 목격했다. 페이는 미국인들이 독일인을 범죄를 저지른 사악한 집단으로 규정하고 이와는 달리 자신들은 '문명을 구하기' 위해서 전쟁에서 싸워 승리한 전승국으로 규정하며 승리에 도취되어 기뻐하던 안일한 태도에 대해 일침을 가했다. 페이는 전혀 급진적 성향을 띠지 않는 스미스 대학과 하버드 대학 역사학과에서 존경받는 역사학자였다. 페이는 수백만 명을 기꺼이 도살한 복잡다단하고 진부한 폭력 행위에 대해 오직 한 나라가 전적으로 책임을 져야 한다고 한 내용의 베르사이유 조약은 어불성설이라고 생각했다. 페이는 다음과 같이 냉담하게 말했다. "필자의 역사적 인식으로 볼 때, 과거와 마찬가지로 현재 이 사례의 경우에도 한 나라 혹은 한 사람이 전적으로 혹은 주로 책임이 있다고 할 수 없다."⁵⁰⁹ 그러나 역사 속에서 제국주의 팽창으로 일어난 전쟁이나 탐욕적인 전쟁의 결과물인 제국 팽창에 대해 누가 책임이 있고 없는지—누가 유죄이고 무죄인지—를 정치적으로 따지는 논쟁은 20세기 내내 시간이 갈수록 점점 강화되었다. 전쟁에서 선과 악을 분명히 구분하기란 쉽지 않다는 페이의 주장은 계속 주변으로 밀려나 있었다. 심지어 1995년 「워싱턴 포스트」나 「월스트리트저널」과 같은 권위 있는 신문들은 가 알페로비츠Gar Aperovitz가 히로시마와 나가사키 원자폭탄 투하의 역사를 복잡하게 만들려고 한다며 비웃었다. 새롭게 시작된 '선'과 '악'의 전쟁에서 선과 악을 분명히 구분하는 국가적 담론의 형태는 점점 공고해지고 있다.⁵¹⁰

1937년 난징에서 중국인 수십만 명을 대학살한 일본군의 역사에 대해 전혀 알지 못하는 이들이 있는가 하면, 일본의 20세기를 회고하면서 자신이나 자신의 부모세대가 저질렀다는 명백한 증거가 있는 행위들을 하지 않았다고 완전히 부인하는 이들도 있다. 과거에 대해 사죄할 때도 일본이 제국을 수립했다는 사실

-----

⁵⁰⁹ 시드니 B. 페이, 『세계 대전의 기원』(The Origins of the World War), 뉴욕, 맥밀런, 1939, vii.

⁵¹⁰ 카이 버드와 로렌스 리프슐츠가 집대성한 훌륭한 자료 모음집 『히로시마의 그림자. 스미소니언박물관에서 열린, 역사를 부정하는 전시회에 관한 글』(Hiroshima's Shadow: Writings on the Denial of History at the Smithsonian), 스토니 크리크, 뉴욕, 팸플리티어스 프레스, 1998을 참고할 것. 리사 요네야마, 「전환적인 지식과 탈민족주의적 공공 영역: 스미소니언박물관의 이놀라 게이 전시회 논란」(Transformative Knowledge and Postnationalist Public Spheres: The Smithsonian Enola Gay Controversy), 다카시 후지타니, 제프리 M. 화이트, 리사 요네야마, 『위험한 기억들. 아시아태평양 전쟁』(Perilous Memories: The Asia-Pacific War(s)), 더럼, 노스캐롤라이나, 듀크 대학교 출판부, 2001, 323-346쪽.

을 부정하지는 않으면서도 일본의 해외 영토 확보를 소위 이성적인 행위로 규정하면서 식민지에서 벌어진 참상을 무마하려는 학자들도 있다. 일본의 팽창주의 산물인 제국이 붕괴된 후 반세기가 지난 현재, 사람들은 두 부류로 나뉘어 서로 다른 방법을 이용해 마치 입을 맞춘 듯 서로 도와가며 역사적 과오를 정당화하려고 하고 있다. 일본의 과거행위를 완전히 부인하는 변명론자들은 새로 밝혀지는 증거를 날조되었다고 주장하거나 자신의 주장에 들어맞게 재구성함으로써 과거에 저지른 폭력행위를 계속 자행하고 있고, 그나마 제국주의 존재를 인정하는 상식 있는 변명론자들은 일본이 식민지에서 행한 잔혹행위를 식민지의 근대화를 보여주는 수치로 계량해서 윤색하고 당시에 '상상 가능한' 이야기로 여겨진 관행을 따랐을 뿐이라는 변명을 하며 일본의 과거 행위를 정당화하는 알리바이를 만들어 낸다.